KB197814

일본의 아나키즘 운동사

일본의 아나키즘 운동사

초판 1쇄 인쇄일 2024년 12월 31일
초판 1쇄 발행일 2025년 01월 15일

지은이 고마쓰 류지
옮긴이 김창덕
펴낸이 양옥매
디자인 표지혜
마케팅 송용호
교   정 조준경

펴낸곳 도서출판 책과나무
출판등록 제2012-000376
주소 서울특별시 마포구 방울내로 79 이노빌딩 302호
대표전화 02.372.1537   팩스 02.372.1538
이메일 booknamu2007@naver.com
홈페이지 www.booknamu.com
ISBN 979-11-6752-577-2 (03910)

일본의
아나키즘
운동사

고마쓰 류지 · 지음 ｜ 김창덕 · 옮김

책과나무

시작하면서

고 후세 타쓰지布施辰次는 변호사로서 아나키스트를 포함해 사회주의자들과 교류가 깊었던 사람이다. 그는 제2차 세계대전 이후 사회운동사 연구가 활발해지기 시작하는데도 아나키즘 운동의 족적이 간과되고 있는 것에 주목했다. 그래서 아나키즘 운동의 정확한 기록이 남겨지기를 희망했다.

최근 아나키즘의 복권이 입에 오르내리면서 아나키즘 사상사와 운동사에 관한 연구가 몇 가지 공개되었다. 그것들은 한편으로는 독창성이 뛰어난 측면도 있지만, 다른 한편으로는 모든 영역에 걸쳐 구성되고 서술되었다고 볼 수 없다. 다양한 시각이 있는 것은 당연하며, 하나하나 쌓아 가는 노력이 필요하다는 것도 두말할 필요가 없다. 또한 거기에 나 나름대로 생각하고 있는 아나키즘사를 발표한다는 의미도 있다.

특히 최근에 많은 아나키즘 문헌이 공개되고 있지만, 전반적으로는 그 사상이나 족적이 특별히 의미 없이 한쪽 구석으로 내몰린 것이 실상이다. 그런 점에서 고 후세 타쓰지가 토로한 말은 지금도 그대로 살아 있다고 할 수 있다.

그런 사상사와 운동사의 공백을 메우려는 노력은 자유사상의 전개를 해명하기 위해서뿐만 아니라, 사회사상과 노동운동 그리고 사회주의 운동의 전체상을 올바르게 파악하기 위해서라도 반드시 필요한 것이다. 그 목적을 향한 하나의 작업이 본서의 바람이기도 하다. 따라서 본서 역시 한정된 지면에, 모든 영역에 걸친 구성과 서술을 하고 있는 것은 아니다. 결함이 많다는 것도 충분히 알고 있다.

내가 본서 집필을 마음먹게 된 것은 도쿄경제대학의 오하라 사토시大原慧와 아오키青木 서점의 에구치 토시카즈江口十四一 덕분이다. 보잘 것없는 것이지만 졸저를 세상에 내보낼 수 있도록 해 준 이 두 사람의 후의에 깊이 감사드린다. 또한 지금까지 계속해서 아나키즘 운동사를 규명하는 데에 많은 분에게 자료를 빌려 보거나 청취하는 등의 도움을 받았다. 아마 그런 분들의 협력이 없었다면 본서의 발간은 있을 수 없었을 것이다. 그 이름을 나열하는 것으로 내 진심이 담긴 감사의 말을 대신하고 싶다.

아이자와 히사오相沢尚夫, 이토야 토시오系屋壽雄, 엔도 사칸遠藤斌, 고故 곤도 켄지近藤憲二, 고 고칸 린페이後閑林平, 시마즈 이치로嶋津一郎, 다카하시 코키치高橋光吉, 후루카와 미키古河三樹, 미야자키 아키라宮崎晃, 모리나가 에이자부로森長英三郎, 야마구치 켄스케山口健助, 요코쿠라 타쓰지橫倉辰次, 와다 에이키치和田榮吉, 와타비키 쿠니노부綿引邦農夫

1972년 10월 20일 고마쓰 류지小松隆二

일본의 아나키즘 운동사

역자 서문

　내가《일본의 아나키즘 운동사》를 처음 접한 건 2001년일 것이다. 당시 읽던 안우식安宇植 선생의《김사량 −저항의 생애− 金史良 −その抵抗の生涯−》에서 '아나키즘' 또는 '아나 · 볼' 논쟁 등 생소한 용어가 자주 등장해 이를 일본인 친구에게 물어본 것이 그 계기였다. 그해 한국을 방문한 친구가 설명 대신 건네준 것이 바로 이 책이었다.

　책을 처음 읽었을 때의 흥분은 지금도 잊을 수 없다. 마치 깊은 정글 속에서 고대 왕국의 유적을 발견한 느낌이었다고 할까? 찬란했던 아나키즘의 역사가 있었다는 사실을 처음으로 알게 되었다. 더구나 그것은 1920년대 중반까지 일본뿐만 한국과 동아시아 전체의 프롤레타리아 영역을 대표하고 있었다. 하지만 이후 아나키즘이 급격히 그 명성을 잃고 그 이름조차 제대로 기억하는 사람이 드물다는 현실이 믿어지지 않았다. 이런 것들이 계기가 되어 이후 본격적으로 아나키즘을 공부하게 되었다.

　아나키즘의 발자취는 인류의 역사만큼이나 오래되었다 할 수 있다. 인류가 사회생활을 영위하면서 하나의 사상으로 또는 의식하지는 않았지만 사회 구성의 원리로 이미 존재해 왔다고 할 수 있을 것이다. 하지만 사회적 저항의 형태로 조직화하기 시작한 것은 산업혁명에 의해 조

역자 서문 ·

성된 정치적, 경제적 집중화의 급속한 진전에 따른 반발과 저항의 과정에서 시작되었다고 할 수 있다. 즉, 아나키즘은 '인간=개個'의 중시와 함께 '권력=지배'의 부정을 강조하면서 억압에 대한 반항이라는 인간의 감정에 깊이 자리 잡고 있는 것이다.

일본의 아나키즘의 경우 19세기 말의 소개와 모색의 단계를 빠져나와 운동 속에서 일정한 위치를 차지한 것은 러·일 전쟁 이후였다. 이후 직접행동의 형태로 1920년대 중반까지 프롤레타리아의 영역을 대표하면서 제국주의 일본에 처절한 저항을 전개했다. 또한 당시의 도쿄東京는 식민지 조선을 비롯한 동아시아 각국에서 유학 온 반항적인 청년들이 거점 역할을 했다. 이들을 사상적으로 이어 준 것이 바로 아나키즘이었다. 예를 들어 1928년에는 슌요도春陽堂에서 발간한 《크로포트킨 전집》 12권은 당시 일본의 전국적인 베스트셀러가 되었으며 지식인들의 필독서로 자리매김했을 정도였다.

나아가 이 시기 일본의 아나키즘은 중국뿐만 아니라 우리의 역사에도 많은 영향을 미치고 있다. 1900년대 초 고토쿠 슈스이幸德秋水를 중심으로 하는 초기 아나키스트들은 비전론非戰論에서 한 걸음 더 나아가 안중근 의사의 이토 히로부미 척살을 찬양하는 등 조선에 대한 침략을 강하게 부정하고 조선의 민중들과의 연대를 구체화하고 있었다.

단재 신채호의 〈조선혁명선언朝鮮革命宣言〉은 바로 이런 배경에서 나왔다고 할 수 있을 것이다. 고토쿠의 뒤를 이은 오스기 사카에大杉栄 역시 박열과 같은 한인아나키스트 독립운동가들과의 연대를 통해 일제에 저항운동을 펼치다 결국은 관동대진재의 혼란기인 1923년 9월 16일 아마카스甘糟를 대표로 하는 군부에 의해 학살당하고 만다.

이후에 펼쳐진 나카하마 테쓰中浜鉄와 후루타 다이지로古田大次郎 등에 의한 길로딘사의 복수극은 그 무대가 당시 식민지 조선의 수도 경성으로까지 이어진다. 이처럼 일본의 아나키즘 운동사는 우리의 근현대사에도 많은 연관성을 갖고 있는 것이다. 그런 의미에서 이 책《일본의 아나키즘 운동사》는 한국의 아나키즘 운동 및 독립운동사뿐만 아니라 근현대사를 연구하는 데 좋은 자료가 될 것으로 믿는다.

이 책의 저자인 고마쓰 류지小松隆二 선생을 직접 만나 번역 출간의 허락을 받은 것이 2016년 7월 일본 야마나시에서 열린 가네코 후미코 90주기 추도식장에서였다. 번역하는 중 이해되지 않는 부분을 이메일 등으로 확인을 거치면서 1년여에 걸친 번역을 마칠 수 있었다. 하지만 이후 여러 사정으로 출간이 늦어지는 바람에 선생님께 약속한 기일을 훌쩍 넘기게 되었다. 뒤늦게나마 병상에 계시는 선생님께 출간 소식을 전함과 동시에 빠른 쾌유를 기원한다.

2024년 12월 김창덕

목차

시작하면서 • 5

역자 서문 • 7

I 아나키즘 사상의 도입

1. 아나키즘의 특징

자립과 인간성을 찾아서 • 18 ┃ 아나키즘이란 무엇인가 • 19 ┃ 자립과 인간성의 사상 • 21

2. 아나키즘의 도입

아나키즘의 선구, 동양사회당 • 25 ┃ 아나키즘의 도입 • 27 ┃ 사회주의의 보급과 아나키즘의 체계적 소개 • 29 ┃ 게무야마 센타로煙山專太郎와《근세무정부주의》• 32

II 여명기의 아나키즘 - 직접행동론

1. 직접행동론의 도입

운동 속의 아나키즘 • 38 | 고토쿠 슈스이幸德秋水, 아나키즘을 향한 접
근 • 41 | 미국에서의 고토쿠 슈스이 • 46

2. 직접행동론의 정착

직접행동론의 선언 • 50 | 직접행동인가 의회주의인가 • 55 | 대립과 분
파활동의 진행 • 61 | 메이지明治 천황에게 보내는 공개장 • 63

3. 탄압과 직접행동파의 고립

고토쿠의 아나키즘으로의 침잠沈潛 • 66 | 적기사건赤旗事件의 발생 • 70
| 고토쿠의 상경과 직접행동파 • 73

4. 대역사건과 메이지 아나키즘

미야시타宮下의 천황제 미신에 대한 도전 • 75 | 천황 암살 계획 • 78 |
대역사건의 발각 • 81 | 메이지 아나키즘의 도달점 • 85

III 씨 뿌리는 사람들

1. 아나키즘 운동의 재개

폭풍우 속의 출항 • 90 | 《근대사상》의 발전 • 94 | 《평민신문》의 발
간 • 96 | 아나키즘의 정착 • 100

2. 잊힌 선구자들

아나키스트의 원점 • 102 │ 가난하고 마음 따뜻한 전도사 와타나베 마사타로渡辺政太郎 • 104 │ '그리스도' 히사이타 우노스케久板卯之助 • 107 │ 평민 미술운동의 선구자 모치즈키 카쓰라望月桂 • 110

3. 계몽에서 실천으로

노동자 속으로 • 114 │ 연구회 활동에서 노동조합 활동으로의 전기 • 118

Ⅳ 노동자 시대의 도래

1. 아나키즘과 노동운동

노동자 시대의 개막 • 122 │ 신우회信友會 • 123 │ 정진회正進會 • 127 │ 《노동운동》의 창간 • 130 │ 생활 불안과 운동의 활성화 • 133

2. '아나 · 볼' 공동전선

국제적 조류의 유입과 제1회 메이데이 • 136 │ 노동조합동맹회의 성립 • 139 │ 사회주의자의 전국적 동맹 • 142 │ 사회주의동맹과 오스기 사카에大杉栄 • 146

3. 아나키스트의 시점

생디칼리즘화의 파도 • 149 │ 오스기와 노동운동 • 154 │ 오스기의 백지주의白紙主義 • 157

4. '공동' 그리고 파탄

제2차 《노동운동》과 일본의 운명 • 162 | 공동전선에서 대립으로 • 168

V 아나·볼 대립 시대

1. 아나키즘의 침투

아나 · 볼 대립 시대의 개막 • 172 | 제3차 《노동운동》• 174 | 기업별 조합과 아나키스트 • 176 | 야하타八幡 제철소와 아나키스트들 • 179

2. 일본노동조합연합의 시도

총연합운동의 개시 • 183 | 기계연합의 성립 • 186 | 총연합운동의 진전과 아나 · 볼의 쟁점 • 188 | 총연합대회 개막 • 190 | 총연합운동의 의미 • 193 | 총연합운동의 여파 • 197

3. 아나키즘 운동 최후의 고양高揚

국제 무정부주의자 대회 • 200 | 오스기의 도달점 • 204 | 《조합운동》과 인쇄공연합회 • 207 | 오스기의 귀국과 아나키스트의 전국적 동맹 • 211 | 소리 없이 다가오는 후퇴의 기운 • 213

VI 후퇴와 테러리스트의 대두

1. 아나키즘 운동의 후퇴

관동대진재와 사회운동 • 218 ┃ 오스기의 학살 • 219 ┃ 혁명적 생애 • 222 ┃ 방향 전환의 폭풍우 • 225 ┃ 아나키즘 운동의 쇠퇴 • 228

2. 테러리즘의 출현

검은 테러리스트 무리 • 231 ┃ 테러리즘의 논리 • 234 ┃ 테러리즘의 실천 • 237 ┃ 광란의 테러 • 241 ┃ 당당한 테러리스트 • 246

VII 전국자련全國自連과 순정아나키즘

1. 재건과 전국적 연합을 향한 노력

전국적 연합을 향해 • 252 ┃ 흑색청년연맹과 긴자銀座사건 • 254 ┃ 전국자련全國自連의 창립 • 257 ┃ 전국자련 제2회 대회 개막 • 261

2. 분열과 침체

순정아나키즘의 침투 • 265 ┃ 전국자련의 분열 • 269 ┃ 자협自協의 성립과 아나키즘 운동의 후퇴 • 273 ┃ 문화운동과《디나미크》• 276 ┃ 농촌청년운동 • 279

3. 합동 기운의 양성釀成

아나키즘 진영의 자기비판 • 283 ┃ 합동 기운의 고조 • 286

VIII 아나키즘 운동의 합동과 종언

1. 합동과 무정부공산당無政府共産黨

해방문화연맹의 결성 • 294 │ 무정부공산당의 성립 • 297 │ 무정부공산

당의 논리 • 300 │ 자련自連과 자협自協의 합동 • 303

2. 아나키즘 운동의 종식

무정부공산당 사건의 발각 • 308 │ 농촌청년사 사건과 아나키즘 운동의 종

언 • 313

맺는말을 대신해 • 317

참고 문헌 • 323

일본 아나키즘 운동사 연표 • 330

I

아나키즘
사상의 도입

Anarchism in
Japan history

1. 아나키즘의 특징 *

자립과

인간성을 찾아서 //

최근 아나키즘에 대한 관심이 높아지고 있다. 당사자가 의식하지 않더라도, 아나키즘적인 사상이나 이론이 자주 눈에 띄고 일반적인 저널리즘에서도 이 문제가 상당히 빈번하게 언급되고 있다. 국가기구와 관료화의 확대와 강화, 기계화와 획일화의 진행, 생산 중심주의와 인간 경시의 보편화라는 현대사회의 모순에 직면해, '인간=개個'의 중시와 '권력=지배'의 부정을 강조하는 아나키즘이 부분적이기는 하지만 공감하거나 관심을 갖게 되었다는 것을 나타내는 방증일 것이다.

그러면 아나키즘은 어떤 사상일까, 또는 어떤 족적을 남겼을까? 이에 대해서는 일반인이나 연구자 모두가 정확히 이해하고 있다고 할 수는 없다.

아나키즘은 일반적인 정의를 내리기 힘들 정도로 다의적인 성격을 갖고 있다는 생각, 또는 구체적인 발현 형태로 각국에서 벌어지는 운동도 매우 다양해 하나의 시점으로 완전히 포괄할 수 없다는 애매한 생각으로 정의되는 경우가 많다. 그런 까닭으로 일본에서 아나키즘 운동의 구체적인 전개를 살펴보기 전에 아나키즘이란 어떤 사상인가를 간단하게 알아보자.

아나키즘이란
무엇인가 //

인간의 내면은 아무리 가열한 폭력이나 위력 있는 돌풍으로도 절대 끌 수 없는 등불을 갖고 있다. 그 등불은 개개인에 따라 빛의 종류나 색깔, 세기가 다르다. 그 등불이 자유롭고 무한하게 아름다움을 추구하면서 계속 빛난다면 틀림없이 멋진 빛을 발산할 것이다.

그러나 현실 사회에서는 그런 마음의 등불이 자유롭고 아름답게 무한히 계속해서 빛을 내기에는 너무 많은 제약이 따른다. 눈에 보이는 것에서부터 보이지 않는 것까지 사회적, 정치적 또는 경제적 제한과 규제 그리고 규칙이 도처에 깔려 있어 생을 자유롭게 누릴 수 없다.

그렇더라도 인간의 마음 한구석에 타오르는 등불은 어떤 규제나 압력에도 완전히 소멸할 수 없는 것이다. 지그시 폭풍우를 견디며 마치 바람 앞의 등불과 같은 상태가 되는 경우도 있을 것이다. 그럴 때에도 결코 완전하게 소멸하지는 않는다. 마음의 등불이 꺼지는 것은 '인간=개個'의 죽음을 의미할 뿐이기 때문이다.

그러한 인간의 마음의 빛에 민감하게 반응해 그것을 확실하게 받아들이려는 것이 아나키스트의 심정적 출발점이라 해도 좋을 것이다. 아나키즘이 불평등과 차별, 권력적인 것에 반발하는 일상의 극히 일반적인 감정을 원류로 갖고 있다는 것, 그로 인해 명확한 정의와 이론 체계를 갖고 있지 않다는 점도 그것과 관계가 없다고 할 수는 없다.

예전부터 인간성을 잃어버리지 않고, 인간 중심으로 생각하고 행동하려고 힘쓴 사람은 적지 않았다. 마르크스가 젊은 시절 "인간이 인간에게 있어서 최고의 존재다."라고 한 말은 잘 알려져 있다. 아나키스트도 그 점에서는 다른 것에 뒤지지 않는다기보다는 아나키즘의 시점에서 인간이란 다른 무엇과도 바꿀 수 없는 것이다.

즉, 아나키즘은 인간을 모든 발상과 행동의 근간으로 삼는 것에서부터 출발한다. 예를 들면, '진보'와 '성장'과 같은 것을 자리매김하는 데에도 아나키즘은 지금까지 당연시되었던 경제적 가치를 첫 번째로 삼는 방법은 취하지 않는다. 나아가 그런 인간에 대해서는 개성적이고 다양하며 평등한 것으로 받아들인다. 그런 만큼 저마다 다른 것으로 대체할 수 있는 것이 아니다. 또한 한쪽이 다른 쪽에 의해 무시되거나 지배당하거나 희생되는 일 역시 있어서는 안 된다고 생각한다.

이렇듯 아나키즘의 첫 번째 특징은 인간성이 사상으로 관철되는 것을 목표로 한다고 해도 과언이 아니다.

그런데 현실에는 '인간=개個'의 사상과 활동을 제한하거나 지배하기도 하며 희생시키기도 하는 모든 제도가 엄연하게 존재하고 있다. 국가

일본의 아나키즘 운동사

가 있고 정부가 있으며 자본이 있다. 또한 경찰이 있고 재판소가 있으며 법률이 있다. 당연히 아나키스트는 그와 같은 개個의 바깥에서 개個를 지배하고 압박하는 권력과 권위에 강한 거부반응을 나타낸다.

그리고 그것을 위한 전략, 전술을 선택할 때도 독특한 성격을 뚜렷이 드러낸다. 즉, 아나키즘의 기본적 시점인 '인간=개=반권력'의 시점을 목표로 삼는 것뿐만 아니라 과정에서도 관철되어야 한다고 생각한다. 말하자면 목적과 수단의 일치다. 목적이 '인간=개'의 존중과 '무지배=반권력'인 이상, 수단과 과정에서도 그것을 지켜야 한다. 수단이기 때문에, 과정이기 때문에, 또는 일시적인 과도기 때문이라는 생각은 결코 받아들이지 않는다. '인간=개個'를 혁명을 위해, 전체를 위해, 목적을 위해 희생하거나 압박하기 시작한다면, 그것이 머지않아 회복될 것이라는 보장이 전혀 없다고 생각하기 때문이다. 또한 일단 만들어진 국가나 정부나 법률과 같은 강권이 폐지된다는 보장 역시 그 어디에도 없다고 생각하기 때문이다. 이 점이 아나키즘의 두 번째 특징이다.

**자립과
인간성의 사상 //**

이것도 잘 알려진 것이지만, 아나키즘은 그 기저에 이상과 같은 원칙을 갖고 있다는 점에서는 같으나, 그 구체적인 표현에서는 실로 다양한 성격이 뚜렷이 나타난다. 노동조합 하나를 예로 들더라도 그것에 대한 평가는 아나키스트 사이에서도 또는 시대에 따라서도 제각각이다. 또한 투쟁 자세라는 시점에서 보더라도 아나키즘의 원칙을 실현하기 위해, 어떤 때는 혼자서 폭풍우가 멈추고 시기가 도래하기를 기다리며 그저 가만히 견딜 뿐이다. 또한 어떤 때는 거기서 멈추지 않고 적극적으로 행동을 취함으로써 압력을 떨쳐 버리려 한다. 어떤 때는 폭력에 호소하기도 하고, 일신을 희생시켜 자폭해서라도 거기에 대처하려 한다. 어떤 경우에도 자기의 의지와 책임으로 대처하려는 '직접행동'의 이념을 근거로 하고 있다는 점은 더 말할 필요가 없다. 그런 점에서 아나키즘은 그 결과와 평가가 어떻든 간에 자립과 인간성을 추구하며 시행착오를 되풀이해 온 사상이라 해도 좋다.

물론 지켜야 할 것이 아름답고 더할 나위 없이 소중한 것이라 해서 그것을 위한 사고와 행동이 모두 올바르고 아름다운 것은 아니다. 세계의 또는 일본 아나키즘 운동의 족적을 되돌아보더라도 한편으로는 마음을 씻어 내리는 듯한 사고와 행동을 접하는가 하면, 다른 한편에서는 눈길을 돌리고 싶어지는 듯한 사고와 행동을 가끔 접하게 된다. 일본의 경우에는 후자의 측면이 각 시대마다 고개를 쳐들고, 아나키즘 운동을 쇠퇴의 방향으로 몰아갔다. 더구나 일반인들에게 그런 측면만 유독 강한 인상을 남겨 아나키즘에 대한 관념도 그런 시점에서 형성되었다.

이상이 파악하기 힘들고 막연한 인상을 주는 아나키즘의 하나의 모습이라 해도 좋다. 이 사상을 갖는다는 것은 권력과 지배가 없는 풍부한 공산과 협동 사회 아래서 무한한 인간성의 개화를 추구한다는 것이다.

일본의 아나키즘 운동사

물론 그 목표가 단순한 이상론 또는 탁상공론이라는 목소리도 적지 않다. 또한 그 수단에 대해서도, 목적과 수단의 일치를 관철하려는 입장에 대해서도, 반대로 그것을 무시하고 폭력에 호소해서라도 이상에 도달하고자 하는 입장에 대해서도 역시 비판이 적지 않다.

　그러나 이상론과 유토피아가 각별히 재고되어 좋은 시기도 있다. 특히 운동과 사상의 혼미, 정체기에는 그렇다고 할 수 있다. 지금이 그런 시기에 해당한다고 해도 틀린 말은 아닐 것이다. 실제로 근년에 이르러서도 기존의 체제와 제도를 유지하기 위해, 또는 운동과 변혁을 추진하기 위해서라는 명목으로 인간이 희생되는 사례는 끊이지 않았다. 예를 들면 한편에서는 경제, 생산 중심주의의 폐해로 조장된 인간 경시의 풍조를 반성하고, 인간의 존재와 진보의 의미를 근저에서부터 재고하게 되었다. 다른 한편으로는, 소위 연합적군 린치사건[1] 등의 발생으로 변혁운동에서 인간 경시와 안이한 희생 관념, 나아가 목적과 수단의 대립, 배치 등의 문제 역시 재고되고 있다.

　그에 대한 평가는 잠시 접어 두더라도, 이처럼 최근 긴요한 과제로 질문을 자주 받는 문제의 대부분이 아나키스트의 일관된 과제였다는 것을 생각하는 것만으로, 현재 아나키즘 사상과 그 운동사를 재검토 대상으로 하는 것은 더없이 의미 있는 일이라 할 수 있다.

1　1971년부터 1972년 사이에 연합적군이 일으킨 사건으로 '총괄'이라는 이름의 집단 구타로 동료 29명 중 12명이 살해됐다. 이는 당시 일본 사회에 강한 충격을 주었으며 일본의 학생운동이 퇴조하는 계기가 된다(역자 주).

그런 까닭으로 일본에서의 아나키즘의 사상과 행동의 전개를, 평가하고 비판해야 할 측면에서 가능한 한 사실을 찾아내고 명확히 밝히고 싶다.

2. 아나키즘의 도입   *

아나키즘의 선구,
동양사회당 //

      아나키즘이 일본에서 사회운동으로서 자리 잡고, 그 역할이 일반적으로 인식된 것은 1907년 전후부터일 것이다. 물론 그 이전에도 아나키스트 사상과 사상가는 존재했다. 또한 서구 아나키즘 사상도 소개되었다.

    일본에서 아나키즘 사상의 선구자로 자주 언급되는 인물은 에도 시대의 안도 쇼에키安藤昌益(의사로 일종의 유토피아 사상가)였으며, 메이지 시대에는 다루이 토키치樽井藤吉의 동양사회당이 있었다. 이들은 서구로부터의 이입 사상이라는 형태로 아나키즘이 정착하기 이전에, 일본 독자를 기반으로 하여 생육한 것이었다. 그러나 그것들은 순수하게 아나키즘의 전개로서가 아니라, 어디까지나 부분적인 구현으로밖에 받아들일 수 없었을 것이다. 이는 아나키즘 색채가 농후하다는 동양사회당에도 해당한다.

    동양사회당은 1882년 5월 히젠肥前의 시마바라島原에서 창립되었다. 규슈九州에서 자유민권운동의 흐름 속에서 다케토미 토키토시武富

時敏에 의한 사회주의의 소개와 사가佐賀에서 영주 나베시마鍋島의 토지 정책에 영향을 받아, 다루이가 제기한 사상 결사였다. 일본 토양에 서구 사회주의를 받아들인 형태로, 소위 토착사상과 서구사상의 혼교 위에 이루어진 것이기는 하지만 현실에서의 운동으로까지 진전된 점에서 특히 주목할 만하다.

그 강령으로 하는 것은 도덕, 평등, 사회 공중의 최대 복리였다. 그것을 기반으로 정치, 경제, 법률에 따른 통제보다도 '천부天賦의 도의심'에 따라 세습이나 극심한 빈부 격차를 타파하는 '평등자유의 법칙'을 취지로 하는 사회를 구상한 것이었다. 이와 같은 측면에 특별히 주목해 보면 아나키스트 이시카와 산시로石川三四郎처럼 동양사회당의 본질을 아나키즘으로 규정하는 견해가 나온다. 그러나 당규黨規에 담긴 이상과 그 실태는 상당히 동떨어진 것이었다.

마침 그 당시는 나로드니키Narodniki 운동이 일본에 소개된 시기였다. 다루이 자신은 거기에 동조하지는 않았지만 관심은 나타냈다. 당의 행동에서도 그 영향을 받았던 것처럼, 부호로부터의 금전 강요, 비밀 회합, 선동 활동이 주로 이루어졌다. 또한 당규 자체도 다양한 해석을 낳을 여지를 갖고 있었다. 게다가 이 당은 결당하자마자 곧바로 해산 명령을 받아 본격적인 활동을 전개하기도 전에 좌절하고 이듬해 1월에는 완전히 소멸한다.

그런 만큼 당의 사상이나 활동에 대한 평가는 극히 어렵다. 당규와 약간의 활동만으로 아나키즘적 측면을 지적할 수 있다고 하지만, 아나

일본의 아나키즘 운동사

키즘 일색이라고는 결코 말할 수 없다.

그렇다고 국가사회주의적인 측면이 없었다고도 할 수 없다. 그 이후로의 영향 관계에서도 결코 중요한 것이 아니었다. 오히려 고립적인 족적이었다. 그런 점에서 동양사회당에서 아나키즘의 희미한 싹을 보았고, 그 후로의 흐릿한 원류로 삼을 수는 있어도 아나키즘 운동과 사상사의 빛나는 첫 페이지로 삼는 것은 불가능할 것이다.

아나키즘의
도입 //

이상과 같은 자생적인 출발과는 별도로, 그 무렵부터 아나키즘에 대한 소개도 조금씩 이루어졌다.

그런데 그에 앞서 동양사회당이 결당되기 직전부터 자유민권운동의 진전에 맞춰 일본에는 러시아의 나로드니키운동이 「허무당」의 운동으로 소개되기 시작했다. 실은 허무당의 소개가 아나키즘의 도입을 선행했다는 사실이, 아나키즘의 이미지에 중대한 의미를 가져왔다.

서구의 사회운동에 충분한 이해력을 갖지 못했던 당시 나로드니키운동은 피상적인 사건으로, 그리고 흥미 본위로 취급되기 일쑤였다. 테러리스트적인 측면만 특별히 강조된 해석이었다. 하지만 그로 인해 그에 뒤이은 아나키즘의 소개에서도 마찬가지로 과격파라는 취급을 만들어내게 된다.

아나키즘의 사상과 운동의 존재는 단편적으로는 이미 메이지 10년[2] 이전에도 알려졌었다. 그럼에도 불구하고 10년대, 20년대에 이르러서도 그에 대해서는 여전히 단편적인 지식에서 벗어나지 못하고, 정확한 이해와는 상당히 거리가 먼 암살당이라는 이해 수준에 머물러 있었다. 현실에 존재하는 정부와 법률을 부정하는 '무정부'라는 번역어가 특히 그 사상에 대한 공포심을 부추겼다. 아나키즘이 10년대에 활발하게 소개된 '나로드니키=러시아 허무당'과 오버랩되는 이해 수준에 머무를 수밖에 없었던 것은 어쩌면 당연했다고 할 수 있다.

이처럼 일본의 아나키즘은 나로드니키와 같은 상황에서 도입되었다. 아무래도 지배계급의 시점에서 시대의 경종이라는 시각으로 받아들여진 것이었다. 그것을 소개하거나 언급하는 것은 일부를 제외하고는 확실히 적의와 혐오와 부정의 시점에 있는 것이었다. 사회의 적으로서 포악하고 비인간적이며 비이성적인 사상과 운동으로서 위험시하는 것이었다. 그것이 그 시대에 다소나마 공감을 불러일으켰다면, 사상 그자체가 아닌 그것을 만들어 낸 배경의 해석에 대한 공감이었다. 즉, 압제가 만들어 낸 것이라고 한다면 많은 사람이 거기에 약간의 공감을 나타냈던 것이다.

그러한 출발점에서의 테러리즘과의 오버랩이, 위정자나 일반인에게도 아나키즘은 이미 토론할 것까지도 없는 사회의 적이며 사회에서 밀

---

2 서기 1877년에 해당(역자 주)

려난 자들끼리만 어울리는 무법자에 지나지 않는다는 인상을 오랫동안 주게 된 것이다.

　더구나 위정자나 일반인만 그렇게 받아들인 것은 아니다. 메이지 30년대 이후의 초기 사회주의자들에게도 테러리즘 또는 폭력혁명적 측면에 주목하는 시기가 찾아온다. 그때는 국가권력의 혹독한 탄압에 가속되어 초기 사회주의자의 일부는 나로드니키와 아나키즘의 폭력적 측면에 더욱 깊이 빠져들어 갔다. 그러나 지나치게 과격한 언사는 결국 대역사건을 불러오게 되었다. 그 대역사건을 비롯해 그 서막을 만든 샌프란시스코에서의 천장절 불경사건天長節不敬事件, 비밀출판과 직접행동파의 과격한 주장 등이 아나키즘과 결부하게 됨에 따라 위정자들과 일반인에게 그 사상에 대한 공포심을 한층 더 부추겼다.

사회주의의 보급과
아나키즘의 체계적 소개 //

　　　　　　　동양사회당이 서남쪽 한구석에서 고고한 소리를 낸 후 대략 20년 후인 1902년 4월, 한 권의 저서가 세상에 나왔다. 게무야먀 센타로煙山專太郎 의 《근세무정부주의近世無政府主義》였다. 게무야마가 도쿄제국대학 문과대학 재학 중에 몰두했던 연구를 토대로 한 발간이었다. 그것은 아마 일본에서의 아나키즘의 소개와 연구로서는 첫 번째로 체계적인 형태를 갖춘 책일 것이다.

당시 일본은 청·일 전쟁을 계기로 자본주의 생산을 눈부시게 발전시켜 산업자본의 확립에 나서고 있었다. 자본주의의 모국인 영국에서도 그랬던 것처럼 일본에서도 이 산업혁명기에 노동문제가 본격화되고 거기에 대한 노동운동도 조직적으로 이루어졌다. 동시에 자본주의와도 대결하며 사회변혁을 지향하는 사회주의 운동도 생성해 왔다.

알려진 것처럼 1897년 미국에서 돌아온 다카노 후사타로高野房太郎 등의 노력으로 '직공의우회職工義友會'의 후신으로 '노동조합기성회勞動組合期成會'가 결성되었다. 그 영향하에 1897년부터 1899년에 걸쳐 철공조합鐵工組合, 일철교정회日鐵矯正會, 그리고 활판공조합活版工組合이 연이어 결성되었다.

그에 따라 노동과 사회문제에 대한 지식층의 관심도 한층 높아졌다. 1897년 4월 나카무라 타하치로中村太八郎, 다루이 도키치, 가타야마 센片山潛, 사쿠마 테이이치佐久間貞一 등 다양한 입장의 진취적 지식층에 의해 '사회문제연구회社會問題硏究會'가 결성되었다. 1898년 10월에는 '사회주의의 원리와 이를 일본에 응용하는 여부를 연구'하는 것을 목적으로 한 '사회주의연구회社會主義硏究會'도 무라이 토모요시村井知至, 가와카미 키요시河上淸, 가타야마 센, 고토쿠 슈스이幸德秋水 등에 의해 결성되었다. 이어서 회원 대부분이 활발히 활동하지 못했던 것을 계기로 1900년 2월 이 연구회는 연구회의 성격을 벗어나 그 사상에 강한 관심을 보이거나 찬동하는 사람들만으로 이루어진 '사회주의협회社會主義協會'로 발전했다.

그 후 노동조합운동이 경험 부족과 강화된 탄압에 노출되어 치안경찰법이 실시된 1900년 무렵부터 급격하게 쇠퇴하자, 그에 대신해 사회주의 운동이 발전했다. 우선 1901년 5월 사상에서 실천으로 뛰어들기 위해 '협회'를 기반으로 '사회민주당社會民主黨'이 결성되었다. 발기인은 아베 이소安部磯雄, 가타야마 센, 가와카미 키요시, 고토쿠 슈스이, 니시카와 미쓰지로西川光次郎 등 6명이었다. 평등주의, 평화주의, 보통선거, 계급제도의 폐지를 포함한 '이상理想'과 '강령', 그리고 '선언서'도 발표되었다. 예상된 일이기는 했지만 신고(19일) 다음 날에 이 당은 결사 금지를 당했다.

그러나 일단 실천 운동에 뛰어들어 사회에 그 존재를 나타낸 사회주의의 싹은 뿌리째 뽑히지는 않았다. 6명은 사회주의협회를 재개하고 활동을 계속했다. 이 무렵부터 사회문제 문헌과 함께 사회주의 문헌도 연이어 계속해서 세상에 나왔다. 무라이 토모요시의 《사회주의社會主義》, 후쿠이 준조福井準造의 《근세사회주의近世社會主義》, 니시카와 미쓰지로의 《사회당社會黨》, 아베 이소의 《사회문제 해석법社會問題 解釋法》, 니시가와 미쓰지로의 《칼 마르크스》, 가타야마 센의 《나의 사회주의我社會主義》, 고토쿠 슈스이의 《사회주의 신수社會主義 神髓》, 아베 이소의 《사회주의론社會主義論》 등이다. 그런 사회주의 문헌 가운데 단 하나 이질적인 것이 들어 있었다. 그것은 게무야마 센타로의 《근세무정부주의》였다.

게무야마 센타로煙山專太郎와
《근세무정부주의》 //

한 대학생이, 아직 사회주의조차 충분히 소개, 소화되어 있지 않았을 때 아나키즘에 몰두해 한 권으로 정리했다는 것은 놀랄 만한 일이다. 그런 만큼 불충분하다는 비난은 면할 수 없겠지만 오히려 그의 선구적인 노력이야말로 평가해야 할 것이다. 게무야마가 나중에 와세다早稲田 대학 교수가 된 것에서도 알 수 있듯이, 그는 활동가도 아나키즘에 대한 공감자도 아니었다. 나로드니키와 니힐리스트에 관한 당시의 저자들과 마찬가지로 아나키즘을 '사회의 질병'으로 파악하는 시점에 있었다. 특히 '근세 무정부당의 폭행은 실로 극도로 끔찍해 듣는 것만으로 간담이 서늘해지는 자가 있다. 하지만 세상의 많은 사람은 그 이름을 듣고 알면서도 그 진실은 모른다.'라는 인식에서 그 실태와 함께 그것이 생기게 된 연유를 해명하려 했다.

그 저서는 전편과 후편 두 편으로 이루어져 있다. 전편은 〈노국허무주의露國虛無主義〉라고 이름 붙인 것처럼, 러시아의 니힐리스트와 나로드니키의 소개로 이루어졌다. 각 장의 구성은 다음과 같다.

제1장 허무주의의 연원
제2장 허무주의의 고취자
제3장 혁명운동의 역사

제4장 허무당의 제 기관

제5장 서구에서의 허무당 망명객의 운동

제6장 허무당의 여걸

제7장 국사범 죄인의 투옥 및 시베리아 추방

게무야마가 여기서 특별히 '허무주의'를 언급하는 것은 그것을 아나키즘과 동일 이념으로 파악한다는 점과 그리고 전자를 아나키즘의 전사前史로 파악하고 있었기 때문이다.

그에 따르면 허무주의란 '자신의 자유를 갈망하면서 나타나는 것이다. 즉 자신을 고유한 것으로 해서, 육체 및 정신의 모든 속박에서 벗어나 자유자재의 경지에서 유유자적하고자 하는 인성 자연의 욕망에서 생긴 것이다. 따라서 그 근본 사상은 실로 절대적인 개인주의다.'라는 내용이었다. 또한 '니힐리스트란 어떤 권력하에서도 굴복하지 않고, 아무리 존숭되는 원리라도 비판을 거치지 않으면 이를 인정하지 않는 사람'(투르게네프), 즉 기존의 척도에 구애받지 않고 반권력의 시점에 서 있는 사람이다. 실로 그것이야말로 오늘날에도 통용하는 아나키즘 및 아나키스트의 정의에 어울리는 것이다. 게무야마는 그 같은 해석을 바탕으로 허무주의와 아나키즘을 동일 계보로 파악했던 것이었다.

후편은 〈서구 열국에서의 무정부주의〉라고 제목을 붙인 대로, 아나키즘의 계보를 인물로 살펴보고, 또한 당시 각국에서의 무정부주의 운동의 실태를 전한다. 각 장의 구성은 다음과 같다.

제1장 근세 무정부주의의 창시자

제2장 국제당의 사적 발전

제3장 최근의 무정부주의

여기서는 아나키즘의 원리가 거의 정확하게 파악되고 있다는 점에 일단 주목해야 한다. 하지만 결국 그 원리가 무시되고 특이한 수단의 체계에 관심이 집중되는 서술이 되어 버렸다. 아나키스트를 '망상자'라고 하거나 '무정부론은 완전한 오해에 근거한다.'라고 파악하고 있으며, 또한 '완력'과 '폭동'을 수단으로 하는 부분적 측면이 특별히 강조되고 있는 점이 그런 사실을 여실히 보여 주고 있다. 따라서 이 책은 아나키즘에 대한 그때까지의 관념을 불식시키는 것이 아니라 오히려 위정자나 일반인들에게는 그것이 '사회의 질병'이며 해악이라는 종래의 생각을 그대로 유지하게 하는 것이었다.

하지만 이 책은 일본의 아나키즘에서 그런 부정적인 역할만 한 것은 아니었다. 오히려 사회주의자에게는 또 다른 역할을 하게 된다. 그 하나로는 이 책이 아나키즘을 처음으로 체계적으로 소개했다는 점에 유래하고 있다. 다른 하나로는 여전히 오해와 독단적인 이해에서 벗어나지 못했다 하더라도 아나키즘을 운동사와 사상사 속에서 그 자체 본질의 모습에 가까운 곳에서 파악하고, 또한 '개個와 권력', '개個와 사회문제'도 비교적 정확하게 이해하고 있다는 점에서 유래한다. 그로 인해 예상치 못한 결과로서 이 책은 일본 아나키즘 운동의 기본적인 양분이 되었으며, 그 성장에 크게 기여하게 된다. 그 주장의 대표자인 고토쿠를 비롯해 대역사건에 연좌하는 미야시타 타키치宮下太吉, 간노 스가코管野須賀子 등도 이 책을 친숙하게 접했다는 점은 잘 알려진 사실이다.

이 책은 그 이후의 사회주의에 대한 영향이라는 점에서 극히 중대한 의미가 있다. 또한 체계적이었기 때문에 그 이후 아나키즘이 단편적 또는 고립적으로 고개를 쳐든 것이 아니라 계속성을 갖고 일본 사회에서 위치를 차지하는 기점이 되는 역할도 했다. 하지만 게무야마의 저서가 발행과 동시에 곧바로 현저한 반응을 일으킨 것은 아니다. 오히려 4, 5년은 잊힌 존재가 되어 잠들었다가 1907년 전후부터 직접행동론이 의회정책론과 대립해 대두하게 되면서 다시 소생하게 된 것이다. 그때는 '철학적 아나키스트' 또는 '개인주의적 아나키스트'라고 불렸으며 자칭하기도 했던 구쓰미 겟손久津見蕨村을 비롯해, 고토쿠 슈스이, 오스기 사카에大杉栄 등의 아나키즘 연구와 소개도 조금씩 진행되었다.

그렇게 되자 아나키즘이 게무야마의 경우에서와 같은 단순한 비판과 비난의 대상으로서가 아니라 이상을 나타내는 사상으로, 나아가 사회 변혁을 지향하는 사상으로 받아들여지게 된다. 그런데도 아무리 아나키즘을 종래보다도 본질에 가까운 지점에서 이해했다 하더라도 게무야마에게 있어서는 아나키즘과 테러리즘과의 혼동은 부정하기 힘들었다. 이윽고 찾아오는 광폭한 권력의 탄압이라는 상황하에서는 그런 측면이 편협한 교훈이 되어 일부의 아나키스트를 테러리즘으로 몰아가는 원인이 되기도 했다.

Ⅱ

여명기의 아나키즘
- 직접행동론

Anarchism in
Japan history

1. 직접행동론의 도입   *

운동 속의

아나키즘 //

      일본의 아나키즘이 소개와 모색의 단계를 빠져나와 운동 속에서 일정한 위치를 차지한 것은 러 · 일 전쟁 이후다. 물론 아나키즘의 행동사상으로서의 직접행동론의 전개라는 형태로 나타난 것이 그 처음이다.

   러 · 일 전쟁 시 반전운동을 발판으로 사회주의 운동은 급속히 고양했다. 그런 흐름 속에서 직접행동론이 운동체로서 커다란 흐름을 형성한 것은 1906년 이후의 일이다. 특히 1907년 2월에 일어난 일본사회당 제2회 대회에서의 의회정책파와의 대결은 대외적으로도 강한 인상을 남겼다. 그 이후 1910년에 대역사건이 야기되기까지 메이지 아나키즘의 전개와 고양은 이어졌다.

   이 시기 직접행동론의 대표자는 고토쿠 슈스이었다. 메이지 아나키즘의 궤적은 고토쿠의 그것이라고 해도 과언이 아니다. 오스기 사카에, 아라하타 칸손荒畑寒村, 야마카와 히토시山川均, 이시카와 산시로, 아카바 간케쓰赤羽元穴, 대역사건에 연좌된 주의자들, 또는 그들보다 선행하면서도 현실의 실행이라는 의식을 떠나 오로지 개인적으로 아나키즘의 무한한 이상을 추구한 구쓰미 켓손도, 고토쿠의 존재에 비하면 결코 대단한 것이라 할 수 없다.

고토쿠는 일찍부터 이상사회에 대한 동경이 강했다. 아직 아나키즘으로 기울기 전에 그는 동지인 사카이 토시히코堺利彦 앞(1905년 6월 25일자)으로 다음과 같은 글을 써 보냈다.

> "나의 출옥 후 욕망은 엄청 많다. 마루노우치丸の内에 대강당을 건축해 동지들의 연설집회장으로 하고 또 그 일부를 편집국으로 만들어 큰 일간신문을 발행하는 것이 그 하나다. … 북해도 또는 조선에서 전원을 구입해, 수백 명의 농부와 이상적인 생활을 하면서 조용히 순수함을 키우는 것이 그 네 번째다."

고토쿠는 또 대역사건의 옥중에서도 그 연장으로 다음과 같은 글을 남겼다(사형 전).

> "문명은 더욱더 진보해 … 각 개인의 의식주도 무척 고등하고 완전한 경지에 달함과 동시에 정신적으로도 평화스럽고 안락한 세상이 된다면 인간은 대체적으로 그 천수를 누릴 수 있을 것이다. 나는 그런 세상이 빨리 오기를 바란다."

인간은 누구라도 나름의 이상을 그려 볼 수는 있을 것이다. 그러나 거기에 실현을 위한 행동이 동반되는 경우는 드물다. 고토쿠는 가까이 접한 유교 사상과 소년 시절 나카에 초민中江兆民(메이지 전기의 사상가, 철학자, 변호사. 프랑스 사상의 영향을 받아 철저한 자유주의 사상을 전개했다) 밑에서 수학 시절의 노력으로 성장해 끊임없이 하나의 이상사회를 추구했다.

그것이 시간의 경과와 함께 아나키즘의 이상과 일치하게 되고, 드디어 '권력과 무력으로 강제적 통치하는 제도가 없어지고 도덕인애道德仁愛로 결합하는 상호부조 공동생활의 사회'(옥중에서 세 변호사에게 보낸 진술서) 구상에 도달했다. 동시에 그 이상으로 향하는 과정에서도 합법적이며 간접적인 의회정책론에서 자신의 책임으로 자신의 주장과 권리를 행사하는 직접행동론의 입장으로 바뀌어 갔다. 거기에 이르러 그의 아나키즘도 비로소 하나의 체계로 형태를 이룰 수 있게 된 것이다.

아나키스트로서 고토쿠의 족적이 높이 평가받는 것은 그가 그런 아나키즘을 처음으로 체계적으로 받아들였다는 점과 함께 아나키즘을 테러리즘 또는 니힐리즘과 같은 뜻으로 생각했던 그때까지의 시점을 차단하는 역할을 떠맡았다는 점을 들 수 있다. 그것을 그가 부분적이긴 하지만 성공했다는 점에서 아나키즘을 운동으로 받아들일 수 있는 조건도 비로소 마련되었다.

그러나 그것이 결코 철저한 형태로 이루어진 것은 아니었다. 죽음의 직전까지 그 노력을 다했음에도 불구하고 결국은 그때까지 깊이 뿌리

일본의 아나키즘 운동사

내렸던 '아나키즘=테러리즘'이라는 인식을 완전히 씻어 내지 못하고 오히려 자기 자신도 그 오랜 관념의 희생이 되어 단두대로 끌려가게 되는 것이다.

고토쿠 슈스이幸德秋水,
아나키즘을 향한 접근 //

　　　　　　　　　슈스이, 고토쿠 덴지로幸德傳次郎
는 1871년 9월 23일(음력), 고치현高知県 하타군幡多郡 나카무라초中村
町³에서 태어났다. 부친 기헤이지喜平次, 본명 아쓰아키篤明, 모친 다지
多治의 3남이었다. 집안은 대대로 약재상 겸 양조업을 운영했으며 부친
대에는 촌장을 지냈을 정도로 명문이었다. 그러나 메이지 유신의 격변
속에서 가운은 기울어 갔다. 더구나 부친은 슈스이가 두 살 때 세상을
떠났다. 이후 고토쿠 집안은 모친 다지의 연약한 어깨에 의지하게 되며
고난의 시절을 맞이한다.

　그런 고토쿠 집안에서 장남인 가쿠타嘉久太는 어려서 세상을 떠나고
차남인 가메지亀次는 기헤이지의 친형 집안의 양자로 정해져 있었기 때
문에, 슈스이는 막내로서 어머니의 보호를 받고 자랐다. 그러나 시간이
지나면서 적자로서의 책임과 아버지도 가산도 없는 궁핍한 생활이 그

3　현재의 고치현 시만토시四万十市(역자 주)

를 압박했으며 많은 고생을 하게 되었다.

그는 공부에 몰두했다. 나카무라 중학교 재학 중에 당시의 풍조를 따라 그 역시 예외 없이 자유민권운동에 마음을 들뜨게 하지만 1885년 6월 태풍 피해로 중학교가 폐교되는 쓰라린 경험을 한다.

이후 고토쿠가 도쿄로 상경하는 것은 1887년 17세 때였다. 이후 안보조례에 의해 도쿄에서 추방 중이던 하야지 유조林有造(고토쿠와 동향의 정치가. 자유민권운동에 헌신했다. 후에 대신이 되었다)와 나카에 초민 밑에서 수학하게 된다. 그 후《자유신문自由新聞》등에 근무하며 저널리스트로서 자립의 길을 걷는다.

그가 사회주의, 나아가 아나키즘에 기울게 된 것은 이상과 같은 유년 · 소년 · 청년 시절의 환경과 체험이 크게 작용했다. 우선 유소년 시절에 경제적으로는 아버지를 잃고 가세가 기울면서 궁핍해졌고, 사회적으로는 여유 있는 상인의 집안에서 태어났으나 이전의 가세가 급속히 무너져 가는 몰락의 아픔을 깊이 맛봐야 했다.

그리고 거기서 얻은 유교 교육과 사회적 시야는 이윽고 성장하고 나서 반골과 비판 정신을 잃지 않고 자유당과 의회를 탄핵한 초민을 따르면서 크게 개화하게 된다. 그는 스스로 '나는 어떻게 사회주의자가 되었는가?'라는 물음에 대해(주간《평민신문》제10호), '도사土佐에서 태어나 유년 시절부터 자유평등설에 심취한 것, 유신 후 일가친척의 가세가 기우는 것을 보고 동정을 금할 길 없었던 일, 자신의 학비가 없는 것을 분하게 생각하며 운명의 불평등을 느꼈던 것…'을 지적했다.

그의 아나키즘으로의 경사를 생각해 볼 때 상경하고서의 시기가 특히 중요할 것이다. 초민과의 교류는 노장사상을 접합으로써 길러진 권위에 대한 비영합적 자세를 일깨워 주었으며 이를 더욱 강화했다. 그것은 당시의 상황에서 자유당, 나아가 의회에 대한 불신과 권력계급에 대한 적개심으로 구체화되었다.

그런 경향이 사회주의를 넘어 아나키즘을 상기시키는 형태로 나타나는 것은 1905년 무렵부터다. 러·일 전쟁 시 모든 사람이 전쟁 열기에 들떠 러시아를 쳐야 한다며 흥분의 소용돌이에 휘말려 있었을 때, 마지막까지 홀로 《평민신문》만이 꾸준히 반전을 호소했던 것은 잘 알려져 있다. 그 중심이 고토쿠였으며 사카이 토시히코였다. 그런 만큼 고루孤 壘를 지키는 그들에 대한 탄압도 극심했다.

개전에 이어 전쟁이 수렁으로 빠져들었어도 반전론의 필봉이 꺾일 기미조차 보이지 않자 탄압은 한층 더 드세졌다. 고토쿠도 마르크스· 엥겔스의 《공산당 선언》의 번역이 꼬투리가 되어 니시카와 미쓰지로西 川光次郎와 함께 기소되었다. 1905년 1월 29일에는 결국 《평민신문》도 힘이 다해 폐간에 이르게 되었다. 종간호는 마르크스의 《신라인 신문》 을 본떠 전 페이지를 붉은색으로 뒤덮었다. 거기에는 '고별! 하지만 영원한 고별은 아니다. 그들은 정신까지 죽일 수 없다.'는 프라일리그라 트Hermann Ferdinand Freiligrath의 시도 실렸다.

《평민신문》의 폐간 직후인 1905년 2월 28일, 고토쿠는 니시카와 등과의 필화사건으로 인쇄인으로 금고 5개월 형을 받고 투옥된다. 그로 인해 그는 뜻하지 않게 독서와 사색을 할 수 있는 조용한 시간을 얻게 되었다. 그가 읽은 책 중에는 크로포트킨의 저서도 포함되어 있었다. 사색을 하면서 《평민신문》의 폐간과 러시아에서의 혁명의 발발 등을 곰곰이 생각하자 그는 오로지 언론에 의한 투쟁의 한계, 말하자면 종래의 운동이 막다른 곳에 다다랐다는 것을 자각할 수밖에 없었다. 이에 운동을 재개하는 것과 함께 이론적 정비의 필요를 통감했다.

7월 28일, 그는 출옥했다. 그 직후 미국에 머물던 혁명가 앨버트 존슨 앞으로 다음과 같은 서간을 보냈다.

> "…사실을 말씀드리자면, 저는 처음 마르크스파의 사회주의자로서 감옥에 갔지만 출옥할 때는 과격한 무정부주의자Radical Anarchist가 되어 속세로 되돌아왔습니다. 이 나라에서 무정부주의를 선전하는 것은 사형 또는 무기도형을 의미하며 위험천만하므로 이런 무정부주의의 확장 운동은 완전히 비밀로 진행해야 합니다. 그리하여 이것이 진보와 성공을 이루기에는 오랜 세월과 인내를 요한다고 생각합니다…."

이것은 종종 고토쿠의 아나키스트로의 출발을 설명하는 자료로 쓰이기도 한다. 여기서 말하는 '과격한 무정부주의자'라는 의미는 아마도 크로포트킨의 아나키즘과 러시아 혁명의 움직임을 아직 완전히 소화하지 못한 채 혼입된 것이라고 생각해야 한다. 아직 아나키즘의 형태를 이루지 못하고 단지 과격한 운동론이 그에게는 아나키즘의 외피로 둘러싸였던 것이다. 그렇지만 그가 종래의 운동의 한계를 인식해 아나키즘에 눈을 돌리기 시작했다는 것과 그 사상이 당시 일본에서 어떤 취급을 받았는지도 정확하게 이해하고 있었다는 것만큼은 유의해야 한다.

출옥해서 오랜만에 만나는 동지들은 전쟁이라는 공통의 적을 잃어버리고 반드시 본질 문제라 할 수 없는 연애나 경영 문제로 동요하고 있었다. 그는 새삼스럽게 종래의 운동이 막다른 곳에 이르렀다는 것을 통감할 수밖에 없었다. 거기서 아직 애매하긴 하지만 '과격한 무정부주의'에 기대할 마음이 작용한 것도 이상하지 않을 것이다. 그 말에 따라 새로운 방향을 그 나름대로 자유롭게 그려 봤다. 그 내용은 오히려 그 이후 정비되어야 할 것이었다.

1905년 10월 9일 평민사는 결국 해산했다. 그것은 그때까지 하나로 되어 있던 사회주의자의 분해를 앞당기는 신호가 되었다. 고토쿠도 쇠약한 몸을 자택과 가토 도키지로加藤時次郎 의사의 오다와라小田原 별장에서 휴식을 취하며 다음에 내딛어야 할 방향을 생각했다. 그는 친구들의 권유도 있고 해서 투옥 중에 '출옥 후의 욕망'의 하나로 생각했던 미국행을 결의했다. 국내에서 출옥 후의 첫걸음을 내딛기 전에 요양과 새로운 길을 모색할 기회를 얻기 위해서였다. 어쩌면 그보다는 아무튼 일본을 잠시 벗어나고 싶다는 생각이 선행했다고 할 수 있을지 모른다. 그 정도로 그 자신의 건강을 해치고 운동의 침체를 절감하고 있었다.

1905년 11월 14일, 그는 복잡한 기분을 감추고 요코하마橫浜항을 떠났다. 출발 시에는 아마도 도미渡美에 대한 기대감도 없었을 것이다. 일본을 떠나는 자신을 '패군의 한 병졸'이라 하고, '아! 언제 다시 일어설까, 앞길이 망망하다狂瀾餘沫'라고 적고 있을 정도였다. 그러나 이 여행으로 일단 밝혔던 '과격한 무정부주의자'라는 내용이 조금씩 묻히게 되는 것이다.

미국에서의

고토쿠 슈스이 //

미국에 건너간 고토쿠는 오랜만에 자유롭고 느긋한 공기를 접할 수 있었다. 과격한 혁명론을 뱉어내는 망명자들과도 만났다. 사회주의 운동에 몰두하며 자유스러운 발언을 쏟아 내는 일본인 이민자들과도 만났다. 고토쿠도 과격한 언동에 끌려가는 느낌이었다.

그러나 이 미국 체재 중에 고토쿠가 완전히 아나키스트가 된 것은 아니었다. 확실한 것은, 보통선거제에 의문을 품고 아나키즘에 깔려있는 과격한 전략과 전술에 공감했다고 할 수는 있는 점이었다. 그와 동시에 〈일파만파一波萬波〉와 〈도미일기渡米日記〉 등에서 볼 수 있듯이, 또한 샌프란시스코 사회당에 입당하거나 사회혁명당을 결성하기도 한 것처럼 아나키즘과 그 행동 형태로서의 직접행동론을 원리적으로 명확하게 받아들였다고 할 수 있는 것도 아니었다.

일본의 아나키즘 운동사

보통선거제를 부정했다고 해서, 그리고 과격혁명론을 품고 있다고 해서 곧바로 아나키스트라 할 수 있는 것은 아니다. 당시와 같이 세계적으로 지배계급의 힘이 일방적으로 강하고 탄압이 혹독한 시대에는 아나키스트가 아니더라도 반보통선거와 과격한 언동에 끌리게 될 것이다. 실제로 고토쿠도 탄압이 혹독한 일본을 떠나 그 자세는 극히 과격하지만, 한편으로 정당과 정치에 의문을 던졌는가 하면, 다른 한편으로는 앞서 지적한 것 외에도 무정부'당'이라고 하거나, 영국의 의회주의에 기대를 하기도 해서 아나키즘적 방향으로 침로를 정한 것은 아니었다. 따라서 애매하지만 과격한 혁명가라고 하는 평가가 가장 잘 어울릴 것이다.

따라서 그 무렵의 고토쿠는 프리츠 부인[4](러시아 태생으로 미국 망명 중인 혁명가, 의사. 러시아 시절 사회혁명당에도 소속한 적이 있다)과 존슨[5]이 말하는 혁명론, 러시아의 혁명사회당 활동이나 크로포트킨의 이론들 사

---

4 프리츠 부인Fritz Rosa(?~?):고토쿠의 샌프란시스코 체재 중(1905.12~06.4) 프리츠 부인의 방 하나를 빌려 영어를 배우거나 책을 빌려 보기도 했다. 고토쿠의 〈도미일기〉에는 "프리츠 부인 보통선거의 무용에 대해 말하다" 라든가, "프리츠 부인이 와서 정치가 암살을 말하다" 등이 쓰여 있으므로 아나키즘 사상을 가진 사람은 틀림없다. 고토쿠가 프리츠 부인으로부터 어느 정도 사상적 영향을 받았는지는 확실치 않지만 프리츠의 주변에 있던 사람들과의 교제가 고토쿠의 직접행동론의 주장에 얼마간의 확신을 준 것은 틀림없다(역자 주).

5 존슨Jhonson, Albert(?~?): 존슨이라는 이름은 여성 아나키스트 엠마 골드만Emma Goldman이 대표로 있는 잡지 《Mother Earth》(1911.8 · 9 · 11)에 게재된 존슨에게 보내는 고토쿠 슈스이 편지의 소개로 알려졌다. 그러나 존슨이 어떤 인물인가에 대해서는 아직 확실치 않다(역자 주).

이에 내재된 근본적인 상이점에 주의하기보다는, 거기에 공통하는 과격한 측면에만 마음을 빼앗겼던 것이다. 그런 것들을 일괄해서 세계혁명운동의 새로운 조류로서, 합법적인 의회주의를 뛰어넘는 시대에 걸맞은 것이라는 인식을 갖고 있었다. 그 조류야말로 그에게는 아나키즘이었으며 직접행동론이라고 할 수 있었던 것이다.

그렇더라도 종래의 운동에 한계를 느끼고 거기서 빠져나오기 위해 몸부림치던 고토쿠에게 미국에 체재하는 동안 어렴풋이나마 새로운 방향이 보이기 시작했다는 것은 확실했다. 1906년에 들어서자 그 방향이 한층 명백해졌다. 예를 들면 2월에 일본 내에서 이루어진 일본사회당의 출범에 보낸 '맹화猛火로 뛰어들자' 〈일파만파一波萬波〉에서도 아나키즘적 색채가 무척 강한 시점이라는 것을 엿볼 수 있다.

> "내각, 선거, 정당, 대학, 문예, 종교, 도대체 뭐란 말인가. 노동자의 혁명, 세계적 혁명의 노도 광란이 전 우주를 덮는 이때 그것들은 과연 뭐란 말인가. 혁명 앞에 그것들은 과연 단 한 푼의 가치라도 있는가. 창백한 학자와 문사는 신에게 아부하고, 부에 무릎 꿇을 때, 나는 우리 노동자와 서로 껴안고 다가올 혁명의 맹화에 뛰어들겠다."

여기서는 내각 등 기존의 조직 하나하나에 의문을 던지고 다가올 혁명에서 노동자의 역할이 평가되고 있다.

그러나 이를 포함해 미국 체재 중의 기록은 단편적인 것이 많고 그의 진의를 일관해서 정확하게 파악하는 것, 즉 아나키스트로서 확실히 판정하는 것은 어렵다. 그 이후에도 가끔 애매함을 남기고 있기 때문에 그의 시점이 명확하게 아나키즘이나 직접행동론으로 기울기에는 여전히 시간이 필요했다고 해야 할 것이다.

2. 직접행동론의 정착 *

직접행동론의

선언 //

         고토쿠는 여러 경험을 하고 1906년 6월 23일 출발 때와 같은 요코하마로 귀국했다. 귀국 직후인 6월 28일 쉴 틈도 없이 간다神田 긴키칸錦輝館의 귀국 환영회 자리에서 유명한 〈세계혁명운동의 조류〉라는 제목의 귀국 제일성을 남겼다. 위험한 방미 선물의 선언이었다.

  직접행동파 선언으로 알려진 이 연설에서는 오랫동안 떨어져 있었던 일본의 상황을 살피고 아울러 동지들의 반응을 살펴보려는 뜻도 있었으며, 주의 깊게 "앞으로 과연 어떤 수단과 방책으로 나아가야 하는지… 나는 지금의 일본 국정에 어두워 감히 섣불리 단정 지을 수 없다. 단지 내가 보고 들은 구미 동지들의 운동 조류가 어떤가를 보고하는 것에 그칠 뿐"이라고 보류하고 이야기를 진행했다. 그러나 주로 독일의 아나키스트 아놀드 롤라[6]의《사회적 총동맹 파업론》에 따르면서 일본에서 추진되어 온 온건한 의회주의에 의문을 던지고 세계의 새로운 조류는 직접행동론이라는 점, 말하자면 완력 무력도 불사하며, 또한 총파업의 사용도 중시한다는 점도 확실히 호소했다.

거기서는 그가 보통선거, 의회주의를 부정한 점, 수단으로서 총파업을 도입한 점, 또한 세계적으로 아나키즘과 생디칼리즘이 확대되고 있는 상황을 뚜렷이 인식하고 있다는 점만큼은 명확히 엿볼 수 있다. 그러나 비록 총파업을 호소하고 있다 하더라도 세계에서의 공산주의의 전개도 평가하고 있듯이, 그의 반의회주의가 일반적인 폭력혁명론에 따른 것인지 그렇지 않으면 아나키즘 고유의 원리에 따른 것인지는 여전히 불명확하다.

그래도 반향은 컸다. 당시 이미 사회주의 운동은 사카이, 니시카와, 야마구치 코겐山口孤劍 등의《히카리光》그룹과 이시카와, 아베 등 기독교계의《신기원新紀元》그룹으로 나뉘어 있었지만 모두가 의회주의를 부정하는 것은 아니었다. 거기에 약간의 조심스러운 생각을 담아 반의회주의를 호소했던 것이므로 반향이 컸음은 당연했다. 이시카와 산시로의 〈사카이 형에게 보내 정당을 논하다〉(1906년 8월)도 고토쿠의 〈일파만파一波萬波〉 이래의 흐름 가운데 하나의 소산이라 해도 좋을 것이

---

6 아놀드 롤러Roller, Arnold(1878~1956) 본명은 지그프리드 나하트Siegfried Nacht이며, 고도쿠 슈스이 역《사회적 총동맹파업론》의 저자이다. 오스트리아 빈 출생의 전기공으로 아나키스트이다. 열여덟 살 때 사회주의자가 되었으며 파리에 머물면서 아나키스트가 되어 혁명적 생디칼리즘을 지지하게 되었다. 그 후 런던 등 유럽 각지에서 활동 중 바르셀로나 파업의 영향을 받아 1902년과 1905년 파업에 관한 독일어 책자를 2권 발행, 여러 언어로 번역 출판되었다. 이 책은 1905년 시카고에서 영어판으로 출간, 고토쿠는 이 책을 번역한 것으로 추측된다. 이후 미국에서 저널리스트로 활동하다 뉴욕에서 사망했다 (역자 주).

다. 거기서 이시카와는 "정당이란 개혁의 기운을 인민들 속에 새롭게 일으키기 위한 것이 아니라, 오히려 이미 분기한 인심을 완화하고 통솔하는 하나의 수단에 불과하다."고 하기도 하고, 또 '계급투쟁'과 의회주의의 모순을 지적하기도 했다.

당시 탄압은 여전히 혹독했고 운동 쪽 역시 정체기였다. 뭔가 새로운 자극이 필요한 때였다. 사회주의 청년들은 고토쿠의 반의회주의, 소위 직접행동론에 몰려들었다. 특히 고토쿠를 포함해 그런 신조류에 대한 영합자들에게는 러·일 전쟁 이후 노동자의 동향이 한층 더 확신을 갖게 해 주었다.

청·일, 러·일 양 전쟁을 계기로 촉진된 급속한 공업화는 생산의 대규모화와 노동자의 증대를 가져왔다. 그러나 러·일 전쟁 후 공황에 의한 물가 폭등과 노동 불안은 노동조합의 부재에도 노동자를 결기하게 만들었다. 특히 공업, 광산 등의 대기업에서는 노동력 육성기구의 정비와 맞물려 노사관계가 변모하고 있었으며 동요가 심했다. 그 현상이 빈번한 쟁의와 대규모화로 나타나게 되었다.

고토쿠 귀국 후에도 벳시別子 동광산에서 광산파업, 구레呉 해군공창 폭동, 오사카 포병공창 파업 등이 속발했다.

이 같은 추이가 고토쿠와 그 동조자들에게 직접행동론에 대한 자신감을 더욱 갖게 했다. 그에 따라 의회정책론과 직접행동론의 대립도 한층 현저해졌다.

그 같은 상황에서 사회당 제2차 대회를 앞두고 고토쿠는 1907년 2월

5일자 일간 《평민신문》에 〈내 사상의 변화〉를 발표했다. 〈세계혁명운동의 조류〉에서 반년이 경과해 고토쿠는 이번에 주저하지 않고 자신이 주장하는 직접행동론을 호소하는 자세를 취했다. 그는 이같이 말했다.

"나는 솔직하게 고백한다. 나의 사회주의 운동의 수단 방침 의견은 재작년 투옥 당시보다 조금 변하고, 또한 지난해 여행에서 크게 변해 지금은 몇 년 전을 되돌아보면, 나 스스로 완전히 다른 사람과 같은 느낌이다. …의원은 타락하면 그뿐이다. 의회는 해산되면 그뿐이다. 사회적 혁명, 즉 노동자의 혁명은 결국 노동자 자신의 힘에 의하지 않으면 안 된다. 노동자는 부르주아 야심가인 의원 후보자의 발판이 되기보다는 즉시 스스로 나아가 그 생활의 안고安固를 도모해야 한다. 의식의 만족을 얻어야 한다. …

지금 유럽 사회당의 다수는 의회 세력의 미미한 성과에 싫증이 났다. 대륙 모든 국가의 사회당 의원과 노동계급은 서로 어울릴 수 없는 경향을 보여 왔다. 영국의 노동조합에서도 의원 선출에 광분하는 이유는 그 조합원과 적립금이 점차 감소한다는 사실 때문이다. 이것이 일본의 사회당이 가장 주의해야 할 점이다.

노동계급이 필요로 하는 것은 정권 획득이 아니라 '빵의 쟁취'다. 법률이 아니라 의식이다. 그러므로 의회는 거의 쓸모가 없다. …"

이 소론은 표현에 강약의 차이가 있긴 하지만 〈세계혁명운동의 조류〉 연장선에 있는 것이라 해도 좋다. 거기서 오로지 주장하는 것은 반의회주의, 그리고 '노동자계급의 단결훈련'과 직접행동이다. 그러나 여기에 이르러서도 직접행동론을 주장했다고 해서 반드시 아나키즘의 모든 체계를 이해했다고는 할 수는 없다. 보통선거가 완전하게 부정되어 있지 않으며 반권력의 시점도 불명확하기 때문이다. 오히려 의회주의의 이용도 나쁘지는 않지만, 직접행동 쪽이 훨씬 유용하고 지름길이라는 효율론이다. 아나키즘에서 '인간=개個'의 자각과 책임에 따른 직접행동 및 반권력의 논리가 반드시 뒷받침되는 것은 아니다. 그는 또 이같이 말한다.

> "그렇게 말했다고 해서 내가 결코 선거권의 획득으로 불의를 이루려는 것은 아니다. 선거권 개정운동에 억지로 반대하지도 않는다. 보통선거가 실시되면 의회가 법률을 제정 개폐할 때 노동자의 의향을 조금이나마 참작한다. 이 정도의 이익은 확실히 있다. … 또한 나는 동지 제군이 의원 후보로 나서서 선거를 치르는 것을 결코 나쁘다고 하는 자도 아니다. 제군의 의회 내에서의 운동에 결코 반대하는 자도 아니다. … 선거 경쟁도 할 수만 있다면 하는 것이 좋지만, 특별히 사회당으로서 서둘러 해야 할 중요한 일이라고 인정할 수는 없다."

이처럼 이 시기 그의 직접행동론은 소박한 전술론으로서, 즉 노동자

일본의 아나키즘 운동사

의 권리도 보장되지 않은 탄압 속에서 노동자를 해방하는 길로써 의회주의에 의거하지 않은 노동자의 직접행동을 주장한 것에 지나지 않았다. '개=반권력'의 시점, 또는 조직론으로서의 자유연합론과 같은 아나키즘의 원리와 원칙을 바탕으로 하는 체계는 여전히 충분히 찾아볼 수 없었다.

그런 아나키즘화에 대한 불철저는 이윽고 다가오는 사회당 제2회 대회에서 직접행동파의 주장에도 나타난다. 그러나 그의 그러한 불철저함과는 관계없이 제2회 대회에 대한 직접행동론 지지자는 증대했다. 그리고 그 대회를 시점으로 일본에 직접행동파가 하나의 세력으로 비로소 확고한 위치를 차지하게 된다.

직접행동인가
의회주의인가 //

일본사회당 제2회 대회는 혹한의 1907년 2월 17일 도쿄 간다 긴키칸錦輝館에서 열렸다. 출석자는 64명, 주요 의제는 당칙 개정과 결의안 채택이었다.

당칙 개정에서 제1조는 창립 시의 '본 당은 국법의 범위 내에서 사회주의를 주장한다.'를 바꾸어, '본 당은 사회주의의 실행을 목적으로 한다.'로 문제없이 변경이 가결되었다. 하지만 결의안 가운데 실행 방법의 심의에 이르러 대립이 표면화됐다. 절충안이라 해도 좋은 사카이 등의 본부 안으로는 제4항에 '임의운동'으로서 '치안경찰법 개정운동', '보통선거 운동', '비군비주의 운동', '비종교 운동' 등을 내세웠다.

이에 대해 의회주의파를 대표해 사회주의의 뛰어난 이해자였던 다조에 테쓰지田添鉄二가, 결의의 1항으로 '우리 당은 의회정책을 유력한 운동 방법의 하나로 인정한다.'는 내용을 삽입하고, 제4항 '임의운동'에서 '보통선거운동'을 삭제한다는 수정안을 제출했다. 직접행동파에서는 고토쿠가 일어나 제1항의 '우리 당은 노동자의 계급적 자각을 환기하고, 그 단결 훈련에 힘쓴다.' 가운데서 '우리 당은…'에 이어서 '의회정책의 무능을 완전히 인지하고 오로지'의 문자를 삽입하고, 다조에의 안과 같이 제4항 '임의운동'에서 '보통선거운동'을 삭제한다는 수정안을 제출했다.

다조에의 주장은 직접행동론을 근본부터 부정하는 것은 아니었다. 순차적으로 갈 수 있는 데까지는 의회주의로 간다는 것이었다.

"옷을 걸치고 담판이 가능한 데까지는 담판을 짓는 게 낫지 않은가. 의회라는 문을 열고 권력자가 '여기로 담판 지으러 오십시오!'라고 하는데도 일부러 그 무대를 벗어나 뒤로 돌아가 벽을 부수거나 창문을 깨부수지 않아도 되지 않은가. 나는 갈 수 있는 데까지 옷을 걸치고 간다. 배후에는 수백, 수천만의 인민이 만반의 준비를 하고 적을 기다리고 있는 정면에 서서 담판 지으러 가는 게 아무래도 순서가 아닐까 생각한다."

이에 대해 고토쿠의 주장은 그때까지의 효율론에서 한발 더 나아가 의회주의를 거부하고 전적으로 직접행동을 호소하는 자세를 나타냈다.

"사회주의의 실행을 의회정책으로 이루려는 것은 도저히 불가능한 일이다. 애당초 의회는 오늘날 사회조직의 산물이다. 자본가적 사회제도의 산물이다. 오늘날의 의회는 지금의 부르주아, 즉 중등계급이 귀족의 전제정치를 무너뜨리기 위해 만든 기계다. 그리고 한편으로는 전제정치를 무너뜨림과 동시에 노동계급의 피와 땀을 쥐어짜 내기 위해 고안된 기계다. …

노동자가 자각해 단결하면 이 단결에 적대할 힘은 세상에 없다. 의회는 해산하거나 매수할 수는 있다. 그러나 노동자의 직접행동은 그렇지 않다. …

직접행동이라 하더라도 하룻밤 사이에 혁명을 이룬다는 것이 아니다. 즉, 자각을 환기하고 단결을 공고히 하려면 오랜 세월이 걸린다. 그러므로 쓸데없는 곳에 힘을 낭비해서는 안 된다. 힘의 결집이 필요하다. …

다나카 쇼조田中正三 옹은 가장 존경할 만한 인물이다. 앞으로 10여 년 후에도, 그런 사람을 의회에서 얻기는 힘들 것이라 생각한다. 하지만 다나카 쇼조 옹이 20년간 의회에서 절규한 결과 어느 정도의 반향이 있었는가. 제군 저 후루카와古河의 아시오 동산足尾銅山에 손가락 하나 까딱할 수 없지 않았었는가. 그러나 아시오의 노동자들은 3일 만에 그 정도의 일을 해냈다. 그뿐만 아니라 일반 권력계급을 전율시키지 않았던가. (박수) 폭동은 나쁘다. 그러나 의회 20년의 목소리보다도 3일간의 운동이 더 효력 있었다는 것만큼은 인정해야 한다."

여기서 말하는 '아시오 폭동'은 대회 직전인 2월 4일 막 발발한 아시오 동산 갱부들이 일으킨 폭동을 가리킨다. 생산력 증대와 노사 관계의 변환기에 매일 쌓여 가는 불만을 폭발시킨 갱부들이 일단 궐기하자, 광업소뿐만 아니라 한때는 아시오 마을까지도 제압할 뻔했던 상황이었다. 그것을 진압하기 위해 군대의 힘과 대략 일주일의 기간이 필요했다. 거기서 고토쿠 등은 직접행동의 실천을 찾아내고 자신의 주장으로 인용한 것이다.

이 두 파의 주장을 보고, 흔히 말하는 것처럼 고토쿠의 안보다도 다조에의 안이 훨씬 현실적이었다고 그 시점에서는 반드시 말할 수 없었을 것이다. 어느 쪽이나 당면의 전술이라기보다는 상대방을 향한 조직론으로서 제기한 것임을 알 필요가 있다. 이것은 바로 다조에는 의회에 대해 '의회라는 문을 열고 권력자가 여기로 담판 지으러 오십시오! 라고 말하고 있다.'라든가, '어쨌든 열려 있는 길을 버릴 수는 없다.'고 했지만, 당시 보통선거제도는 아직 없었기에 노동자에게 문은 닫혀 있었다. 그 점에서는 다조에의 주장에서도 전망에 대한 달콤한 낙관론은 완전히 씻어 낼 수 없었다.

일본의 아나키즘 운동사

이에 대해 고토쿠 역시 '나는 오늘 당장 파업을 하라고 하지 않는다. 그러나 노동자는 단결과 훈련으로 충분히 힘을 키워야 한다.'고 직접행동론을 명확하게 하나의 목표로 받아들였던 것이다. 거기서 볼 수 있는 고토쿠의 직접행동론의 시점은 단적으로 말하면 〈세계혁명운동의 조류〉이래의 주장에서 그다지 벗어나지 않았다. 아나키즘의 원리, 원칙을 일관되게 설명하는 데까지는 이르지 않았기 때문이다. 단지 의회주의를 부정하고 오로지 노동자의 직접행동을 주장한 점과, '전차사건[7]'이나 강화문제, 그리고 이번 아시오의 소동처럼 어떤 수령인 자가 대표하는 운동은 결코 아니다. 그들 사이에 수령은 없다.'면서 '수령=지도자'의 존재를 부정하고 노동자 대중의 힘을 평가한 점에서는 확실히 진전했으며, 소위 생디칼리즘의 시점에 서 있었다고 해도 좋다.

그런 만큼 아나키즘을 허무당과 혼동해 부정했던 다조에 역시 고토쿠의 주장과 자신들의 그것을 원리와 원칙의 상위로 인식하지 않고 단순한 수단의 상위, 또는 시기적 평가의 차이로서 구태여 직접행동의 방법도 부인하지 않았다. 그와 동시에 고토쿠의 주장에는 아놀드 롤라의 《사회적 총동맹파업론》에서도 볼 수 있듯이 안이한 논리 전개와 낙관이

---

7 도쿄시 전차 요금 인상 반대 데모 사건으로 1906년 3월 1일, 도쿄 시내 3개의 전차 회사가 요금을 3전에서 5전으로 일률적으로 올렸기 때문에 당시 결당 직후였던 일본사회당을 중심으로 요금 인상 반대운동을 전개했다. 연설회, 시민대회 또는 삐라 배포 등을 통해 반대운동을 전개했다. 그러나 3월 15일에는 폭동으로 발전, 이때 오스기 사카에 등 12명이 흉도취중죄兇徒聚衆罪로 기소(1908년 유죄 확정)되었다(역자 주).

강하게 드러난 점 역시 빼놓을 수 없을 것이다.

그가 생각하는 직접행동이 어떤 결과를 가져왔는지 또는 가져올지를 직시하지 않고, 일시적인 큰 충격에만 시선이 끌려 과격함과 폭발력에 취해 있는 것처럼 생각할 수 있기 때문이다.

그가 예로 든 아시오 폭동의 결과가 어떠했는가. 과연 운동에서나 노동자들에게 그가 말한 것만큼 효과가 뚜렷하게 나타난 것이었을까. 대답은 '아니다'일 것이다. 다나카 쇼조의 활동이라 해도 의회 활동 쪽만 언급하고 있는데, 그렇다면 너무 일방적인 관점이라 해도 어쩔 수 없을 것이다.

다나카는 1901년 이후에는 의원을 사직하고 오히려 농민들 속으로 들어가 아시오 광독 사건과 거기에서 비롯된 야나카무라谷中村 사건에 매달렸다. 또한 광독사건에서도 농민 중심의 적극적인 행동을 볼 수 있었다. 그런 것들이 생각한 만큼 효과적이진 않았지만 고토쿠가 말하는 직접행동이었다는 것은 확실하다. 하지만 고토쿠는 그런 것에는 언급하지 않았다.

이 같은 문제를 포함해 당시에는 거기까지 충분히 파고들어 받아들여지지 않았다. 아무튼 표결 결과, 다음과 같이 본부 안이 과반수를 차지해 가결되었다.

본부 원안 28표
고토쿠 안 22표

다조에 안 2표

고토쿠 안은 부결되었지만 다조에의 안을 압도했다. 더구나 당 규칙에서 '국법의 범위에서'가 삭제되었고, '주장'이 '실행'으로 변경되었다는 것은 직접행동파에 대한 양보를 포함한 것이다. 본부 안에 찬성한 상당수가 곧바로 직접행동파를 편든 것처럼 이 대회를 시점으로 직접행동파는 일본 사회주의 운동의 주류를 형성하게 되었다.

대립과
분파활동의 진행 //

제2회 대회 후 의회정책파와 직접행동파의 대립은 싫든 좋든 진행되었다. 직접행동파의 대두는 한층 혹독한 관헌의 탄압도 초래했다. 제2회 대회 기사를 실은 일간 《평민신문》 제28호(2월 19일)는 발매 금지되었으며 일본사회당 역시 2월 22일에 결사가 금지되었다. 고토쿠 등 아나키스트를 자칭하는 자들이 일본 '사회당'이라는 것을 언급하는 것 자체가 이상한 일이기 했지만 아무튼 사회주의자를 하나로 결합했던 '일본사회당'의 해산은 오히려 양 파의 주장과 논쟁을 방치했으며 대립도 격화되어 갔다.

'직접행동파=경파'는 일간 《평민신문》에 이어 《오사카 평민신문大阪平民新聞》(일본 평민신문)과 《구마모토 평론熊本評論》을 간행했다. '의회정책파=연파'는 주간 《사회신문社會新聞》, 나아가 《도쿄사회신문東京社會新聞》을 간행했다. 활동조직으로는 직접행동파는 '금요회金曜會'(1907년 9월)를, 의회정책파는 '사회주의동지회社會主義同志會'(1907년 8월)를 각각 조직했다.

그사이 8월에는 두 파의 합동 모임도 열렸다. '사회주의 하기강습회'(8월 1~10일)와 '제임스 키어 하디[8] 환영회'(8월 22일)였다.

그러나 어떤 경우에도 각 파는 자파에 유리하게 서로 이용했을 뿐, 간극을 넓히는 것으로만 끝나 버렸다. 당시 사회주의자의 활동이라면 기관지와 단행본 발행과 연설, 강습을 통한 계몽, 선전 활동이 주된 것이었다.

노동조합은 없었고 일반적으로 의식도 높지 않은 상황하에서 활동의 장은 극히 좁은 곳에 한정되었다. 설사 사회주의자가 노동자나 일반인에게 접근하려 해도 곧바로 탄압의 돌멩이가 날아왔다. 연설회나 강습회라 하더라도 자유롭게 열 수 없었다. 주의자는 확대 재생산은커녕 기껏해야 현상 유지가 최선으로, 경우에 따라서는 축소 재생산이 될 수밖에 없었다.

그처럼 자기끼리라고도 할 수 있을 정도의 사소한 공간에서 분열을 맞이하게 되자 쉽게 감정을 드러내며 대립했다. 그들의 주된 활동의 장

---

8 James Keir Hardie(1856~1915): 스코틀랜드의 사회주의자, 노동운동가. 독립노동당과 동 당을 원류로 하는 노동당 창립자의 한 사람으로 영국 최초의 독립노동당의회 의원이 되었다(역자 주).

이자 일반 독자들의 눈에도 띄는 기관지에조차 노골적인 감정이 마구 살포되는 일도 있었다. 그 도달점은 의회정책파에 반발하는 직접행동파의 한층 심해진 급진화였다. 당연한 일이지만 이에 대한 탄압은 강화되었다. 그것이 또한 직접행동파 일부를 부추겨 한층 위험한 방향으로 내몰게 된다.

상황이 이 지경까지 이르자 직접행동파는 합법적으로는 필요한 활동의 대부분을 할 수 없게 되었음을 알았다. 기본 문헌조차 비밀출판 이외에는 세상에 내보낼 방법이 없다는 것도 알게 되었다. 옴짝달싹할 수 없는 상황이었다. 고토쿠조차 그렇게 생각했다. 그런 만큼 1907년 말부터 어쩔 수 없이 비밀출판이 늘어갔다. 특히 적기사건(1908년 6월)을 경계로 그런 경향이 강해졌다. 고토쿠는 적기사건 직후 시마나카 유조島中雄三에게 보낸 서간(1908년 7월 30일)에서 "앞으로 잡지는 그저 통신 연락의 기관에 머물 것이므로, 실제 전파는 연설이나 출판에서도 많은 부분 비밀로 하게 될 것이다. 정부 쪽에서 그렇게 만드는 것이다."라고 혹독한 상황을 기록했다. 이런 상황들이 서막이 되어 이윽고 대역사건으로 이끌려 가고, 직접행동파는 굉음을 내며 붕괴되어 간다.

메이지明治 천황에게
보내는 공개장 //

그 무렵 미국에서도 대역사건의 간

접 원인이 되는 하나의 사건이 발발했다. 고토쿠가 미국 체재 중 결성에 참가한 사회혁명당이 《암살주의The Terrorism》(제1권 1호)라는 타블로이드 신문 크기의 인쇄물을 1907년 11월 3일 천장절에 여러 곳에 게시, 배포한 사건이다. 그 인쇄물은, '일본 황제 무쓰히토睦仁 군에게 보낸다'라는 메이지 천황에게 보내는 공개장 형태를 취한 것이었다. 이미 표제부터도 기발하지만 내용도 일본 당국을 놀라게 하기에 충분했다.

"족하, 알고 있는가. 족하의 선조라고 칭하는 진무神武 천황이 무엇인가를. 일본의 사학자는 그를 신의 아들이라 하지만 그것은 단지 족하에게 아첨하는 말로 허구다. 자연법에서는 있을 수 없는 일이다. 따라서 사실상 그 또한 우리와 마찬가지로 원인류에서 진화한 자로 특별한 권능을 갖고 있지 않다는 것은 새삼 우리가 떠들 필요가 없는 것이다."로 시작되어, "무쓰히토 군 족하, 불쌍한 무쓰히토 군 족하, 족하의 목숨은 절박해지고 있다. 폭렬탄이 족하의 주변에 있어 이제 막 폭발하려 한다. 안녕, 족하여!"라고 끝맺고 있는 것에서도 그런 점을 엿볼 수 있다.

그들은 천황의 신성을 쳐부수고 천황제 역사와 본질을 가차 없이 지탄한다. 그리고 유린되어 노예의 지위로 떨어진 인민의 해방을 위해 천황에 대한 반항, 모든 '간첩자, 압제자'에 대한 테러리즘을 선언한다. 국내에서는 도저히 공표할 수 없었던 내용이지만 미국에서 자유의 공기를 만끽하던 혁명 청년에게는 그렇게 걱정하지 않고 공표할 수 있는 내용이었을 것이다. 이미 1906년 12월부터 이 사회혁명당은 《혁명》을 발행해 천황제를 공격해 오고 있었다.

하지만 그것이 일본에 전해지자 단순한 허세로 끝날 수는 없었다. 특히 사회주의자의 과격화와 그것을 단속하는 사이온지西園寺 내각의 소극적인 태도에 애를 태우던 야마가타 아리토모山県有朋는 그 정보를 받고 격노했다. 그는 그것을 국내에도 관련된 문제로 인식해 신속하게 대응했다. 천황을 포함해 가능한 수단을 써서 사회주의 박멸에 나선 것이다.

하라 타카시原敬[9]가 '입헌정치의 암'이라 부르던 야마가타가 본격적으로 여기에 관심을 갖게 됨으로써 아직은 취약했던 사회주의 운동은 견뎌 내기 힘들게 되었다. 게다가 이를 계기로 당국의 목표는 직접행동파, 특히 고토쿠에게 모아졌다. 국내 극좌파의 한 사람이며 미국 사회혁명당 탄생의 중심이기도 한 고토쿠에게 조준이 맞춰진 것은 극히 당연한 일이었다. 이때부터 일찌감치 대역사건을 향한 위험한 길이 예견되었다.

야금야금 관헌의 눈이 고토쿠를 중심으로 좁혀져 갔다. 거기에 샌프란시스코의 천장절 사건도 대역사건의 간접 원인 중 하나로 볼 수 있다.

---

9 하라 타카시原敬(1856~1921): 일본의 정치가로, 오사카매일신문사大阪毎日新聞社 사장에 취임했다. 입헌정우회 창립에 참가해 1918년 평민재상으로 최초의 정당내각을 조직하고 평민재상으로 불렸으나 강경정책이 반발을 사 도쿄역에서 암살되었다(역자 주).

3. 탄압과 직접행동파의 고립 *

고토쿠의
아나키즘으로의 침잠沈潛 //

　　　　　　　　　　　　귀국 후에도 결핵에 걸린 고토쿠는 일단 도쿄를 떠나 고향인 도사土佐 나카무라中村로 돌아가기로 했다. 10월 27일 도쿄를 출발해 육로를 이용해 도사로 향했다.

　나카무라에서는 건강에 주의하면서 독서와 번역을 하고, 때로는 원고를 집필해 직접행동파 기관지에 보내기도 했다. 번역이란 말할 필요도 없이 크로포트킨의 《빵의 쟁취》였다. 오스기가 번역하던 것을 이어서 하는 형태를 취했지만, 이 저서에서 고토쿠는 지금까지 느껴 보지 못한 감명을 받았다. 아나키즘의 기본 문헌으로 어떻게든 세상에 내보내고 싶은 생각에서 병든 몸을 채찍질하며 부지런히 번역에 매달렸다.

　그렇게 크로포트킨을 깊이 읽고, 또한 오스기와 자기가 맡았던 외국의 동향 소개를 언급할 기회를 얻게 되면서, 그 무렵 고토쿠는 지금까지와는 달리 아나키즘에 대한 이해가 깊어졌다. 귀국 직후엔 오로지 직접행동으로, 말하자면 생디칼리즘적 시점에 머물렀었다. 보통선거나 정당에도 반드시 철저한 자세를 명확하게 내세운 것은 아니었다. 아나키즘 이론의 근간을 이루는 권력이라든가 당이라든가 자유에 대한 인식, 즉 '개=반권력'의 시점에 애매함이 남겨진 상태였다. 권력이나 권위의 문제는 국가론에서 가장 선열하게 떠오르지만 그 문제가 모호했기 때문에 아나키즘과 마르크시즘의 근본적 상위를 이루는 모든 문제, 예를 들면 혁명 과도기의 문제, 프롤레타리아 국가의 문제, 혹은 직접행동의 의미 역시 선명하게 표면으로 떠오르지 않았다. 그로 인해 크로포트킨과 바쿠닌뿐만 아니라 마르크스도 원용되었으며 제2인터내셔널에 대한 기대도 사라지지 않았다.

그 같은 모호한 시점에 전기를 가져다준 것이 《빵의 쟁취》였다. 거기에서의 크로포트킨의 주장은 고토쿠에게는 무척 신선한 것이었다.

"우리가 지금 말하려는 것은 무정부 공산주의 사회, 즉 개인의 절대자유를 인정하고 어떤 강권도 허용하지 않으며 인간을 강제로 노동에 내몰 필요가 없는 사회다. 우리가 사회와 그 정치조직을 고찰하는 것은, 강권학파의 그것과는 완전히 다른 입장에서 하는 것이지만 – 즉 국가를 기점으로 해서 아래로 개인에 이르는 것이 아니라, 자유스러운 개인을 기점으로 해서 자유스러운 사회에 도달하고자 하는 것이므로 – 경제문제에 대해서도 역시 같은 방법을 사용하는 것이다. 우리는 생산, 교환, 조세, 정부 등을 논하기 전에 우선 개인의 욕구와 그것을 만족시킬 수단을 연구하는 것이다."

이런 행간에서 크로포트킨은 '자유합의'와 '자발결행'의 필요를 말하고 혁명에서의 '사상과 결행의 용기'를 호소하고 있다. 그 근저에는 인민을 중핵으로 놓고 그 자유와 행복 위에 비로소 모든 기구가 구성되는 사회, 국가나 정부를 위해 인민이 있는 것이 아니라 바로 인민을 위해 조직이 있고 기구가 있는 사회가 그려져 있는 것이다.

고토쿠는 그 같은 대강의 내용을 번역 작업을 통해 이해할 수 있었을 것이다. 직접행동론을 종래와 같이 단순히 의회주의와 대비된 형태로 평가할 뿐만 아니라, 개인의 자유와 자립을 기초로 그것이 도달하는 이상사회와의 관계로 평가하게 되었다. 따라서 그 달성을 위한 혁명이 종래의 소수자나 일당 일파의 그것이 아니라 '인민 대다수의 혁명'(니미 우이치로新美卯一郎에게 보낸 서간, 1908년 6월)이라는 점도 명확해졌다. 여기에 이르자, 고토쿠를 아나키스트라 불러도 이전과 같은 위화감을 느끼지 않게 되었다. 이제 더 이상 단순한 과격파도, 러시아의 사회개혁당의 연장선에 있는 것도 아니었다. 오히려 일반적인 과격파나 사회혁명당과도 다른 원칙과 목표 위에 서게 된 것이다.

그것은 1908년 6, 7월에 발표한 〈해남평론海南評論〉, 같은 무렵 야마자키 케사야山崎今朝弥와 니미 우이치로에게 보낸 서간, 또는《빵의 쟁취》의 번역어 등에서 명확하게 읽을 수 있다. 거기서는 다음과 같이 아나키즘이 거의 정확하게 파악되어 종래 철저하지 못했던 점이 대강 불식되었다는 것을 알 수 있다.

"종래의 혁명은 많은 소수 정치가, 하나의 계급이 다른 계급을 대신하는 것이므로 결국은 정권 쟁탈에 지나지 않는다. 위에서부터 하면 쿠데타, 밑에서부터 하면 혁명이라 이름을 붙이지만 앞으로의 사회적 혁명은 이와는 내용을 달리해 인민 대다수의 혁명일 것이라고 생각합니다. 소수 계급이 인민의 이름으로 또는 인민을 발판으로 해서 다른 계급을 쓰러트리는 것으로는 아무것도 이룰 수 없습니다. 앞으로의 혁명은 두세 명의 호걸이 하는 것이 아니다. 혁명당, 자코뱅당 등의 일당 일파가 하는 것이 아니다. 평민 전체가 하는 것입니다. … 소수인이 다수인을 압박하는 것은 무리라고 생각합니다. 개인의 자유를 속박하는 것입니다. 혁명으로, 소수자가 폭력으로 정치적 권력을 획득하는 것으로 이해된다면 이것은 위험한 오해입니다. 과거의 모든 혁명은 종종 이런 현상이 생겨나 평민은 항상 그 희생양이 되었습니다. 앞으로는 공산당, 혁명당의 혁명이 아니라 반드시 평민 자신이 이루는 혁명이어야 합니다. … 무정부주의는 만인의 자유를 존중하므로 타인을 강제하는 것을 싫어합니다. …"(전게서, 니미 우이치로에게 보낸 서간)

이와 같은 이해가 그 후의 고투와 대역사건의 옥중에서 한 사색을 통해 더욱 체계적으로 되어 간다. 그 응집된 것이 〈세 변호인에게 보내는 진술서〉이며, 또한 예심조서와 공판의 구술기록이었다. 그것이야말로 메이지 아나키즘에서 가장 뛰어난 도달점을 나타내는 것이었다.

적기사건赤旗事件의

발생 //

고토쿠가 《빵의 쟁취》의 번역을 거의 마치고 아나키즘으로 스스로의 사상을 굳혀 갈 무렵 도쿄에서 적기사건이 발발했다. 천장절 사건 이후 당국이 겨누고 있었던 직접행동파에 대한 최초의 조직적인 탄압사건이었다.

고토쿠가 도쿄를 떠나고 나서도 분파활동은 활발했다. 변함없이 직접행동파는 금요회를 거점으로, 의회정책파는 사회주의동지회를 거점으로 하고 있었다. 중간파인 사카이堺 등은 고토쿠와의 관계와 혹독한 탄압으로 심정적으로는 직접행동파와 가까워져 금요회의 중심을 이루고 있었다. 1908년 1월 17일에는 강연회 금지에 격분한 사카이 등과 경찰의 충돌과 체포라는 사건까지 발생했다.

그런데 1908년 6월 22일, 1년 2개월의 형기를 마친 야마구치 고겐山口孤劍의 출옥 환영회가 직접행동파와 의회정책파의 공동 개최로 긴키칸錦輝館에서 열렸다. 야마구치는 오랜 투옥 생활로 분파분쟁에서 초월해 있었기 때문이었다.

이 모임이 끝날 무렵 오스기大杉, 아라하다荒畑, 우쓰노미야 타쿠지宇都宮卓爾, 무라키 겐지로村木源次郎 등 경파의 젊은이들은 연파에게 야유를 담아 미리 준비한 '무정부', '무정부공산', '혁명'이란 문자를 하얗게 드러낸 3개의 적기를 들고 데모를 시작했다. 그들이 여세를 몰아 관외로 나가려 하자, 대기하고 있던 경찰관과 몸싸움이 시작됐다. 이미 6월

일본의 아나키즘 운동사

19일 아침 센다이仙台 감옥에서 우에노역에 도착한 야마구치를 마중할 때 볼 수 있었던 데모대와 경찰 간의 난투의 재현이었다.

그러나 이번에는 양상이 달랐다. 경찰과 몸싸움을 벌이던 오스기와 아라하다뿐만 아니라 중재에 나서거나 마침 그 자리에 있었을 뿐인 야마카와山川도, 그리고 간노 스가코管野須賀子, 가미카와 마쓰코神川松子, 고구레 레이코小暮れい子 등과 같은 여성도 검거되었다. 더구나 무참하게 폭력도 당했다. 이에 대한 피검거자 및 각지 주의자들의 반감과 분노는 그때까지의 탄압에 배가되어 예사롭지 않았다.

더욱이 판결에서도 무죄인 가미카와, 간노 두 사람을 제외하고 오스기에게는 중금고 2년 6개월, 벌금 25엔을 비롯해 대부분이 예상외로 중형이었다. 새삼스럽게 사회주의자들은 당국의 경직된 자세를 뼈저리게 느꼈다. 하지만 이 투옥으로 인해 사카이, 오스기, 아라하다 등은 대역사건에 연좌되는 것에서 벗어나는 우연한 기회를 얻었다.

이 사건에 발이 묶인 사이온지 내각은 7월 4일 총사퇴했다. 이어서 야마가타山県의 입김이 강했던 가쓰라 타로桂太郎가 내각을 조각했다. 야마가타 등이 의도했던 결과였다.

극소수만 남은 직접행동파도 더한층 막다른 지경에 몰렸다. 여기에 맞서 결사적인 수단에 의지하려는 움직임도 나왔다. 고토쿠조차도 애매하기는 하지만 테러에 공감을 나타내는 생각을 품은 적도 있었다. 간노 등도 대역사건 취조 시, 적기사건 때 당국의 잔혹함을 보고 온건한 수단으로는 아무것도 이룰 수 없으며, 폭동과 혁명과 암살이라는 수단이 필요하다는 것을 절감했다고 진술했을 정도였다.

도사土佐의 나카무라로 귀향한 고토쿠는 이 사건에 이끌리기라도 하듯이 병구를 일으켜 상경을 결의한다. 7월 21일, 그는 나카무라를 출발했다. 8월 14일에 도쿄에 도착하기까지 기슈紀州, 신구新宮, 나고야名古屋, 하코네箱根의 동지들을 방문했다.

신구에서는 오이시 세이노스케大石誠之助 의사를 비롯해 신구그룹과 만났다. 하코네에서는 린센지林泉寺를 찾아가 우치야마 구도內山愚童 화상을 만났다. 하지만 이처럼 그가 여행에서 가는 곳마다 들러 만난 동지들도 이윽고 대역사건에 휘말리게 된다. 그때 각지에서 이루어진 동지와의 환담, 친목, 또는 뱃놀이까지 모두 사건에 결부되어 버린 것이다.

하지만 유도심문에 넘어간 경우도 있는 것처럼 그들한테 전혀 실수가 없었던 것도 아니었다. 이야기를 주고받던 중에 폭렬탄과 결사의 지사와 같은 이야기가 나올 때도 있었다. 그러나 아무래도 현실성이 떨어지는, 말하자면 울분을 푸는 정도의 여담에 지나지 않았다. 너무나 혹독한 탄압에 대해 최소한 입으로나마 저항을 시도했던 푸념에 지나지 않았다. 그런 정도의 이야기가 권력의 손에 의해 현실성이 있는 위험한 음모로 조작된 것이다.

이처럼 고토쿠는 병으로 쇠약해진 몸을 한 걸음 한 걸음 죽음의 계곡을 향해 질질 끌고 가듯이 시코쿠에서 머나먼 도쿄까지 올라왔던 것이다.

고토쿠의 상경과
직접행동파 //

수로와 육로를 이용한 오랜 여행 끝에 고토쿠는 8월 14일 도쿄에 도착했다. 쉴 틈도 없이 유력한 동지가 빠진 직접행동파의 재건 작업에 내몰렸다. 적기사건의 공판 방청에 나가기도 하고 기관지를 발간하는 등 새로운 출판과 선전 활동도 기획했다.

그러나 10개월 전에 나카무라로 물러날 때보다 탄압정책은 훨씬 더 철저했다. 활동이라고 하면 펜을 통한 활동에 한정되었다. 그것조차 극히 한정된 자유밖에 남아 있지 않았다. 기관지를 내면 발매금지가, 또 운동에 유익할 거라 생각되는 책을 내게 되면 발매금지가 어김없이 기다리고 있었다. 그렇게 되자 출판과 선전 활동으로는 자연스럽게 비밀출판으로 치우칠 수밖에 없었다. 이미 1907년 말에 아놀드 롤러의 《사회적 총동맹파업론》이 나왔으며, 귀경과 함께 크로포트킨의 《빵의 쟁취》 출판에도 착수했다.

도쿄의 고토쿠 그룹과 별도의 장소에서도 비밀출판이 기도되었다. 고토쿠가 상경할 때 들렀던 신구新宮에서도, 하코네에서도 비밀출판이 이루어졌다. 신구에서는 '정부 조직=대의정체'와 법률의 악성을 지적하고 그것이 초래하는 인간성 왜곡 등의 제약을 규탄한 크로포트킨의 《법률과 강권》이, 하네코에서는 자본주의의 지배 구조와 착취 구조를 해명한 《입옥기념 무정부공산·소작인은 왜 힘든가入獄記念無政府共産·小作人は何故苦しいか》가 출판되었다.

이것들은 적발되기 전에 극비리에 각지의 동지들에게 배포되었다. 《소작인은 왜 힘든가》도, 하코네 산속 린센지 본당의 인쇄소에서 우치야마 구도가 혼자 힘으로 고심 끝에 1908년 10월경 완성한 것이었다. 그런 만큼 읽기 힘들고 지질 역시 나빴다. 그러나 그 후 직접행동파의 운명을 생각하면 극히 중대한 역할을 한 것이었다. 즉, 이것은 대역사건에 연좌하는 청년들에게 천황제 비판의 확신이 되는 보조 자료를 제공했기 때문이다.

고토쿠 그룹도 고생 끝에 《빵의 쟁취》를 1909년 1월 30일에 드디어 발행하기에 이르렀다. 이 책은 일단 간행 형태를 갖추고 있었지만 실질적으로는 비밀출판이었다. 내용으로 인해 발매금지가 예상되었기 때문에 번역자 겸 발행자는 평민사(대표 사카모토 세이마坂本淸馬)로 해서 병약한 고토쿠의 이름을 감추거나, 신고 전에 동지들에게 배포를 끝내거나 한 부를 은닉하기도 했던 것이다. 예상대로 신고와 함께 발매금지가 되었다.

《빵의 쟁취》 이외의 비밀 출판물은 주로 전술 선택에 영향을 미치는 것이었다. 그것들은 어떤 사람에게는 한층 과격한 방향으로 기우는 것을 도와주면서 다른 어떤 사람에게는 운동의 미래에 대해 불안과 우려의 생각을 갖게 하기도 했다. 그에 비해 《빵의 쟁취》는 오히려 이론적인 면에 영향을 주었다. 예를 들면, 고토쿠의 아나키즘에 대한 심화에서도 결정적인 중요성을 갖고 있었다는 것은 이미 언급한 내용이다. 그런 만큼 이 책은 이후 아나키즘의 경전처럼 널리 읽히게 된다.

일본의 아나키즘 운동사

4. 대역사건과 메이지 아나키즘 ✳

미야시타宮下의
천황제 미신에 대한 도전 //

　　　　　　　　　　　이처럼 그 무렵 직접행동파의 운동
으로서 전면으로 나온 것은 조직적인 것, 대중적 기반을 바탕으로 하는
것은 아니었다. 노동자 또는 대중을 향한 접근은 우선 불가능했다고 해
도 좋았다. 그들에게는 이와 같은 탄압의 시기에 노동자 대중에게 접근
하고 그것을 조직할 수 있는 이론도 힘도 충분치 않았다.

　당연히 비합법 활동이라든가 소그룹에 의한 현실성 없는 꿈같은 음
모 계획이나 당국을 향한 원한의 표출에 빠지기 쉬웠다.

　특히 적기사건으로 많은 동지가 감옥에 들어가 있었기 때문에 고토
쿠로서는 충분한 의논 상대도 없는 고립무원의 상태였다. 추종자로서
순수하고 때로는 단순하게 사고하는 청년들이 드나들면서 한층 그런
느낌이 강해졌다. 1909년에 들어서자 미야시타宮下, 니무라 타다오新村
忠雄, 후루카와 리키사쿠古河力作, 사카모토 세이마 등이 새롭게 고토쿠
밑으로 발길을 옮기거나 함께 눌러앉아 지내기도 했다. 거기서 소위 '대
역사건'이 야기되는 불씨가 만들어진 것이다.

확실히 도쿄의 평민사에는 대역사건이 날조되기 쉬운 담론을 입 밖에 내는 조건이 갖추어져 있었다. 펜을 잡는 것에도, 선전과 연설회를 개최하는 것에도 자유가 없었고, 행동을 하면 구속되기 때문에 얼굴을 맞대기만 하면 당국의 처사나 그 정점에 위치하는 천황제에 대한 불만과 반항의 표출이, 황당하게도 이따금 입 밖으로 나왔다. 혈기 왕성한 청년과 적기사건에서 몸으로 당국의 탄압을 체험한 간노管野뿐만이 아니더라도 대중적, 합법적 운동의 한계를 통감할 수밖에 없었다. 두 사람 세 사람이 모이면 좁은 집의 제한된 자유 속에서 기분 전환과 분풀이로 혁명과 음모담으로 꽃을 피우는 것은 이상한 일이 아니었다. 미야시타와 간노가 폭렬탄을 사용할 음모를 꾸민다 해도 적극적으로 부정할 분위기가 아니었다.

미야시타가 폭렬탄을 사용해 천황제에 대한 투쟁을 마음속에 명확히 그리기 시작한 것은 1909년에 들어와서의 일이었을 것이다. 적어도 당국이 대역사건의 공동모의라고 단정한 스가모巢鴨 평민사에서 고토쿠, 모리치카森近, 오이시大石가 만난 1908년 11월 19일의 시점에서는 그 정도로 구체적이지도 명확하지도 않았다. 미야시타가 1909년에 들어서 갑자기 그런 행동을 결의했던 것은 아니다. 그가 고토쿠를 만날 쯤에는 모리치카와 가타야마片山를 만나 이미 혁명가로 성장해 있었다.

그는 1907년 12월, 이어서 이듬해인 1908년 2월에 오사카 평민사로 모리치카를 방문했다. 거기서 천황제와 황실 문제를 중심으로 보통선거와 직접행동의 문제까지 포함해 논의했다. 1908년 1월에 가타야마가 아이치현愛知県 가메자키초龜崎町로 유세를 갔을 때, 그리고 아이오이자相生座에서 보통선거 청원을 호소했을 때, 가타야마가 지방 유력자들에게 의존하는 권위주의적인 방법과 의견이 맞지 않아 서명을 거부했었다. 그 무렵에는 아놀드 롤라의 저서에 영향을 받아 직장인 가메자키 철공소龜崎鐵工所에서 스트라이크를 선동하거나, 가두선전을 벌이기도 했기 때문에 감시를 당하고 운동 역시 뜻대로 되지 않았다.

그럴 때 《소작인은 왜 힘든가》를 접했다. 천황제 미신에 대한 그의 불만이 그 책에 대한 공감으로 조금은 위안을 받은 느낌이었다. 그러나 그것을 가지고 가두로 나가도 아무 반응도 없었다. 이렇게 되다 보니 그는 평범한 수단에 의한 운동에 한계를 느끼지 않을 수 없었다. 인민이 눈을 뜨고, 책에서 말하는 '천자가 없는 자유국'을 만들기 위해서는 일대 결의도 필요하지 않을까 하는 상념이 그의 마음에 어른거리기 시작했다. 그러나 그것이 곧바로 대역죄의 결행으로 이어지는 것은 아니었다. 아직은 수도에 폭동이라든가 큰 움직임이 있다면 거기에 호응하겠다는 정도의 막연한 생각이었다.

1909년에 들어와 2월 5일에 니무라 타다오가 스가모巢鴨의 평민사로 고토쿠를 찾아온 직후(2월 13일), 미야시타도 고토쿠를 방문했다. 미야시타는 이야기 중간에 천황 암살 계획도 끼워 넣어 고토쿠의 반응을 살폈지만, 고토쿠는 이전에 모리치카로부터 미야시타의 생각을 듣게 되었을 때처럼 진지하게 대꾸하지 않았다. 단지 거기서 미야시타의 계획을 확실히 부정하지 않았던 것은, 당시의 혹독한 탄압 아래서 그런 계획을 품은 인물이 나온다 해도 조금도 이상하지 않다고 생각했던 것(예비조서), 그 자신도 일반론으로는 테러리즘을 절대적으로 부정하는 입장이 아니었기 때문이다.

미야시타를 이끌어 준 모리치카도 처자식이 있고 또 운동을 전도하는 데에 희망을 가질 수 없어서 일단 운동에서 빠져나와 고향인 오카야마岡山로 돌아갈 준비를 하고 있었다. 그렇게 되자 이후엔 미야시타를 중심으로 간노, 니무라, 거기에 고작 후루카와 리키사쿠가 가담해 천황제에 대한 도전을 기도했을 뿐이었다. 하지만 그런 사실과는 반대로 고토쿠, 오이시, 모리치카를 주모자로 그들과 밀접하게 왕래한 사람과 주요 주의자의 대부분이 천황 암살 계획을 숙지하고, 머지않아 '결사의 지사'로서 도쿄그룹의 봉기에 호응한다는 요지로 꾸며진 것이다. 당시의 정치기구를 지배하던 야마가타를 정점으로 하는 절대적 권력자들에게 그런 날조는 지극히 간단했다.

천황 암살 계획 //

1909년 3월 18일 평민사는 스가모에서 센다가야千駄ヶ谷로 옮겼다. 동거하던 사카모토 세이마는 이미 떠나갔지만 대신 간노가 함께했다. 고토쿠는 간노와 함께 후루카와, 무라타 시로村田四郎, 도쓰네 야스조戸恒保三, 다케우치 젠사쿠竹内善朔 등의 도움을 받아 5월에 《자유사상自由思想》을 발간했다.

그러나 1, 2호 모두 발매가 금지되고 7월에는 폐간신고를 낼 수밖에 없었다. 더구나 발행 겸 편집인이었던 간노는 신문지법위반에 걸렸다. 그 무렵부터 막다른 곳에 몰린 고토쿠와, 수감 중인 아라하타 칸손과 내연 관계였던 간노와의 연애 사실이 알려졌다. 그로 인해 도쿄의 청년 주의자들은 고토쿠로부터 이반해 가는 자가 많았다. 고토쿠와 간노는 앞뒤로 적을 맞이하는 고립 상태에 빠지고 말았다.

그런 중에도 가메자키亀崎에 있는 미야시타는 천황 암살의 결의를 바꾸지 않았다. 6월에 나가노현長野県의 아카시나明科 제재소로 근무지를 옮겼을 때는 폭렬탄 제조를 계획하기까지 했다. 그리고 아카시나로 옮겨 갈 때 센다가야의 평민사에 들러 간노 등을 만나 그 계획을 밝혔다. 그때부터 간노를 중심으로 미야시타, 기슈紀州의 오이시 집에 머물러 있던 니무라, 그리고 도쿄의 후루카와 사이에는 제각각이긴 하지만 연결 고리가 생겼다. 9월에는 고토쿠를 제외하고 이들 3명 내지 4명은 천황 암살과 폭렬탄 제조 계획을 서로 거의 알고 있었다고 생각할 수 있다. 가을에서 겨울에 걸쳐 이런 이야기를 더욱 구체화했다.

그 옆에서 고토쿠는 찬성도 하지 않았지만 그렇다고 확실하게 그들의 계획을 거부한 것도 아니었다. 그것은 이때에도 미야시타 등의 계획이 거의 현실성이 떨어지는 것으로 대수롭지 않게 여겼기 때문일지도 모르고, 또한 그런 언동에서 현상을 타파하고 다음 세대에 대한 전망의 가능성을 조금이라도 기대했기 때문인지도 모른다. 아무튼 야마가타와 가쓰라 등이 그물을 치고 오기만을 기다리는 방향으로 조금씩 기울어

가는 것을 약간의 기대와 그보다 많은 불안을 교차시키면서 지켜볼 수밖에 없었다.

1910년에 들어서자 1월 1일, 미야시타가 평민사를 찾아왔다. 이때 미야시타, 고토쿠, 간노, 니무라 등이 폭렬탄을 흉내 낸 빈 깡통을 다다미에 던지는, 실험도 장난도 아닌 어처구니없는 일을 벌였다. 그때는 그 이상 구체적이고 중요한 이야기로까지 발전하지 않았다.

항상 경찰에게 포위되어 있는 평민사에서는 고토쿠도 장래의 활동에 거의 기대할 수도 없었다. 3월에 들어서자 《자유신문》 이래의 친구인 고이즈미 산신小泉三申의 권유도 있고 해서, 옴짝달싹 못 하는 전선에서 물러나 유가와라湯河原에 머물렀다. 휴양과 함께 《통속 일본전국사通俗 日本戰國史》의 편찬에 3년 계획으로 몰두하기 위해서였다. 미야시타 등의 계획에서 한 걸음 거리를 두려는 마음도 없었다고는 할 수 없을 것이다.

고토쿠의 그런 대응에 관계없이 미야시타, 니무라, 간노 등은 동요하면서도 탄압의 원흉인 천황의 암살 계획을 버리지 않았다. 도쿄, 유가와라, 신슈信州에 제각각 생활 기반을 두었기 때문에 자주 만나거나 연락할 수는 없었으며, 게다가 각자가 자기 일로 정신이 없다 보니 암살 계획이 시들해지기도 했다.

특히 미야시타, 간노, 니무라, 후루카와 4명 모두가 한 장소에서 만난 적이 단 한 번도 없었던 것은 서로의 관계를 약하게 만들었다. 그럼에도 미야시타는 아카시나의 산속 아이다가와會田川 근처의 통칭 마마

코 오토시継子落し에서 폭렬탄 실험을 시도했다.

간노 역시 천황 암살 계획을 포기하지 않았다. 《자유사상》 발매 금지 후의 배포를 이유로 400엔의 판결을 언도받은 것에 대해 공소로 대항 했지만, 5월에 들어서자 공소를 취하했다. 그리고 벌금을 낼 수 없었기 때문에 환금형으로 옥살이를 하기로 했다. 그 직전에 고토쿠와의 관계 를 청산하고 단신으로 상경했다.

투옥 전날인 5월 17일 후루카와, 니무라, 간노는 마지막 협의를 했 다. 거기서 니무라로부터 아카시나의 미야시타에 대해 여자 문제를 둘 러싼 부주의한 언동이 보고되었다. 일동은 불안에 사로잡혔다. 간노 역 시 웬일인지 가슴이 두근거리며 마음이 안정되지 않은 상태에서 감옥 에 들어가야 했다.

대역사건의 발각 //

이상이 세상에서 말하는 대역사건 의 내용이다. 사건으로서는 결코 내용이 있는 것이라 할 수 없었다. 그 이상의 것은 모두 당국의 첨가물이었다.

간노의 투옥 직후, 그녀의 불안과 웬지 모를 가슴 두근거림이 현실이 되어 아카시나 그룹의 검거가 시작됐다. 5월 25일 우선 아카시나에서 미야시타, 나가노현 야시로屋代에서 니무라 타다오가 검거되었다. 이 어 도쿄에서 후루카와, 유가와라에서 고토쿠가 검거되었다. 그들과 관련해 타다오의 형인 니무라 젠베新村善兵衛와 아카시나 제재소 기계공인 닛타 유新田融도 검거되었다. 6월 초순에는 당국의 발표에서도 관계자는 7명으로 극히 좁은 범위의 조그만 사건으로 발표되었다.

그런데 그 후 갑자기 당국이 확대 방침으로 바뀌었다. 그때부터 전국의 사회주의자, 아나키스트를 닥치는 대로 검거했다. 고토쿠와 교류가 있었던 자는 사건과 관계없이 검거되었다. 최종적으로는 다음의 26명이 기소되었다.

고토쿠 슈스이幸德秋水, 간노 스가코管野須賀子, 모리치카 운페森近運平, 미야시다 다기치宮下太吉, 니무라 타다오新村忠雄, 후루카와 리키사쿠古河力作, 사카모토 세이마坂本清馬, 오쿠미야 겐시奧宮健之, 오이시 세이노스케大石誠之助, 나루이시 헤이시로成石平四郎, 다카기 겐묘高木顯明, 미네오 세쓰도峰尾節堂, 사키쿠보 세이치崎久保誓一, 나루이시 간자부로成石勘三郎, 마쓰오 우잇타松尾卯一太, 니미 우이치로新美卯一郎, 사사키 도겐佐佐木道元, 도비마쓰 요지로飛松與次郎, 우치야마 구도内山愚童, 다케다 구헤이武田九平, 오카모토 에이치로岡本穎一郎, 미우라 야스타로三浦安太郎, 오카바야시 도라마쓰岡林寅松, 고마쓰 우시지小松丑治, 닛타 유新田融, 니무라 젠베新村善兵衛

기소된 26명에 대한 취조와 공판은 요즘의 상식을 뛰어넘었다. 이미

일본의 아나키즘 운동사

짜인 각본에 전원을 끼워 맞추기 위해 사건이 특별히 구체적이고 중대한 것으로 새롭게 만들어졌다. 비공개로, 피고 측 증인은 한 사람도 인정하지 않고 대심원에서의 일심 즉결의 재판이었다. 변호인 이마무라 리키사브로今村力三朗가 "나는 오늘에 이르러서도 그 판결에 심복할 수 없다. 특히 재판소가 심리를 서두르는 게 분마奔馬처럼 한 명의 증인조차 허용하지 않은 것은 가장 유감스러운 부분이다."《추언芻言》)라고 말한 대로였다. 나중에 수상이 된 히라누마 기이치로平沼騏一郎 검사조차 "피고는 사형으로 되었지만, 그 가운데 3명은 음모에 가담했는지 어떤지 확실치 않은 점이 있다. 사형을 선고해야 했지만 심했다는 생각도 갖고 있었다."《히라누마 키이치로 회고록平沼騏一郎回顧錄》)라고 회상했을 정도였다.

피고 가운데에는 사태의 추이를 충분히 이해하지 못한 사람조차 있었다. 대부분이 곧바로 석방될 것으로 확신하고 있었다. 그러나 권력의 손으로 날조된 내용을 바꿀 수 있는 방법은 그 어디에도 없었다. 12월 10일에 제1회 공판을 연 후 이듬해 1월 18일에는 판결이 선고되었다. 결과는 니무라 젠베와 닛타 유 2명을 제외한 24명이 모두 사형이라는 극형이었다. 호외가 모든 거리에 뿌려졌을 때 세간의 놀람은 상당했다. 가늘고 긴 갱지에 24개의 사형이라는 문자가 부각되어 있는 모습은 처참하게 보이기까지 했다. 다음 날 24명 중 12명은 '천황폐하의 자비에 의해' 감형되어 무기징역이 되었다. 그러나 뭔가에 쫓기듯이 서두르던 당국은 판결 선고에서 일주일도 채 지나지 않아 12명의 사형을 단행했다. 국내외의 항의행동도 이미 늦고 말았다.

물론 이 사건은 모든 게 가공된 것은 아니었다. 그러나 당국이 말하는 것처럼 터무니없는 내용은 결코 아니었다. 오히려 발각되고 나서 당국의 손을 거치면서 크게 문제되었다. 그에 따라 반향도 컸다. 많은 지식인이 충격을 받았다. 도쿠토미 로카德富蘆花와 나가이 가후永井荷風처럼 양심의 가책에 시달린 사람도 적지 않았다. 이시카와 다쿠보쿠石川啄木도 이 사건에 이상하리만큼 관심을 보였다. 묘조하明星派의 시인이자 사건의 변호인이기도 했던 친구 히라이데 슈平出修에게서 공판 자료를 빌려 필사까지 했다. 그리고 본인 스스로도 '아나키스트'에 가깝다는 사실을 자각했다.

또한 많은 무명 인텔리들도 충격을 받았다. 어떤 학생은 학교를 떠나 산속에 틀어박혔다. 과거에 운동 경력이 있는 어떤 사람은 주의 깊게 일기 쓰기를 중단했다. 인텔리뿐만 아니라 일반 대중도 당국의 자극적인 대응 등으로 큰 충격을 받았다. 사회주의, 특히 아나키즘의 무법과 어두운 면이 그 실제 내용과는 관계없이 사람들의 가슴에 강렬한 인상을 남겼다.

더구나 그것은 이후의 아나키스트를 비롯해 사회주의자들의 마음에도 무디고 무거운 납을 매달고 있는 것처럼 그 활동을 제약해 갔다. 오스기, 무라키 또는 사카이, 야마카와, 아라하다의 마음에서도 메이지의 직접행동론과 대역사건을 빼놓고는 그 이후의 전개를 말할 수 없었다. 다이쇼大正 기간 아나키즘 운동의 발전 역시 마찬가지다. 그러나 당분

일본의 아나키즘 운동사

간 겨울의 시대가 도래하고, 사회주의자들은 더욱더 궁핍해질 수밖에 없었다.

메이지
아나키즘의 도달점 //

이 사건의 진행 과정에서 한 가지 잊어서는 안 될 것이 있다. 고토쿠에게 있어 아나키즘 사상의 성숙이다.

이미 보아 온 것처럼 1907년 이후 고토쿠는 급속하게 아나키즘에 대한 이해가 깊어졌으며, 그 체계를 정비했다. 적기사건 후에도 그 방향은 변함없었다. 《구마모토 평론熊本評論》, 《평민평론平民評論》에의 기고, 예를 들면 〈혁명사상〉(1909년 3월), 또는 간노와 발간한 《자유사상》에서의 자세는 그것을 단적으로 보여 주었다. 《자유사상》은 제명에서부터 아나키즘을 방불케 했지만 모든 세속적이고 전통적인 관념에서의 해방, 강권에서의 해방을 호소하는 등 시종 자유를 추구하는 자세를 유지했다.

그 후 1909년 후반부터 10년에 걸쳐서는 병약과 탄압으로 인해 아나키즘적인 평론과 활동은 별로 눈에 띄지 않았다. 그러나 아나키즘에 대한 확신은 변하지 않았다. 그 결과가 대역사건의 연좌였다. 고토쿠도 어느 정도 각오하지 않은 것은 아니었지만 역시 너무나 급작스러운 흉탄이었다. 그는 아나키즘 운동의 이렇다 할 진전도 장래에 대한 전망도 찾아내지 못한 채 한순간에 영원히 자유를 빼앗긴 몸이 되고 말았다.

그러나 부자유스러운 감옥 생활은 고토쿠에게 뛰어난 아나키즘론을 남겼다. 그는 취조와 공판을 통해 자기변호보다도 아나키즘에 대한 오해의 일소, 올바른 이해와 동지들에 대한 배려에 신경을 썼다. 그 결과가 공판 기록이었으며 변호인에게 보낸 진술서였다. 그것이야말로 당시의 아나키즘을 생각해 볼 수 있는 귀중한 단서에 그치지 않고, 메이지 아나키즘의 뛰어난 도달점이자 또한 최고봉에 위치하는 것이기도 했다. 거기에는 니미 우이치로新美卯一郎에게 보낸 서간 등에 비해 특별히 새로운 점은 보이지 않지만 아나키즘과 테러리즘의 관계, 혁명의 성격, 직접행동의 의의 등이 한층 아나키즘적으로 순화되어 있음을 엿볼 수 있다.

이것들을 보면, 고토쿠 만년의 사상 활동은 역시 아나키즘으로 응집되었으며 더구나 그것이 다른 것에 비해 특별히 눈에 띄게 이루어졌다는 것을 알 수 있게 한다. 구쓰미 켓손이 아무리 강렬하게 개個의 자유와 사상을 모색했다 하더라도, 오스기가 아무리 정확하게 당시 구미의 동향을 파악하고 있었다 하더라도, 은퇴 전의 기노시타 나오에木下尚江가 아무리 정확하게 반국가의 시점을 내세웠다 할지라도, 또한 이시카와 다쿠보쿠가 아무리 정확하게 반정당을 논했다 할지라도, 실천성을 가진 아나키즘론으로서는 부분적으로 불충분한 전개를 벗어나지 못했다. 고토쿠의 아나키즘도 끊임없이 부분적이고 단편적인 성격을 남겼지만 1908년 봄 이후의 것은 부분적, 단편적인 성격을 넘어 체계적인 틀을 이

일본의 아나키즘 운동사

루었다. 그 최후의 집약이 옥중의 집필 활동과 공판 기록이었다.

이렇게 해서 아나키즘에 대한 오해의 불식에 진력했던 고토쿠는 그것을 충분히 이루지 못한 채 오히려 그 토대가 되어 목숨마저 빼앗겨 버렸다. 그 점에서 대역사건은 너무나도 큰 희생을 치른 사건이었지만, 그 대신 이후의 사회주의 운동에서 아나키즘이 용이하게 일정 지위를 차지하는 요인이 되기도 했다. 그 무게를 가슴에 새기고 다이쇼 이후 아나키즘은 크게 개화할 수 있었다.

Ⅲ

씨 뿌리는
사람들

Anarchism in
Japan history

1. 아나키즘 운동의 재개   *

폭풍우 속의 출항 //

    이전부터 강화된 사회주의, 노동운동에 대한 탄압은 대역사건을 계기로 결정적으로 변했다. 흡사 눈보라가 몰아치는 겨울의 시대의 도래였다. 사회주의적 언사는 물론 자유주의적인 것까지 압살되던 혹독한 시기였다. 적기사건으로 출옥한 사카이 토시히코, 오스기 사카에, 야마카와 히토시, 아라하타 칸손 등도, 그리고 옥외에 있던 가타야마 센 등도 도저히 옴짝달싹할 수 없는 상황이었다.

    일찍이 경파였던 적기사건의 출옥자들은 사카이를 중심으로 매문사賣文社를 설립했다. 사회주의자라 하더라도 생활자금을 얻어야 했으며 때로는 시기를 기다릴 필요도 있었다. 겨울의 눈보라가 그칠 때까지 잠깐의 임시거처가 매문賣文을 업으로 하는 매문사였다.

    1912년은 가타야마가 관여한 도쿄시 전차 스트라이크로 출발했다. 그리고 메이지 시대가 폐색된 공기 속에서 끝났다. 새로운 시대의 개막이었다.

    그해 낡은 메이지 그리고 겨울의 시대와 결별하는 두 가지 시도가 이루어졌다. 하나는 겨울의 시대의 희미한 구름 사이를 뚫고 오스기와 아라하다가 《근대사상近代思想》으로 출항한 일이다. 아직 거센 파도가 그치지 않았을 때였으므로 젊은 두 사람은 어떻게든 배가 전복하지 않도록 주의 깊게 항구를 떠나야 했다. 그것은 대역사건의 중압을 견뎌낸 지 겨우 2년이 조금 지난 10월의 일이었다. 그들 역시 눈보라가 얼마나 혹독한지를 충분히 알고 시작한 것이었다. 오스기는 프랑스어로 번역된 산스크리트어의 사본을 중역하는 일을 맡았으며, 아라하다도 신문사에서 생활자금을 얻어야 했던 시절이었다.

두 사람이 그 준비에 착수하던 여름, 8월에 또 하나의 시도가 이루어졌다. 스즈키 분지鈴木文治 등 15명에 의한 우애회友愛會의 결성이었다. 우애회는 공제적, 계몽적 활동을 목표로 한 것으로 겨울의 시대라고는 하지만 그렇게 거친 파도를 맞지 않고 조용히 출항할 수 있었다. 그 우애회도 11월에는 《근대사상》에 이어 기관지 《우애신보友愛新報》를 발간해 일반인에게도 그 존재를 드러냈다.

양쪽 모두 크게 징을 울리고 함성을 지르며 출발할 수 있었던 것은 아니었다. 눈보라를 무릅쓰고 불안과 기대를 교차하면서 겨울의 시대를 깨부술 최초의 출항을 시도했던 것이다. 더구나 그 모험자가 아나키스트와 우애회였다는 것은 전전戰前 일본의 노동운동과 사회운동을 생각할 때 무척 흥미로운 내용이다. 이윽고 이 둘은 대립의 주축을 형성해 사회와 노동운동을 양분할 정도의 위치에 서게 되기 때문이다.

《근대사상》 제1호는 10월 1일 편집 겸 발행인 오스기 사카에, 인쇄인

아라하다 칸손으로 출발했다. 국판 32페이지, 발행소인 근대사상사는
도쿄 오쿠보大久保 햐쿠닌초百人町 오스기의 집이었다. 자금은 오스기,
사카이, 거기에 광고 제공자인 노요리 히데이치野依秀市 등이 댔다. 1호
의 기고자와 논제는 다음과 같다.

어리석은 사람아愚かなものよ(시) … 도쿠나가 야스노스케德永保
之助

본능과 창조本能と創造(평론) … 오스기 사카에

진짜로 속고 있는 남자本当に瞞されている男(대담) … 이바 다카시
伊庭孝

새로운 희작가新しい戱作者(감상) … 야마모토 시잔山本飼山

오스기와 아라하다大杉と荒畑(인물) … 사카이 토시히코

폴 라파르그의 인식론ラファルグの認識論(연구) … 오하라 신조小
原愼三

게으름뱅이怠惰者(소설) … 아라하다 칸손

근대극론 상近代劇論 上(평론) … 아라하다 칸손

매문 잡화賣文雜話(수필) … 사카이 토시히코

발행 사정發行事情 … 오스기 사카에

9월의 평론九月の評論(비평) … 오스기 사카에

9월의 소설九月小説(비평) … 아라하다 칸손

소식消息 … 기자

제1호의 내용은 몇 가지 점에서 주목된다. 하나는 거기서 제1차 및 제2차에 걸친 《근대사상》 전체의 개념을 대강 알 수 있다는 점이다. 즉 《근대사상》은 일관되게 문예, 철학, 사상을 폭넓게 다루었으며 시대의 제약을 받은 추상적이며 계몽적 내용을 특색으로 하는 것이었다. 주된 대상은 노동자이기보다는 인텔리나 학생이었다. 이런 특색이 1호에서 일찌감치 볼 수 있었다.

또 다른 하나는 오스기의, 그리고 다이쇼와 쇼와 시기를 관통하는 아나키스트들의 정신을 엿볼 수 있다는 점이다. 최종 목표를 미리 정해 이미 길 안내자가 준비된 거리를 어렵지 않게 나가는 것이 아니라, 무한한 이상을 목표로 자유롭게 실패를 두려워하지 않고 전진하는 소년의 마음이 그것이다. 오스기는 말한다.

> "본능은 맹목적이다. 따라서 본능 그대로의 표현은 많은 오진이 따른다. 하지만 실패는 오히려 무위無爲보다 낫다."(《본능과 창조》)

하지만 오스기는 그저 닥치는 대로 아무 생각 없이 전진하는 것을 주장한 것은 아니다. '야만인'이 아닌 자신들에게는 '경험과 지식'과 '도덕'이 자연적으로 갖추어져 있다는 것도 덧붙였다. 이 정신은 제1호의 그리고 《근대사상》 전체의 특색이 되었다.

《근대사상》의 발전 //

　　　　　　　　　　　　　불안한 눈길 속에서 출발한《근대
사상》은 예상외로 안정됐다. 사회주의자나 일반인에게도 호평을 받았
다. 사카이 토시히코 등 사회주의자는 물론 많은 문학자, 평론가도 협
력했다. 사상과 평론뿐만 아니라 문예에서도 일정한 가치를 인정받게
되었다. 2호 이하에서 기고자로는 가미쓰카사 쇼켄上司小劍, 야스나리
사다오安成貞雄, 야스나리 지로安成二郎, 와케 리쓰지로和気律次郎, 다카
하타 모토유키高畠素之, 도키 아이카土岐哀果, 와카야마 보쿠스이若山牧
水, 사토 료쿠요佐藤綠葉, 소마 교후相馬御風, 이와노 호메岩野泡鳴, 가미
야마 소진上山草人, 구쓰미 켓손 등 당시의 일류 문단인, 평론가, 사상가
로 확대되었다.

　오스기와 아라하다는 곧이어 잡지 간행뿐만 아니라 그것을 통한 새
로운 활동도 개시했다. 잡지를 발간한 지 1년이 가까운 1913년 7월, 근
대사상사 집회와 강연회가 경찰의 탄압을 받은 것을 계기로 오스기의
발의로 과감하게《근대사상》을 그만뒀다. 그리고 '생디칼리즘 연구회'
를 시작했다. 마침 이시카와 산시로와 가타야마 센이 외국으로 탈출할
무렵이었지만 연구회의 명목으로 무난하게 이어 갈 수 있었다.

　그러는 동안에《근대사상》과 그것과 병행했던 활동도 효과를 나타내
기 시작했다. 사상과 문예의 사회화라는 점에서, 그리고 사회주의의 계
몽이라는 점에서 파문이 원을 넓혀 가는 것처럼 조금씩 영향을 확대했
다. 그것은 이미 사회적으로 눈뜬 사람들에게뿐만 아니라 일반인의 마

음에 영향을 미친 점도 적지 않았다.

프롤레타리아 걸작 문학의 하나인《갱부坑夫》(1916년)를 나중에 발표한 미야지마 스케오宮嶋資夫는 노점 헌책방에서《근대사상》을 접하고 아나키즘에 접근하는 계기를 얻었다. 미야지마는 그때까지 사회주의와는 전혀 인연이 없는 사람이었다. 와세다 대학 학생이었던 곤도 켄지도 책방에서 주로《근대사상》에 발표한 논문을 모은《생의 투쟁生の闘爭》을 접하고 오스기를 찾아갈 생각에 사로잡혔다. 그도 그때부터 아나키즘에 접근해 간 것이다.

그와 같은 신인들의 참가와 함께 생디칼리즘 연구회도 활기를 띠었다. 매월 두 번의 회합에는 오스기, 아라하다는 물론 메이지 이래의 사이토 가네지로斎藤兼次郎, 무라키 겐지로, 모모세 스스무百瀬晋, 노자와 주키치野沢重吉, 그 밖에 노동자와 학생들도 참가하기 시작했다.

이 같은 상황을 보고 오스기와 아라하다는 다음 목표로 비약하기 위해《근대사상》을 일단 폐간하기로 했다. 정세는 여전히 혹독했지만《근대사상》은 그들에게 '지식적 수음'이라는 생각이 들어 이에 만족할 수 없었다. 오스기 역시《근대사상》이 대상으로 삼고 있던 평론과 철학과 문예가 변혁운동의 중요한 분기점이라는 점을 충분히 이해하고 있었다.

그러나 오스기나 아라하다는 철학과 문예를 결코 긴요한 과제로 생각할 수 없었다. 아라하다는 이미 창작을 하고 있었고, 오스기는 〈근대 불문학의 일면관近代佛文學の一面觀〉, 〈정복의 사실征服の事實〉, 〈생의 확충生の擴充〉 등 생과 미와 창조를 추구한 예술론 또는 인생론이라

할 수 있는 소논문을 몇 개 발표했다. 더구나 그것들은 당시의 문단인, 평론가들에게 뒤지지 않는 뛰어난 내용과 이론성을 가진 것이었다. 그러나 변혁운동의 구체적 실천 전망이 보이지 않는 한 그들은 거기서 만족할 수 없다고 생각했다. 수동적이고 고정적인 자세를 벗어나지 않는 한, 아무리 노력해도 종래의 껍질을 깨고 나올 수 없다고 생각했다. 거기에 우애회에 의한 노동자의 조직화도 서서히 진행되고 있었다. 그들은 노동잡지야말로 긴요한 것이라는 의식에 사로잡힐 수밖에 없었다.

《평민신문》의 발간 //

1914년 10월 15일, 오스기와 아라하다는《평민신문》을 창간했다. 46배판 10페이지의 월간 신문이었다. 《평민신문》이란 이름이 사용된 이유 중 하나로는 당초 예정한 '노동자'라는 명칭이 이미 다른 곳에서 사용되고 있었기 때문이다(미나시 스케마쓰南助松 편집의《노동자》로 와타나베 마사타로渡辺政太郎도 이에 협력했다). 하지만 이《평민신문》은 무엇보다도 메이지 사회주의 운동의 생존자로서 그 운동을 평가하고 그 성과 위에서 방향을 확인했다는 점을 나타내고 있었다. 그들에게《평민신문》이 갖고 있는 무게가 얼마나 컸었는지 엿볼 수 있는 계기가 되었다. 제1호의 제1면에 고토쿠의 무덤 사진을 게재한 것도 그것을 잘 말해 주고 있다.

당시 아직 겨울의 시대를 완전히 빠져나온 것은 아니었지만 노동자들의 움직임이 조금씩 활발해지고 있었다. 쟁의도 자주 발생했다. 우애회도 확대하고 있었다. 이럴 때 특별히 우애회를 의식한 것도 아니었겠지만,《평민신문》은 제호 아래에 제1인터내셔널 이래의, 그리고 고토쿠 이래의 '노동자의 해방은 노동자 스스로의 일이어야 한다.'는 모토를 내걸었다. 그리고 노예의 지위를 깨부술 '현 사회의 근본적 변혁을 강하게 요구하는 반역적 노동자'에 의한 '모든 사회적 제도에 대한 계급 전쟁적 반역'을 호소한 것이었다(오스기 〈노동자의 자각〉).

그렇기는 하지만 노동잡지를 목표로 했다고 하더라도 모든 것이 노동자 내지는 노동운동을 향한 기사는 아니었다. 당시의 정치적 · 사회적 배경도 있어, 지면에는《근대사상》의 성격 일부가 여전히 남아 있었다. 그러나 그 자세는 크게 변했다. 오스기와 아라하다는 딜레탕트[10]로서가 아니라 투쟁자로서 임했던 것이다. 수동의 형태가 아니라, 적극적으로 앞으로 나가는 자세를 취하고 있었다.

그런 만큼 당국도 그 동향을 놓치지 않았다. 1호부터 연거푸 발매를 금지했다. 4호에 이르자 오스기 등은 전면을 타지로부터의 전재로 채운다는 기상천외한 일종의 도전을 시도했다. 이것으로는 당국도 발매 금지를 할 수 없었다.

하지만 그 무렵엔 열렬한 협력자도 있었다. 호의적으로 인쇄를 맡아

---

10 딜레탕트dilettante: 예술이나 학문 따위를 직업으로 하는 것이 아니고 취미 삼아 하는 사람(역자 주).

준 시정의 작은 인쇄소도 있었다. 또한 아사쿠사浅草의 싸구려 여인숙을 둥지로 삼고 있었던 아이사카 다다시相坂偦와 야마가 타이지山鹿泰治 등은 저녁이 되면 발매금지된《평민신문》을 옆구리에 끼고 시내와 근교의 공장지대에서 귀가를 서두르는 노동자들에게 배포했다.

《근대사상》에서《평민신문》으로 방향을 전환하면서 생디칼리즘 연구회도 '평민강연회'로 변경되었다. 아나키즘을 중심으로 한 사회운동과 노동운동의 소강연과 간담의 회합이었다. 겨우 20~30명의 모임이었지만 그곳에서도 당국의 눈초리를 피할 수 없었다. 오쿠보大久保 햐쿠닌초百人町의 오스기 집에서 열기도 했지만 장소가 협소해져 야마자키 게사야의 소개로 니혼바시 신도기와바시日本橋 新常盤橋 정류장 근처의 사카이堺井증권 2층, 일본식 다다미 셋방에서 열렸다. 그러나 곧바로 경찰의 압박으로 중단되었다. 한때 오스기 집으로 회의장을 옮긴 후에, 이번에는 미야지마 스케오의 주선으로 미야지마의 누이의 시댁인 고이시카와小石川 스이도초水道町의 고 오시타 후지타로大下藤太郎의 수채화 연구소를 빌렸다. 그러나 곧바로 지주와 집주인에게 쫓겨났다. 그 후에도 오스기와 함께 고이시카와小石川 다케시마초武嶋町로 옮기는 등 이곳저곳으로 회의장을 전전했다.

결국《평민신문》도 참담한 종말을 맞이했다. 5호는 인쇄 전에 금지, 압수되었고 6호(1915년 3월)도 금지되어 결국 폐간할 수밖에 없었다. 아직까지 당국의 벽은 두꺼웠다. 그들은 다시 다른 길을 찾아야 했다.

《평민신문》의 상처를 치료하자마자 가을에 오스기와 아라하다가 미야지마 스케오 부부의 지원을 받아 《근대사상》을 복간했다. 명칭은 예전과 같았지만, 일단 이륙한 그들은 내용과 자세에서도 예전으로 되돌아갈 수는 없었다. 그런 만큼 1호는 어떻게든 발매금지를 면하게 되었지만 2호 이하, 3호, 4호는 모두 발매금지였다.

오스기의 상처는 특히 컸다고 생각된다. 제1차 《근대사상》 이후 일관해서 편집 책무를 맡았던 만큼 좌절감도 컸다. 그럼에도 그 무렵에는 오스기 등의 힘을 빌리지 않고도 자립할 수 있을 정도로 성장한 활동가도 생겨났다. 제2차 《근대사상》조차 도중에 집단 편집 방식을 채택했을 정도로 운동이 다양화되고 확대되는 시기를 맞이했다는 것을 알 수 있다.

이윽고 오스기는 《세이토青鞜》의 동인이며 쓰지 준辻潤의 아내인 이토 노에伊藤野枝와 연애에 빠져 동거에 들어갔다. 가을에는 삼각관계로 하야마葉山의 히가게 찻집日陰茶屋에서 가미치카 이치코神近市子에게 찔리는 사건까지 일으켰다. 이 사건으로 인해 오스기는 대중은 물론, 이전의 동지들에게서도 집중적으로 비난받았다. 그에게는 나름의 논리가 있었지만 잠시 침묵하지 않을 수 없었다.

평민강연회도 1916년 봄에 소멸했다. 맹우 아라하다는 1916년 4월 곤도 켄지의 조력을 얻어 《노동조합労働組合》을, 뒤이어 사카이 토시히코 등의 《신사회新社會》의 부록으로 《아오후쿠青服》를 발간했다. 그 과정에서 오스기는 점차 멀어져 갔다. 서로를 이끌어 주던 두 사람이었지만 이 무렵부터는 인간적으로도 사상적으로도 거리를 두었다.

아나키즘의 정착 //

　　　　　　그렇더라도 겨울의 시대를 뚫고 나
온《근대사상》과《평민신문》의 역할은 컸다. 오스기 등이 생각하는 이
상으로 많은 것을 탄생시켰다. 그들의 모험과 젊은 혈기는 많은 곳에
자극을 주었다.《생활과 예술生活と芸術》,《수세미꽃へちまの花》,《노동
청년労働青年》 등도 이에 자극을 받아 출발했다고 할 수 있었다. 또한
개개의 활동가를 보면 미야지마 스케오 부부, 곤도 켄지近藤憲二, 야마
가 다이지山鹿泰治, 아이사카 다다시, 나카무라 칸이치中村還一, 야마카
와 기쿠에이山川菊榮 등과 같은 신인들도 운동에 가담했다.

　오스기 스스로도 극히 제한된 틀 속이긴 하지만 활동하는 동안 그 틀
을 넘는 풍부한 관찰과 사색을 축적했다. 거기에서 자칫하면 관찰이 빠
진 사색, 사색이 빠진 행동, 거꾸로 행동이 없는 관찰과 사색에 빠지기
쉬운 사상가나 활동가의 입장을 넘어설 수 있었다. 그 시점에서 이미
《근대사상》 창간호에서 '현대의 모든 질곡과 압박'을 떨쳐 버리고 나아
가 다른 것에서 빌린 이론이나 행동을 배제하며 '본능 그대로의 표현'을
시도할 것을 호소하여 새로운 시대로의 제1보를 기록한 것이다. 그 후
3년여의 고투 끝에《근대사상》 종간호를 맞이했지만, 똑같은 시점을 확
인했다. 더구나 한층 명료하게 빌린 이론을 배격하고 자각한 인간으로
의 방향을 지향했다.

　"이 개인적 사색의 성취가 있어 비로소 우리는 자유로운 인간이 되

는 것이다. 아무리 자유주의를 과시하더라도, 그 자유주의 그것이 타인의 판단에서 빌려온 것이라면 그 사람은 어쩌면 마르크스의, 또는 크로포트킨의, 사상의 노예다. 사회운동은 일종의 종교적 광열을 동반함과 동시에 아무튼 그런 노예를 만들어 내고 싶어 하는 것이다. 우리는 어떤 경우에도 노예여서는 안 된다."(《개인적 사색個 人的思索》)

이것이야말로 아나키즘의, 오스기 사상의 출발점이었다. 모든 권력, 모든 권위에 아첨하지 않고 자아가 명령하는 대로 개個가 원하는 대로 생각하고 살아가는 것, 모든 노예적 속박, 모든 지도자적 윤리에 굴복하지 않고 자유롭게 행동하며 자립한 인생을 쌓아 가는 것이야말로 오스기의 인생 모티브였다. 이후 그다지 길지 않았던 오스기 생애에서의 활동은 모두 이런 시점에 서서 그것을 실천해 가는 과정이었다 해도 과언이 아니다.

이처럼 다이쇼 초년이라는 시기는 오스기에게 있어 자신의 아나키즘이 거의 완성되던 시기였다. 동시에 그로 인해 일본 아나키즘이 고토쿠 등의 직접행동론으로서의 아나키즘으로부터 원리와 원칙에서도, 그리고 목표와 이상에서도 '개個=반권력'의 시점을 명확하게 확립한 시기이기도 했다. 여기에 일본의 아나키즘은 드디어 본격적인 행보를 개시할 시기를 맞이한 것이다.

2. 잊힌 선구자들 *

아나키스트의 원점 //

아나키즘 운동사를 볼 때 다이쇼 초기는 《근대사상》 및 생디칼리즘 연구회, 평민강연회의 흐름과는 별도로 또 하나의 중요한 흐름을 갖고 있었다. 결국 하나로 합치긴 하지만 이 무렵에는 오히려 별개의 역할과 성격을 띠고 있었다. 와타나베 마사타로와 히사이타 우노스케久板卯之助의 활동이 또 다른 하나였다. 결코 이론가라고는 할 수 없었던 두 사람은 외견적으로는 화려한 문장이나 족적조차 남기고 있지 않지만 성실함과 결백함으로 묵묵히 활동하며 일본의 아나키즘뿐만 아니라 사회주의 운동의 토대와 정신을 지탱하는 역할을 했다.

와타나베는 1914년경 도쿄의 고이시카와小石川 사시가야초揾ケ谷町에서 연구회를 시작했다. 나중에 북풍회北風會로 발전하는 연구회다. 세간 도구조차 거의 없는 극빈의 생활 속에서 제공된 그 공간은 수용인원도 제한되었지만 많은 유망한 활동가를 키워 냈다. 와타나베의 장서, 혹은 토론과 잡담은 검소하고 하찮은 것일 수도 있었지만 진실미가 넘쳐나 많은 노동자, 청년의 마음을 끌어들여 강하게 만들었다. 만약 원점原點이라는 것이 각 개인에게 고유한 것이라고 한다면 사회주의자의 그것도 다양할 것이다.

그러나 굳이 공통의 그것을 찾는다고 한다면 메이지 이래 아나키스트의 원점은 대역사건이라고 할 수 있는 것에 대해, 다이쇼大正에 들어서 처음으로 운동에 뛰어든 많은 아나키스트의 원점은 이 연구회에 있었다고 해도 좋을 것이다. 무라키는 먼 훗날까지도 자기소개를 할 때는 항상 '북풍회의 무라키'라고 했고, 곤도 켄지 역시 "나는 여러 가지 점에서 오스기 사카에, 아라하다 칸손에게 가르침을 받은 점이 결코 적지 않았다. 사상적으로 가장 많이 이끌어 준 것은 이 두 사람이다. 그러나 나로 하여금 정말로 사회주의 운동과 생사生死를 함께하겠다고 결심하게 한 것은 와타나베의 사랑이었다. 오스기 등이 사상적 아버지라고 한다면, 와타나베는 나의 사상적 어머니다."(《어느 무정부주의자의 회상一無政府主義者の回想》)라고 회상했다.

여기에 모인 사람들 중에는 소에다 헤이키치添田平吉, 무라키 겐지로, 와다 큐타로和田久太郎, 기타하라 다쓰오北原龍雄, 그리고 화가였던 모치즈키 카쓰라望月桂, 하야시 시즈에林倭衛, 신나이新内[11]의 오카모토 분야岡本文弥, 작가였던 아라카와 요시히데荒川義英, 오가와 미메이小川未明, 대역사건에서 출옥한 니무라 젠베 등 외에도 발흥하는 노동운동

---

[11] 신나이新内: 일본의 전통 예능으로 샤미센 반주에 맞추어 이야기를 읊는 조루리浄瑠璃의 한 분파(역자 주).

을 떠맡은 인쇄공과 기계공, 예를 들면 하라다 신타로原田新太郎, 다쓰타 야스시立田泰, 다카다 고조高田公三, 다케무라 기쿠노스케竹村菊之助, 미즈누마 타쓰오水沼辰夫, 나카무라 칸이치 등 다수의 노동자도 함께 했다.

그들 모두 와타나베의, 그리고 히사이타의 인간성에 강하게 매료되어 노동운동과 아나키즘 운동에 깊이 빠져들었다. 이런 요람기에 이론보다도 따뜻한 인간적인 끈에 의해 아나키스트들이 성장했다는 점이 일본 아나키즘의 특징이었다. 그런 강점도, 이윽고 드러나는 결점도 거기서 찾아볼 수 있다 해도 과언이 아닐 것이다.

가난하고 마음 따뜻한 전도사

와타나베 마사타로渡辺政太郎 //

와타나베는 1873년 야마나시현山梨県 나카고마군中巨摩郡 마쓰시마무라松島村에서 태어났다. 농업과 잡화상을 운영하던 가업이 기울어 유년 시절부터 고생을 했다. 그것이 도리어 그의 인내심 강하고 바닥 생활도 이겨 내는 인간성을 형성하게 하기도 했다. 하층 사람들을 가까이했으며 기독교도 접하면서 사회적으로는 기독교적 인도주의자로서 출발했다. 고향에 후지富士고아원을 창설하기도 하고 기후岐阜의 노비濃尾육아원에서 일하기도 했다.

그 후 사회문제에 한층 관심을 가지면서 사회주의협회에도 입회했다. 러·일 전쟁 무렵에는 고향인 야마나시와 시즈오카静岡에서, 평민 이발소를 운영하면서 사회주의 전파에 힘썼다. 메이지 사회주의의 직접행동파와 의회정책파와의 대립에서는 주로 의회정책파와 관계를 가졌다. 그로 인해 대역사건에서는 연좌를 벗어날 수가 있었다.

겨울의 시대에는 엿장수와 이발소를 하면서 하층 사람들의 교육과 계몽에 힘썼다. 어떤 때는 종이로 만든 조그만 깃발을 들고 엿판을 머리에 이고 작은북을 울리며 마을에서 마을로 전파하면서 돌아다녔다. 또 어떤 때는 바리캉을 들고 빈민촌의 뒷골목에 들어가 어린이들의 머리를 깎아 주면서 부인들에게 세상의 불합리를 설명하며 다녔다. 거기에는 결코 이론가라고는 할 수 없지만 확고한 의지와 성실한 인간성이 항상 감돌았다.

다이쇼 시대에 들어서자 우스쿠라 가시조臼倉甲子造의 《미광微光》(1914년 10월 창간)의 발간을 도왔다. 세 들어 살던 하쿠산시타白山下의 고이시카와小石川 사시가야초指ヶ谷町의 헌책방, 난텐도南天堂의 2층 3평짜리 방에서 연구회를 시작한 것은 그 무렵이었다. 곧이어 난텐도가 헌책방 겸 새 책방이 되어 하쿠산우에白山上로 옮기자 와타나베도 연구회도 함께 이동했다. 2층 삼각형 방이 와타나베가 세 들어 살던 방으로, 연구회의 회의장이기도 했다. 그리고 히사이타가 그 옆방으로 옮겨 왔다. 히사이타가 잡지사에 근무하면서 《노동청년労働青年》(1916년 10월 창간)을 간행하자 와타나베도 그것을 도왔다. 연구회는 점차 발전하면서 노동자와 청년들로 붐볐다.

제1차 세계대전의 발발을 계기로 생산 확대에 따라 노동 강화와 함께 노동자 생활이 악화되면서 노동문제도 더욱더 주목을 끌기 시작했다. 노동운동도 진전했다. 그 운동을 주도한 것이 우애회友愛會였으며 메이지 시대 이래의 전통을 갖고 있는 인쇄공이었다. 그 가운데 많은 인쇄공이 와타나베의 연구회에 드나들었다.

그들은 연구회에서 와타나베와 히사이타의 순진하고 성실한 인품에 끌렸다. 와타나베 할아버지의 방은 마음 따뜻해지면서 한편으로는 긴장되는 곳이기도 했다. 추위를 견디는 침구도 충분치 않고 매일의 양식도 부족하기 일쑤였던 가난한 생활 속에서도 푸념을 늘어놓거나 비굴하지 않았던 와타나베와 히사이타, 거기에 헌신적이었던 와타나베의 부인 야요八代. 야요는 야마나시현의 류오초龍王町 출신으로 크리스천이었다. 가는 팔로 바느질품을 팔아 남편의 운동을 도왔다. 부족한 음식을 부부와 동지들이 서로 양보하는 와타나베의 애정에 마음이 끌리지 않은 사람은 없었다.

러시아 혁명이 발발한 1917년 말, 와타나베와 그 연구회는 고이시카와 사시가야초 뒷골목의 2평 남짓한 크기의 집으로 옮겼다. 그리고 얼마 지나지 않아 메이지 이래 사회주의 운동의 훌륭한 협력자였던 가토 도키지로加藤時次郎의 평민병원 광고전단 배포로 생활을 유지하면서 운동에 한창 전념하던 중에 와타나베는 영양실조와 폐병이 악화되어 병상에 누웠다. 그리고 운동이 고양된 모습을 자신의 눈으로 확인하지도 못한 채 1918년 5월 17일 극빈 속에서, 그러나 따뜻한 동지들이 지켜보는 가운데 생애를 마감했다.

장례식에는 와타나베의 인품을 사모해 도쿄의 동지 대부분이 모였다. 입관 후 모치즈키 카쓰라가 그린 목탄 초상화와 와다 큐타로가 들고 있던 긴 장대 끝에 동여맨 적기를 선두로 혁명가 '아! 혁명은 다가왔다'를 부르면서 기타센주 마치야北千住町屋의 화장장(하쿠젠샤博善社)으로 행진했다. 혁명가를 부르며 추억을 나누던 참가자들은 눈물을 멈출 수가 없었다.

주인이 없어진 뒤에도 연구회는 무라키와 모치즈키 등의 노력과 야요 부인의 호의로 와타나베 집에서 계속되었다. 이윽고 오스기 사카에, 와다 큐타로 등의 노동문제연구소와 합동해 와타나베의 호를 붙여 '북풍회北風會'로 바뀌는 때가 찾아온다.

'그리스도'

히사이타 우노스케久板卯之助 //

히사이타는 1877년 교토시 기야마치木屋町에서 태어났다. 가업은 여관업이었다. 일단 목사가 되고자 진학한 도시샤同志社 대학 신학부를 중퇴하고 퇴비 운반과 이츠미산요도逸見三陽堂의 목장 노동 등에 종사했다. 그 무렵 그는 이미 사회주의 사상을 접하고 있었다. 대역사건을 계기로 상경해 매문사賣文社와 실업지세계사實業之世界社 등에 관계했다.

그 무렵 와타나베를 알게 되면서 곧바로 동거, 와타나베의 연구회를 도왔다. 와타나베와 마찬가지로 히사이타는 극빈을 감수하며 오로지 운동에 매달렸다. 세간 도구는 거의 없이, 수입이 있어도 거의 전부를 운동에 쏟아붓는 생활이었다. 1916년 10월에는 《노동청년勞働靑年》을 발행했다. 그 후 히사이타는 오스기 등의 《문명비판文明批判》과 《노동신문勞働新聞》에 참여했다. 그런 것들을 들고 공장가에도 빈번하게 드나들며 선전하고 다녔다.

그는 와타나베와 외모는 전혀 달랐지만 성격과 내면은 아주 흡사했다. 히사이타는 키가 크고 얼굴이 하얗고 모발은 거칠고 푸르스름한 빛을 띤 심한 근시였다. 풍채도 귀공자풍을 하고 있었다. 와타나베는 마르고 수염이 덥수룩한 모양으로 그러면서도 중후하고 침착한 느낌이 들었다. 히사이타는 기행이 많고 일생을 독신으로 청결하게 지냈다. 그로 인해 '그리스도'라는 별명을 얻었을 정도였다. 와타나베는 눈에 띄지 않고 의지는 강하지만 극히 평범한 보통 사람이었다. 북풍北風이라는 호가 중후함과 강한 의지를 잘 나타내고 있었다.

하지만 두 사람 모두 말씨나 태도가 조용하고 성실, 온후함에도 강골의 열혈 지사이기도 했다. 또 청년과 노동자와 하층민에게는 무척 따뜻했지만 당국이나 그 앞잡이에게는 가차 없이 대응했다. 평상시에는 조용한 히사이타였지만 불성실함이나 불합리를 접하면 열혈한이 되거나 아수라阿修羅처럼 난폭해질 때도 있었다. 와타나베 역시 관헌이라면 사소한 타협도 꺼리지 않았다. 그만큼 두 사람의 영향력은 컸다. 두 사람의 헌신적인 노력이 노동자나 청년들에게 격려가 되어 이윽고 크게 비상해 가는 양식으로 흡수되어 갔다.

특히 히사이타는 신인을 조직하는 뛰어난 능력도 갖추고 있었다. 예를 들면《노동청년》에 감동해 달려온 시계공 나카무라 칸이치와 화가인 모치즈키 카쓰라 등도 히사이타에게 이끌려 운동에 뛰어들었다. 더구나 조직한 사람과 사제의 관계나 선후배 관계가 아니라 대등한 관계로 교제했다.

그 후 히사이타는 모치즈키와 함께 지내기도 했다. 운동을 하면서 한편으로 히사이타는 모치즈키를 통해 그림에 대한 관심도 깊어졌다. 그 그림 때문에 산에 이끌려, 시詩와 같은 최후를 맞이했다.

훨씬 후의 일이지만 1922년 1월 그는 대역사건의 희생자인 오이시 세이노스케의 조카이자 오스기 등의 원조자이기도 했던 오이시 시치분大石七分에게 물려받은 유화 도구를 챙겨 따뜻한 이즈伊豆로 사생을 떠났다. 이토伊東에서 해안으로 남하해 1월 21일 저녁 아마기산天城山의 남쪽 기슭 미야노하라宮ノ原에 도달했다. 그러고는 찻집의 노파가 말리는 것도 듣지 않고 큰 눈이 쌓인 아마기산을 넘기로 했다. 그 당시 건각이었던 그는 사복 미행도 울게 한다고 했지만 그것도 소용없었다. 넷코猫越 언덕 정상 가까이에 당도하자 적설로 인해 움직일 수 없게 되어 버렸다. 그리고 별을 바라보면서 조용히 동사했다. 그 뒤로는 잠자고 있는 듯한 편안한 얼굴과 순백의 눈 위로 흐트러진 발자국과 그림 도구를 끌던 자국이 남겨졌다.

1월 24일 대역사건의 모임이 비밀리에 도쿄에서 열리고 있을 무렵 《시사신보時事新報》 석간에 아마기산 넷코 언덕에서 남자의 동사체가 발견되었다는 내용이 보도되었다. 도쿄에 있던 동지들은 혹시나 하는 불안에 떨었다. 곧바로 모치즈키, 이와사 사쿠타로岩佐作太郎, 무라키 등 세 명이 현지로 급행했다. 동사체는 히사이타인 것으로 확인되었다. 유가시마湯ヶ島 넷코猫越 부락의 주민들은 친절했다. 혹한 속에서 화장에 필요한 일을 아낌없이 협력해 주었다.

그 후 넷코 부락 사람들의 도움으로 히사이타의 죽음을 애도하는 비석이 세워졌다. 비용과 비문을 도쿄에서 보내고 건립은 현지인들이 모두 도와준 것이었다. 비석에는 '히사이타 우노스케 영면의 지 1922년 1월 21일 동사 향년 46세'라고 새겨졌다. 히사이타에게 그림을 가르쳐 준 모치즈키가 그림붓으로 쓴 것이었다. 작고 아담한 비석이지만 동지와 순박한 마을 사람들의 진정한 선물이었다. 게다가 그 비석이 협력을 아끼지 않았던 이름도 없는 마을 사람들의 공동묘지 한쪽 구석에 자리 잡은 것도, 히사이타에게 어울리는 것이었다. 지금도 그 비석은 눈에 띄지 않게 조용히 잠들어 있다.

평민 미술운동의 선구자

모치즈키 카쓰라望月桂 //

여기서 사이카와 본타로犀川凡太

郎, 즉 모치즈키 카쓰라에 대해 언급해 보자. 그는 1887년 대역사건의 진원지 나가노현長野県 아카시나마치明科町 출생이다. 도쿄미술학교를 졸업한 후 노자와野沢중학교 교사로 부임했지만 곧바로 상경, 석판인쇄 '다이엔샤大圓社'를 경영하기도 하고 빙수가게와 간이식당을 운영하기도 했다.

빙수가게 '헤치마へちま'를 간다神田의 사루가쿠초猿樂町에서 경영하고 있을 때, 히사이타가 손님으로 가게에 자주 왔다. 히사이타도 특이했지만 모치즈키 역시 마찬가지였다. 빙수가게 시절에는 가게 안에 '싸움이나 논쟁은 맘대로 해도 된다. 다른 사람에게 폐를 끼치지 않는 한!'이라든가, 간이식당 시절에는 '배고픈 자에게 맛없는 것은 없다' 등의 벽보를 붙여 놓기도 했다. 거기서 두 사람은 의기투합해 히사이타의 《노동청년》의 발행소로서 도쿄 야나카谷中의 간이식당 헤치마를 제공하기도 했다. 히사이타는 모치즈키에게 와타나베와 오스기 등을 소개했다. 그때부터 모치즈키는 사회운동과 노동운동 기관지의 삽화 만화를 도맡아 책임진 시기도 있었다.

아나키즘 운동에서도 노동운동사와 농촌운동동맹을 근거로 다이쇼와 쇼와 기간을 통해 그 제일선에서 활동했다. 더구나 표면에 나서기보다는 와타나베와 히사이타의 역할에서, 견실하고 끈질기게 보이지 않는 조력자 역할을 했다. 후에 박열이 대역죄로 날조되어 최후의 법정에 섰을 때 착용한 하카마와 예복도 모치즈키에게 빌린 것이었던 것처럼 조선인 그룹과 수평사 운동에도 깊이 관계를 맺고 있던 것도 그 결과였다. 또 당국의 압박에도 굴하지 않고 테러리즘의 실패로 감옥에 구금된 와다 큐타로, 무라키, 후루타 다이지로古田大次郞 등을 부모처럼 보살핀 사람이 모치즈키와 그의 가족이었던 것도 그런 결과였다.

이와는 별도로 모치즈키는 일본에서의 평민미술 운동의 뛰어난 선구자이기도 했다. 우선 그는 1917년 4월 도쿄 야나카의 헤치마에서 '평민미술협회'를 창설했다. 이어 1919년 3월 혁명예술연구회 '흑요회黑耀會'를 결성했다. 혼고本鄕 센다기초千駄木町의 자택을 본거지로 다른 사람에게 기대지 않고 창조적으로 살았으며, 만인이 예술가라는 흑요회의 취지에 따라 연구회 활동도 했다. 연구회에는 미술가 외에 나카자토 가이잔中里介山, 미야치 가로쿠宮地嘉六 등도 참가했다.

그해 말에는 제1회 흑요회 동호전람회를 우시고메牛込 쓰쿠도하치만築土八幡 앞의 골동품 가게에서 열었다. 이어 잡지《흑연黑煙》을 1920년 6월 창간했다. 그 후에도 제2회 흑요회전을 교바시京橋 호시제약주식회사星製藥株式會社 7층에서(1920년 11월), 제3회 전람회를 간다의 순다이駿台 클럽에서(1921년 12월), 그리고 제4회 전람회 '민중예술'을 우에노 일본미술협회에서(1922년) 개최했다. 매회 출품 작품은 회화, 서예, 조각이 주였으며 출품점 수는 200여 점에서 300여 점이었다.

출품자는 매회 달랐지만 모치즈키와 하야시 시즈에를 비롯해 사카이堺, 오스기, 아라하다荒畑, 히사이타, 무라키村木, 와다 큐타로, 요시카와 모리쿠니吉川守邦, 하시우라 도키오橋浦時雄, 이시카와 산시로, 오자키 시로尾崎士朗, 다카오 헤이베高尾平兵衛, 미즈누마 타쓰오, 요시다 하지메吉田一, 다카다 와이쓰高田和逸, 고이케 무보小生夢坊, 야스나리 지로, 오바 가코大庭柯公, 바바 고초馬場孤蝶, 이쿠타 슌게쓰生田春月, 나가자와 가쿠사부로長澤確三郎 등 당시의 사회주의자와 노동운동 활동가 그리고 자유인을 총망라했다. 또 매회 철거와 화제畵題 철회를 명령받은 것 외에도 제3회 때는 일단 금지 후에 재개최했다. 제4회는 동인 이외의 출품이 있었기 때문에 해산을 명령받았다. 참가자는 매회 수백 명이 넘었으며 학생과 노동자가 대부분이었다.

이처럼 모치즈키는 단순히 사회운동과 노동운동 기관지에 삽화를 그린 것뿐만 아니라, 미술과 예술을 하나의 운동에너지로 결집한 공적도 있었다.

3. 계몽에서 실천으로   *

노동자 속으로 //

　　　　　　　제1차 세계대전의 영향이 모든 산
업에 미치기 시작하고 생산력과 그에 대응하는 노동자 수가 비약적으
로 증대하고 있을 무렵, 한쪽에서 와타나베의 연구회가 성행하고 다른
쪽에서는 나중에 경시청의 스파이로 확인된 아리요시 산키치有吉三吉
등의 노동문제 좌담회도 우에노 사쿠라기초桜木町에서 활발하게 활동
을 시작했다. 후자는 평민강연회의 후신과 같은 위치에서 1916년경부
터 시작되었다. 오스기와 와다 큐타로가 여기에 적극적으로 관계하기
시작한 것은 1918년 말 가메이도亀戸로 옮기고 나서부터다.

　오스기는 가미치카 이치코와의 연애사건 이후 건강 회복을 도모하면
서 이토 노에와 조용히 지내고 있었다. 호리 야스코堀保子와도 정식으
로 헤어졌다. 그러나 오랫동안 가만히 있을 수는 없었다. 프롤레타리아
문학이 싹트기 시작하는 것을 보면서 그는 로맹 롤랑의《민중예술론》을
번역했다. 〈새로운 세계를 위한 새로운 예술〉도 발표했다. 그것들을 통
해 평민노동자의 예술을 주장했다. 이어서 혼고本郷 기쿠자카초菊坂町
의 기쿠후지菊富士 호텔에서 스가모巣鴨의 미야나카宮仲로 옮겨 밑바닥

생활을 하는 동안에도 일찌감치 다음에 발행할 잡지 구상도 다듬기 시작했다.

　더구나 일단 경제적으로도 정신적으로도 밑바닥으로 떨어져 보니 종래의 각도와는 다른 지점에서 운동을 볼 수 있었다. 제1차 세계대전 기간을 통해 힘차게 성장해 오는 노동자의 의식과 생활을 실감으로 접하고 그런 움직임에도 민감하게 반응할 수 있었던 것이다. 그는 드디어 노동자의 시대가 올 것임을 의식하지 않을 수 없었다. 스스로도 노동자의 지평에 서야 할 필요를 통감했다. 이 무렵 경제적으로 어떤 의미에서는 노동자 이하의 불안정함과 결핍 상태에 놓여 있었다. 다만 거주지가 달랐다. 그래서 도쿄매일신문사東京每日新聞社와의 관계를 제외하면 평생에 걸쳐 타인에게 고용된 경험이 없는 오스기였지만, 거주지만이라도 노동자 거리로 옮기고 싶은 생각에 사로잡혔다. 1917년 12월 그는 이토 노에와 갓 태어난 장녀 마코魔子와 함께 공장지대이자 노동자 거리인 가메이도亀戸로 거처를 옮겼다. 처음부터 다시 시작한다는 마음도 있었다. 이 직후 그는 다음과 같이 기록했다.

> "노동자 거리에 살고 싶다. 거기서 가능하면 싸구려 공동주택에 들어가 함께 살고 싶다. 이것은 상당히 오래전부터 나의 바람이었다. 종래 나는 소관리나 소지배인 등과 같은 중류계급의 도피처인 조용한 교외에 은둔자와 같은 생활만을 해 왔다. 그리고 거기서 종종 평민노동자는 수수께끼라는 하품 같은 소리를 세상에 내뱉었다.

...

우리 자신을 평민노동자와 하나라고 생각하고 싶은 우리는 무엇보

다도 먼저 우리 자신 속의 이 소부르주아적 분자를 몰아내야 한다.

소부르주아적 감정을 근절해야 한다. 그를 위해서는 역시 우선 우

리의 소부르주아적 생활을 버려야 한다. 가능한 한 우리 자신을 평

민노동자처럼 하고, 평민노동자의 실제 생활에 접근해야 한다. 그

렇게 하여 우리 자신 속에 평민노동자와의 일체적 감정을 키워야

한다."(《소부르주아적 감정》)

그 결과 선택한 주택은 "독채의 소부르주아적 셋집"이었지만, "아무
튼 이 노동자 거리로 밀려들어 온 것만큼은 기분이 좋다. 수천수백 공
장의 시끌벅적한 소리와 자욱한 굴뚝 연기 사이로, 수천수만의 기름투
성이 그을음투성이의 노동자 사이로 그 실제 생활에 접근해 있는 것만
으로도 기분이 좋다. 느슨해진 마음이 팽팽해진다. 이렇게 있을 수만은
없다는 생각이 매일매일 강하게 들었던" 것이었다.

곧바로 《민중民衆》의 창간과 때를 같이해, 이토 노에와 《문명비판文明
批判》을 세상에 내보냈다(1918년 1월). 그 무렵에는 《중앙공론中央公論》,
《신조新潮》, 《시라카바白樺》, 《신소설新小說》 등이 화려하게 논단과 문단
을 주도하고 있었다. 《여성공론》도 창간(1916년 1월)되었다. 진작부터
두 사람은 서구에서부터 유입되는 신사조를 스스로의 시점, 즉 아나키
즘으로 받아들여 비판하고 극복하는 것을 생각했다. 《문명비판》은 그

실천이었다. 물론 아직 《아나 · 볼》이 미분화 시대였으며, 야마카와山川와 아라하다荒畑의 협력도 기대할 수 있었다. 그러나 오스기가 당장 절실하게 느꼈던 것은 노동잡지였다. 그런 만큼 《문명비판》 제3호가 인쇄 배포 전에 발매금지를 당해 결국 세상에 나오지 못한 것을 계기로 그것을 폐간했다. 물론 경제적 사정도 있었다. 거기서 《문명비평》과 거의 병행해 계획을 진행하던 히사이타와 와다 큐타로 등과 《노동신문》 하나에 집중해 발간에 뛰어들었다.

때마침 오스기가 가메이도로 옮겨 살 무렵, 문학과 사상적인 활동에만 매달리면서 가책을 느끼고 있었던 히사이타와 와다 큐타로도 도쿄 닛포리日暮里의 빈민가로 거처를 옮겼다. 그들은 오스기와 의기투합해 1918년 일찌감치 가메이도의 오스기 집에 들어와 살았다. 오스기의 일가 역시 검소하게 생활했지만 히사이타와 와다 큐타로는 빈털터리였다. 그러나 검소하고 마음 따뜻한 생활이 그들의 끈을 강하게 이어 주었다. 물질적으로는 잃을 게 아무것도 없는 그들이었지만 활동과 사상은 강했다. 그리고 대망의 노동자를 향한 평이한 신문 《노동신문》의 발행에 뛰어들었다. 창간은 1918년 4월이었다.

그 점에서 《노동신문》은 《근대사상》 이후의 고등 취미와는 달랐다. 노사의 대립이 불가피한 것이라는 점, 노동자의 해방은 노동자 자신의 손으로 이루어야 한다는 것을 평이하고 단도직입적으로 호소했다. 그로 인해 2, 3, 4호 모두 발매가 금지되었다. 그 탄압을 뚫고 확보된 나머지 부수는 히사이타와 '노동문제 좌담회' 등을 통해 노동자들에게 배포되었다.

그래도 자금의 궁핍은 어쩔 수 없었으며 온갖 수단을 다 써 보았지만, 결국 4호로 폐간할 수밖에 없었다. 일단 노동잡지에 손을 들여놓았기에 더 이상 후퇴할 수는 없었다. 오스기 등의 이후 활동은 노동자들을 향한 것으로 집중되어 갔다.

연구회 활동에서
노동조합 활동으로의 전기 //

오스기 등이 《노동신문》을 폐간한 직후 북풍北風, 즉 와타나베 마사타로가 세상을 떠났다. 그리고 얼마 지나지 않아 한여름의 무더위 속에 노동자 생활에서 가계 지출의 많은 부분을 차지하는 쌀값 폭등에 불만이 폭발해 호쿠리쿠 지방北陸地方을 발단으로 쌀소동이 발발했다.

쌀소동에서 아나키스트나 사회주의자의 적극적인 역할을 찾아보기 힘들었다. 이후 곧바로 오스기는 일본의 노동운동과 사회주의 운동이 비약하는 계기를 쌀소동에서 찾아내고 그것을 높게 평가하기에 이르지만, 그것이 한창일 때 거기에 맞춰 행동을 일으킨다는 것은 아니었다. 야마가 다이지 등 별로 얼굴이 알려지지 않은 일부 아나키스트가 군중에 섞여 선동하는 정도였다.

오히려 쌀소동은 단기적으로 노동운동을 억압하는 계기가 되기도 했

일본의 아나키즘 운동사

다. 나중에 언급하듯이 이제 막 재건된 활판공 조합 신우회信友會도 탄압을 받으면서 탈퇴자가 속출하고 조직에 금이 갈 정도였다. 하지만 오스기도 평가했듯이 쌀소동은 장기적으로는 전년의 러시아 혁명과 함께 노동운동과 사회주의 운동의 발전을 향한 도화선이 되었다. 제1차 세계대전을 계기로 하는 민주주의 사조의 유입을 배경으로 러시아 혁명, 뒤이어 쌀소동이 발발한 것은 당국에 노동운동과 사회주의 운동에 대한 일방적인 탄압방책을 바꾸게 했다. 여기에 이르러 겨울의 시대 이후 착실하게 활동을 계속해 온 와타나베, 오스기 등의 노력이나 우애회 등과 같은 조합 세력의 노력이 드디어 결실을 보는 시기가 찾아왔다.

하지만 아직은 연구회 수준의 활발함이었다. 그러나 연구회 활동은 왕성했다. 와타나베가 남긴 사시가야초의 연구회와 아리요시 산키치, 거기에 오스기, 와타 등이 중심이 된 노동문제 좌담회도 합병하게 되었다. 이미 언급했듯이 그 명칭도 와타나베의 호를 따서 '북풍회'로 변경되었다. 연구회와 좌담회에서는 회원이 겹치고, 입장도 거의 동일했기 때문에 오스기의 연애사건 이후의 응어리를 와타나베와도 오스기와도 친했던 무라키가 푸는 형식으로 중개한 것이었다.

이 밖에도 아라하타는 요코하마의 평민결사와 서회曙會(모두 메이지 30년대 초기 사회주의 단체) 이래의 사회주의자인 핫토리 하마지服部濱次의 협력을 얻어 유락쿠초有樂町에서 '노동조합연구회勞働組合研究会'를 열었다. 오사카와 고베에서도 아나키스트 야스타니 간이치安谷寬一 등이 '사회주의연구회社會主義研究會'를 열었다.

그 무렵부터 북풍회는 인쇄공 등 노동운동 경험이 풍부한 노동자를 중심으로 실천 활동에도 활발히 참여하기 시작했다. 노동자의 조직화를 적극적으로 이끌기도 하고, 연설회에 나가서는 '연설회 접수하기'라며 그것을 점거하기도 했다. 주의자, 특히 오스기의 이름이 나오는 연설회나 강연회는 금지나 방해가 확실했기 때문에 우선 연설회 접수하기부터 시작한 것이었다. 하지만 그것은 곧바로 아나키스트의 독특한 운동 방식이 되어 일방통행적인 강연이나 위에서부터 교훈을 내리는 방법에 대한 반발로 변사와 청중 간의 대화와 교류를 요구하기까지 했다. 그와 동시에 점차 노동자와 주의자 자신들의 연설회도 열렸다. 1919년 7월 17일 교바시京橋의 가와사키야川崎家에서 열린 '노동문제 연설회'도 그것이었다. 그 중심이 되어 움직인 것도 북풍회원이었다.

이처럼 북풍회는 노동운동이 활발해지기 전인 '연구회 시대'에 그 선구적인 역할을 했다는 의미에서, 그리고 '아나(아나키즘) · 볼(볼셰비즘)' 대립 시대에서 '아나'계의 투사를 많이 배출했다는 의미에서 아나키즘의 투사 양성소라는 느낌을 주었다.

일본의 아나키즘 운동사

IV

노동자
시대의 도래

Anarchism in
Japan history

1. 아나키즘과 노동운동 *

노동자 시대의
개막 //

　　　　　　1919년은 모든 분야에서 커다란
변화와 전환을 가져온 해였다. 노동과 사상 분야도 예외는 아니었다.
제1차 세계대전을 통해 신사조의 도입, 러시아 혁명과 쌀소동 발생, 노
동자 수와 노동문제 증대를 경험해, 대전 후에 노동운동과 사회주의 운
동이 단숨에 확대된 것이었다.

　이에 우애회는 적극적으로 노동조합화를 지향하듯이 대일본노동조
합 우애회로 바뀌었다. 산하의 조합원도 창립 시 15명, 1914년 6,500
명에 비해 3만 명이 넘는 대폭적인 증가세였다. 그 이외의 노동자 단체
도 속속 결성되었다. 쟁의도 활발해졌다. 대전 중에《빈곤 이야기貧乏物
語》로 평판을 얻은 가와카미 하지메河上肇는《사회문제연구》(1월)를, 사
카이 토시히코, 야마카와 히토시 등은《사회주의 연구》(4월)를, 오스기
사카에 등은 제1차《노동운동》(10월)을 창간했다. 이외에도 학생운동
속에서《데모크라시》가, 사상계에서는《개조改造》등이 창간되었다.

　드디어 노동자 시대가 막을 올리려 했다. 노동자는 수동적인 학습과

연구에서 실천으로 나가려 했다. 말하자면 연구회 시대에서 노동조합 시대로의 전환이었다. 그런 때에 아나키즘 운동의 흐름에서 우선 거론해야 할 것은 인쇄공의 동향이었다.

신우회信友會 //

국제적으로 보더라도 각국에서 노동운동의 선구자가 되었던 노동자들의 일군은 인쇄공이었다. 일본에서도 예외는 아니었다. 인쇄공은 1884년에 최초의 조직화 움직임을 보인 이래 철공(기계공)과 함께 가장 오랜 운동의 역사를 갖고 있었다. 더구나 오래되었을 뿐만 아니라 메이지 말부터 다이쇼 초에 걸친 '겨울의 시대'를 포함해 끊이지 않고 조직을 유지할 수 있었던 유일한 노동자이기도 했다.

신우회가 발회식을 가진 것은 1917년 4월의 일이다. 신우회의 전신은 말할 필요 없이 '구우회歐友會'였다. 구우회는 활판공 조합(1899년), 그것의 뒤를 이은 성우회誠友會(1900년)의 전통 위에 노동조합이 괴멸 상태에 있었던 1907년에 결성되었다. 그것은 전문 기능을 몸에 익힌 구문공歐文工에 의한 조직이었던 만큼 1910년에 슈에이샤秀英舍, 쓰키지 활판소築地活版所, 산슈샤三秀舍 등과 클로즈드숍closed shop협정을 맺는 등 순조롭게 조직을 확대했다.

하지만 제1차 세계대전의 발발은 구문 인쇄업계에 불황을 가져왔다.

교전국인 독일어계 신문을 중심으로 폐간되는 것도 생겨나 구문공의 실업이 증대했다. 1915년 10월의 구우회 제9회 대회에서는 기관지의 휴간을 가결하는 데까지 몰리게 되었다. 이후 조합 활동도 극도로 저조해져 1년 후인 1916년 10월 31일에는 아사쿠사공원浅草公園의 회의장 아즈마あづま에서 결국 마지막 대회를 열었다. 침체로 인해 구우회를 일단 해산하고 새로운 상황에 맞는 새로운 조직을 만드는 것이 상책이라는 판단에 따른 것이다. 새로운 명칭은 구문공 조합 '신우회'로 정했다.

곧바로 조합 활동에 들어가 다음 해 1917년 2월에는 도쿄의 구문식자공 대부분이 참가했다. 거기서 4월에 정식으로 신우회의 발회식을 열었던 것이다. 발회식의 집행부는 다음과 같다.

간사장	스기사키 구니타로杉崎國太郎
부간사장	미즈누마 타쓰오
편집부장	이토 겐지로伊棟兼次郎
회계	나가이 게이조永井銈造
서무	다쓰타 야스시

그 무렵 제1차 세계대전 기간을 통해 한쪽에서는 활황이 계속되었지만 다른 한쪽에서는 물가 상승과 생활 불안도 보이는 상황 속에서 인쇄공도 노동운동을 적극적으로 전개하는 것으로 여기에 대항했다. 하지만 구문공만의 조직으로는 충분한 성과를 올릴 수가 없어, 신우회는 조

직 확대의 필요를 통감했다. 간사회는 구문공만의 조합에서 모든 인쇄공의 조합으로 확대하는 방침을 결정하고, 도쿄 지역의 모든 인쇄공에게 호소했다. 그 결과 1917년 말에 조합원이 650명을 넘었다. 다음 해 1918년 1월에는 도쿄 간다의 난민구락부南明俱樂部에서 활판공조합 신우회를 결성하기로 했다. 그 직후인 3월에는 기관지《신우信友》도 발간되었고 활동도 활발했다.

하지만 러시아 혁명에 뒤이어 곧바로 쌀소동이 발생하는 상황에서 관헌과 자본의 탄압도 강화되었다. 때마침 하쿠분칸博文館의 쟁의 도중에 중심 회원이 검거되었다. 활동가의 블랙리스트도 작성될 정도였다. 그로 인해 조합원 수는 격감해 한때는 원래의 구문공 정도로 축소될 만큼 후퇴 상황이었다. 집행부도 상무원 2명(나가이 게이조, 다쓰타 야스시)을 남기고 모두 사직했다.

하지만 제1차 세계대전 말기부터 물가 폭등과 노동 불안을 배경으로 노동운동이 활발해지자 신우회도 생기를 되찾았다. 1919년에 들어서자 조합원은 1,500명에 달했고 질과 양에서 일본 노동운동의 중핵으로 성장할 정도였다.

하지만 아나키즘계 노동조합의 대표라 할 수 있는 신우회도 처음부터 방침을 아나키즘 원칙에 입각한 것은 아니었다. 오히려 상호부조와 기술과 품성의 도야를 목적으로 하고 온건한 노사협조를 취지로 하는 조합에서 출발했다. 1918년 1월 발족 당시의 강령과 회칙을 보더라도 그 점을 알 수 있다.

[강령]

하나, 기술을 연찬하고 지위를 향상한다.

하나, 복리를 증진하고 지위를 향상한다.

하나, 품성을 도야하고 지위를 향상한다.

회칙을 보더라도 제3조 '본회는 본회 강령에 따라 회원의 상애부조를 취지로 하고 자각을 환기하고 지위 향상을 도모하는 것을 목적으로 한다.' 그리고 제30조 '회원으로서 그 고용주와 쟁의가 발생할 우려가 있을 때는 미리 본부에 통지해야 하며, 본회는 극력으로 미연에 방지할 방법을 강구하는 것으로 한다.'고 정한 것 외에 조직 운영도 회장제(제7조)를 채택했다.

그 무렵 이미 북풍회 등에 출입하며 오스기 사카에를 비롯한 아나키스트의 영향을 받은 신우회원도 적지 않았지만 그 수는 당초 전체적으로 보면 극히 일부에 지나지 않았다. 신우회가 아나키즘 쪽으로 기운 이유 중 하나는 ILO(국제노동회의) 노동대표 문제(후출)와 보통선거 운동을 통한 정부에 대한 불신, 또 다른 하나는 1919년 10월부터 11월에 걸친 성년 남자 8시간제(여성, 유년공은 6시간제)를 요구하는 동맹파업의 참패, 그리고 7월 말에서 8월에 걸친 혁진회革進會의 8시간제를 요구하는 동맹파업의 참패를 경험했기 때문이었다.

8시간제를 요구하는 쟁의의 참패로 신우회는 500명 정도의 회원이 줄어드는 궁지에 빠져들었지만, 오히려 그것으로 인해 의식적으로는

일본의 아나키즘 운동사

정예화되었다. 그런데도 보통선거가 여전히 전망이 있었던 단계에서는 대립 관계를 드러내는 일이 없었다 하더라도, 미즈누마 타쓰오, 다카다 고조, 스즈키 시게하루鈴木重治, 구와바라 렌타로桑原錬太郎, 호시노 게이지로星野慶治郎, 아베 고이치로安部小一朗 등 아나키즘적 경향을 가진 자들에 대해 이리사와 기치지로入沢吉次郎, 아쓰타 쇼지厚田正二, 시가 도노모志賀主殿, 히라노 시게요시平野重吉, 노무라 고타로野村孝太郎 등의 보통선거파와 미야카와 젠조宮川善三 등의 겸용론자도 있었다. 그런데 1920년 1월 8일 간사회는 '회원으로서의 보통선거 운동을 금지함', '회원으로 보통선거 운동을 하는 자는 다른 단체명 또는 개인 이름을 쓸 것' 등 신우회로서는 보통선거에 관계하지 않겠다는 것을 결의했다(2월 회의에서 승인).

이것이 신우회가 아나키즘계로 기울기 시작한 일보였다. 이어 이듬해인 1921년 2월 6일 간사회에서도 종래의 회장을 가장 위에 두는 간부의 계급제를 폐지하고 15명의 이사에 의한 합의제를 채택하는 방향이 결의되었다(3월 대회에서 승인). 이 합의제는 전전 아나키즘계 조합이 취한 특징적인 운영 방식이었지만 신우회가 그것을 채용한 것은 그 무렵 아나키즘의 영향이 점점 본격화되고 있음을 나타냈다.

정진회正進會 //

아나키즘계 인쇄공 조합으로 신우

회와 함께 정진회도 잊을 수 없다.

정진회의 전신은 '혁진회'다. 쌀소동 이후 신우회원인 후루카와 게이布留川桂, 와타비키 구니노부, 스와 요사브로諏訪與三郎 등은 근무처를 신문사로 바꿨다. 1919년 6월 그들이 중심이 되어 재경 신문 인쇄공에 의해 혁진회가 결성되었다. 신우회도 발족 당시에는 명사를 고문으로 하거나 발족식에 경영자, 관리 또는 도요하라 마타오豊原又男[12] 등을 초대했지만 혁진회는 한층 더 명사에 의존하는 방식을 채택해 회장에 헌정회 대의사로 변호사인 요코야마 가츠타로横山勝太郎를 추대했다. 기관지도 《혁진회 회보》가 1호뿐이기는 했지만 발행되었다.

창립 직후인 7월 31일 혁진회는 국제적 동향에서 8시간 노동제, 최저임금제, 거기에 주휴제를 요구하고 도쿄의 16개 신문사에 대해 동맹파업을 들어갔다. 《도쿄석간신문東京夕刊新聞》과 요코하마 관계의 신문이외에 도쿄에서는 신문 발행이 멈췄다. 그에 대해 신문사 측도 로크아웃lockout과 해고로 대응하는 등 대립이 격화되었지만 5일간의 파업후 혁진회 측의 참패로 끝났다. 혁진회 자체도 괴멸했다.

그러나 곧바로 재건이 계획되어 12월 9일에는 교바시 · 가와사키야에서 신생 '정진회'를 발족하는 데 성공했다. 이듬해 1920년 1월 19일, 같은 곳인 가와사키야에서 정식으로 발족회를 열지만 이번에는 혁진회

---

12 도요하라 마타오豊原又男(1872~1947): 일본의 사회사업가로, 슈에샤秀英舍에서 공장법제정운동에 참가하였다. 1920년 도쿄사회사업협회 중앙공업 노동소개소의 소장을 역임했다(역자 주).

의 경험에 질려 명사에 의존하지 않고 노동자 조직으로 구성했다. 조합원은 약 400명, 초기의 주된 활동가는 후루카와 케이, 후루카와 신布留川信, 스와 요사브로, 와타비키 구니노부, 와다 에이타로和田榮太郎, 이쿠시마 시게루生島繁, 기타우라 센타로北浦千太郎, 후시시타 로쿠로伏下六郎, 시로가네 도타로白銀東太郎, 시로이시 아사타로白石朝太郎, 기타무라 에이이치北村榮以智, 기마타 마스타로木全增太郎 등 젊은이들이었다. 기관지로 4월부터 《정진正進》이 간행되었다.

1920년 8월에는 가와사키야에서 1년 전의 쟁의 참패 '1주년 기념회'가 열렸다. 거기서 또다시 각 신문사에 8시간 2부제의 이행을 요구했다. 신문사 측이 성의를 보이지 않았기 때문에 또다시 파업으로 발전하지만 장기화 양상을 보이는 가운데 9월 26일 호치신문사報知新聞社에서 활자판 전복 사건이 발생해 후루카와 케이, 이쿠시마 시게루, 기타우라 센타로, 후시시타 로쿠로 등 4명이 업무방해, 기물훼손죄로 기소되었다. 결국 탄압과 자본 공세에 힘의 한계를 느끼며 요로즈 초호萬朝報를 제외하고 또다시 참패로 끝났다.

정진회는 신우회 시절에 운영 경험이 있는 자들이 많이 포함되어 있었고, 혁진회의 대쟁의를 거친 후 성립했기 때문에 처음부터 전투적이었다. 1920년 1월의 발회식에서 일찌감치 조합으로서는 보통선거운동을 하지 않겠다는 것도 결의했다. 그런 점에서 처음부터 아나키즘적 색채가 강했다고 할 수 있다. 1921년 봄 《노동운동》(제2차 9호)은 당시의 정진회 모습을 다음과 같이 전했다.

"정진회에는 전사가 많다. 특히 돌격적인 용자가 많다. 그 노동자의 실감에서 얻은, 아나키즘의 사상은 학자나 지식계급과 지도자 무리 등의 권위를 완전히 쓸모없게 만들었다. … 노동조합 동맹회 가운데 가장 급진 단체다."

또한 1921년 초에는 정진회와 신우회의 유지로 'SS회'가 결성되었다. 양 조합의 머리글자를 딴 단체지만 반비밀단체였다. 하지만 비밀로 된 것은 회원명뿐으로, 활동은 와타비키 구니노부를 사무 담당자로 공공연하게 추진되었다. 매일 드나드는 사람은 30명 정도였지만, 이 단체의 에너지는 1921년 이후 노동계 전체의 아나키즘화와 생디칼리즘화에 크게 공헌하게 된다.

《노동운동》의 창간 //

이런 상황을 보고 오스기 등도 노동운동에 본격적으로 뛰어들 결의를 굳혔다. 우선 1919년 8월 오스기를 중심으로 이토 노에, 와다 큐타로, 곤도 켄지, 히사이타 우노스케, 무라키 겐지로, 나카무라 칸이치 등과 함께 '노동운동사'를 결성했다. 노동운동의 기관지를 발간할 거점을 만들기 위해서였다. 10월에는 '노동운동'이라고 제목을 붙인 월간지를 발간했다. 이른바 제1차 《노동운동》이다.

오스기 등의 동인들은 노동운동의 발흥기를 맞이해 이론이나 실제적인 지식과 정보가 부족한 상황에서 그런 것들을 제공할 필요를 통감했다. 그것을 위해 이미 시점에서 상이점이 보이기 시작한 활동가들에게도 협력을 구했다. 사카이 토시히코, 야마카와 히토시, 아라하타 칸손, 요시카와 모리쿠니, 핫토리 하마지 등도 응원했다. 이런 점을 발간사에서 다음과 같이 밝혔다.

> "일본의 노동운동은 지금 그 발흥 초기의 당연한 결과로, 실로 극도로 분규 착잡하다. 빈번하게 속출하는 각 노동운동자 및 노동운동 단체의, 개개의 운동이론이나 실제도 명확함이 매우 결여되어 있고, 또한 그 상호 간의 이해나 동정도 대부분 전혀 없다. … 우리는 지금, 이 노력의 촉진을 일본의 노동운동을 위한 우리의 중요한 역할의 하나라고 생각한다. 본지는 바로 그 기관인 것이다. 일본의 모든 방면에서 노동운동의 이론과 실제의 충실한 소개 그리고 그 내용 비판, 이것이 본지의 거의 전부다."

　　이어서 단지 "우리에게는 독자적인 관찰이 있다. 그리고 그 관찰을 통한 소개와 비평에는 우리들 독자적인 약간의 악취가 드러나는 것도 역시 자연스러운 것으로 어쩔 수 없는 것일 것이다."는 점도 잊지 않았다. 흔히 말하듯이 '우리의 독자적인 악취'야말로 아나키즘, 그리고 생디칼리즘이라는 점은 다시 말할 필요가 없다. 이를 무기로 오스기 등은 드디어 오랜 목표였던 노동운동으로 과감히 돌진해 가게 된다. 그리고 이윽고 그 성과가 적지 않다는 것이 확실해졌다. 당시는 조합 기관지를 제외하면 달리 노동운동을 전문적으로 다루는 것이 없어 다른 파에 한 발 앞섰다는 점에서 아나키즘이 무섭게 침투하는 하나의 역할도 달성했다.

그 무렵부터 기관지 이외의 활동에서도 오스기 등이 대처하는 방법은 종래의 것과는 조금씩 다르게 변하고 있었다. 신우회, 정진회, 일본기계기공조합 등의 모임에는 이미 아나키즘을 받아들인 활동가가 자주 출입했다. 오스기, 히사이타, 와다, 곤도, 무라키, 이와사, 모치즈키 등뿐 아니라 노동조합 활동가들도 다른 조합으로 응원하러 달려가는 등 상호 교류를 돈독히 했다. 미즈누마, 다카다, 스와 요사브로, 후루카와, 와다 에이타로, 와타비키, 나카무라 칸이치, 노부시마 에이치延島栄一 등의 모습은 조합의 회합이나 쟁의에서 항상 목격되었다.

1919년 9월에는 북풍회가 '도쿄노동운동동맹회'로 개칭되었다. 참가자 사이에서나 일반인 사이에서도, 그리고 그 후에도 북풍회라는 이름이 통용되지만 이 개칭도 그와 같은 실천 시대의 상승을 통해 동호인 클럽에서 노동운동 추진단체로 외모를 변해 갈 필요에 의한 것이었다. 더구나 그 이듬해 연말에는 참가자가 노동조합에 흡수되어 그 실천 운동에 쫓기는 다망한 상황에서 이 단체가 소멸해 갔다. 그것은 당시의 연구에서 실천으로 옮겨 가는 추세를 잘 말해 준다.

일본의 아나키즘 운동사

생활 불안과
운동의 활성화 //

　　　　　　　　그것은 특별히 아나키즘계만의 동
향은 아니었다. 우애회나 독립적인 노동단체도 자주성을 갖고 전투적
인 노동운동의 전열에 속속 참여했다. 그것은 제1차 세계대전 이전, 전
중, 그리고 전후의 생산력과 노동자 수의 증가에 대한 노동자 상태를
생각하면 당연한 움직임이었다.

　그 동향은 1920년 3월에 들어서 주가의 폭락이 발단이 된 반동 공황
이 발발하자 속도를 한층 더했다. 전쟁 중에는 활황으로 임금인상과 전
시 특별수당이 지급되었지만, 전쟁 말기에는 그 이상으로 물가가 폭등
했기 때문에 노동자 생활의 불안정과 궁핍이 크게 증대했다. 거기에 공
황이 가해져 물가의 폭락, 공장의 축소와 폐쇄가 이어지고 실업의 불안
도 밀려왔다. 자각한 노동자는 물론 아직 노동운동 경험이 없는 노동자
까지 적극적으로 운동에 참여할 수밖에 없는 상황이었다.

　우애회는 점점 더 확대되었다. 1920년 대회에서는 전년에 이어서 명
칭을 '일본노동조합총동맹우애회日本勞働組合總同盟友愛會'로 변경했다.
신우회, 정진회도 전투성을 증대하고 있었다. 기계기공조합, 공인회工
人會, 대진회大進會, 오사카 철공조합大阪鐵工組合 등 여러 성격을 가진
노동조합 또는 노동단체도 대오에 참여했다.

　그에 따라 쟁의도 활발해졌다. 1918년, 1919년의 쟁의 건수, 참가
인원 모두 최고로 높아졌지만 그런 기세는 1920년에 들어서도 변함이

없었다. 특히 중화학공업화의 진전에 따라 조직이나 쟁의 모두 그 중심이 남자 노동자를 주체로 하는 기간산업인 기계제조, 조선, 금속공업으로 옮겨졌다. 이는 남자 기계공과 금속공은 근대 노동운동의 중핵이 되는 층이며, 노동운동이 점점 본격적인 것으로 되어 가고 있음을 여실히 보여 주는 것이었다.

이리하여 '연구에서 실천으로', '연구회에서 노동조합으로'라는 것은 특별히 아나키즘계만의 추세라 할 수 있는 것은 아니었다. 전국 도처에 그리고 모든 산업으로 널리 퍼지고 있었다. 이와 같은 상승 기운에 사회운동 차원에서는 이미 싹트기 시작한 아나 · 볼의 대립은 노동운동 차원에서는 미조직 노동자의 조직화에 쫓기고 있었기 때문에 여전히 당분간 뒤로 늦춰졌다. 이론상의 상위는 오스기 등과 사카이, 야마카와 등과의 사이에서는 이미 명백했지만 완전히 새로운 기운의 도래를 목격하면서 전적으로 이데올로기 차원에서 대립과 논쟁을 벌이기보다도 공동 또는 연합을 추진하든가 아니면 노동자 속으로 들어가든가 하는 것처럼 어느 한쪽이 우선되었다. 거기에 메이지 이래의 사회주의자들 사이에는 이론적 상위를 넘어 끊을 수 없는 견고한 끈이 배어들어 있었다. 여명기의 사회주의 운동을 떠받치고 대역사건을 빠져나왔다는 공통의식과 사명감이 쉽사리 그들을 결정적인 대립으로까지 몰아가지 않았다.

아나 · 볼의 대립이 첨예화하는 데에는 그 하나로는 러시아 혁명의 실태가 명확하게 이해되기 시작하고, 변혁을 둘러싼 전략과 전술의 상

134 　　　　　　　　　　　　　　　　일본의 아나키즘 운동사

위가 명백한 점과 또 다른 하나로는 메이지 이래의 사회주의자 시대에 종언을 고하기라도 하는 것처럼 새로운 노동조합 활동가를 배출하고 새로운 시대의 노동운동을 확대, 정착시키는 것이 필요했다. 이를 위해서는 1921년 이후의 추이까지 기다려야 했던 것이다.

2. '아나·볼' 공동전선　　　　*

국제적 조류의 유입과
제1회 메이데이　//

　　　　　　　　　　　　일본 최초의 메이데이가 거행된 것
은 불황의 도래에 자극받아 노동운동이 급속하게 고양되던 1920년 5월
의 일이었다. 물론 통일 메이데이였으며 입장 차이를 넘어 하나가 되어
거행되었다.

　통일 행동이라 하면 제1회 메이데이로 거슬러 올라가, 전해인 1919
년 워싱턴에서 열린 국제노동회의(ILO) 제1회 총회에 노동대표를 파견
하는 문제에서도 이미 경험한 바 있다. ILO는 1919년 제1차 세계대전
후 파리강화조약에 의해 창설되었다. 노동자의 사회적 역할의 중시와
노동운동의 발전에 대한 인식에서 생겨난 것이었다.

　하지만 노동문제의 중요성을 인식하지 못한 일본 정부는 노동자 대
표를 관선으로 일방적으로 결정하려 했기 때문에 노동계에서 일제히
반발을 사게 되었다. 제1 후보 혼다 세이치本多精一, 제2 후보 다카노
이와사브로高野岩三郎 모두 사퇴한 후 제3 후보인 마스모토 우헤이枡本
卯平가 대표로 결정되지만 그가 요코하마항에서 출발하는 날까지 우애

회, 신우회, 대일본 광산노동 동맹회, 북풍회 등은 공동으로 데모와 연설회를 전개하며 정부에 대한 규탄운동을 이어 갔다.

이런 실적을 바탕으로 제1회 메이데이가 5월 2일 일요일에 거행되었다. 그것을 발기한 것은 신우회와 정진회의 인쇄공들이었다. 이미 그 이전부터 신우회, 정진회의 유지로 이루어진 SS회에서는 메이데이 거행 안이 자주 언급되었다. 그것을 구체화한 것은 미즈누마 타쓰오 등의 열의였다. 중요한 자금에 대해서는 핫토리 하마지와 사카이 토시히코의 알선으로, 고토쿠 슈스이의 유작 《기독말살론基督抹殺論》의 인세 일부를 충당한다는 계획이 있었기 때문에 양 조합은 간다의 마츠모토정松本亭에서 우애회, 계명회啓明會 등 15개 조합의 참가 아래 메이데이에 대한 사전 협의회를 개최했다. 노동운동이 궤도에 오르기 시작하는 때이기도 해서 그 이후부터는 순조롭게 즉시 거행이 결정되었다.

5월 2일의 메이데이 당일은 흐린 날씨에도 약 5,000명의 노동자가 우에노의 야산에 모여들었다. 그 가운데에는 새빨간 신우회 깃발과 검은 바탕에 붉게 L·M이란 문자를 돋보이게 한 노동운동사의 깃발도 바람에 나부꼈다.

사회는 스즈키 분지(우애회), 선언 낭독은 마츠오카 고마키치(우애회), 결의 낭독은 노무라 고타로(신우회)가 맡았다.

[선언]
• 우리는 여기에 일본 최초의 노동제를 거행한다. 노동제는 노동자의 자각,

훈련, 단결을 표현하는 축제로서 이 축제의 환희는 노동자만이 이것을 알 수 있다. 우리는 오늘, 세계 만국의 노동자와 함께 노동자계급의 해방과 만인의 자유를 절규한다.

• 우리는 우리나라 최초의 노동제에서 지금의 우리나라 노동자계급이 세 가지 대요구가 있음을 발표한다. … 바야흐로 공황이 왔다. 자본가의 파탄에 이어 노동자는 불합리한 희생이 되려 한다. 공황은 자본주의 경제조직의 일대 특징이다. 우리는 단호하게 그 여파가 우리에게 미치는 것을 방어할 수밖에 없다.

• 노동자여, 축하하자. 그리하여 우리들 이날의 축제를 의미 있게 하자.

[결의]

하나, 우리는 악법, '치안경찰법' 제17조의 철폐를 요구한다.

하나, 우리는 공황 도래에 즈음해 실업 방지를 요구한다.

하나, 우리는 인간으로서의 생활을 보증하는 최저임금법 설정을 요구한다.

이어서 신우회는 '8시간 노동제', 계명회는 '시베리아 즉시 철병', '공비 교육의 실현'을 긴급동의로 제안해 모두 가결되었다. 폐회 후 참가자는 우에노의 야산을 내려와 경찰과 몸싸움을 하면서 마츠자카야松坂屋 포목점 앞을 빠져나와 만세교 근처까지 데모 행진을 하고 해산했다.

이때의 선언과 결의를 보더라도 아직 아나·볼 대립의 징조는 읽을 수 없었고, 같은 전열에 선 노동자계급이라는 공통의식이 선행하고 있다는 점을 알 수 있다. 서로 협력하자는 쪽이 우선해서 뇌리를 사로잡은 완전 초기 단계였다.

그러나 반감과 적대로까지는 이르지 않았지만, 드디어 아나 · 볼 대립에서 하나의 중요한 측면을 이루는 반지도자 이론과 반지식 계급의 주장이 점차 일부 노동자들 사이에서 보이기 시작한 것도 이 무렵의 일이었다. 그것이 확대되어 '공동'을 대신해 '대립'이 선행하는 시대가 곧 이어 찾아오게 된다.

노동조합동맹회의 성립 //

그 무렵의 움직임 가운데 그중에서도 본격적으로 시작되는 아나 · 볼 논쟁의 계기가 되는 움직임으로는 '노동조합동맹회'의 결성을 빼놓을 수 없다. 그 결성은 노동조합의 발전에 따라 결행된 1920년 5월 일본 최초의 메이데이를 계기로 한 것이었다. 그 메이데이가 개최되었을 무렵에는 제1차 세계대전 후의 경기 하강을 알리는 형세는 꺾이지 않고 여전히 영향을 미치고 있었다. 그로 인해 공장의 축소와 폐쇄, 거기에 따른 실업과 노동 불안도 한층 눈에 띄기 시작했다.

그에 대해 노동운동의 성과와 축적을 지키고 자본 공세에 대치하기 위해 노동자계급은 새로운 대처의 필요를 통감했다. 한쪽에서는 노동운동과 사회주의 운동의 진전에 의한 이론적 대립과 분극화의 조짐이 보이면서도, 다른 한쪽에서는 노동자계급의 결속과 통일의 필요가 강하게 인식된 것은 그 때문이었다. 그 결과 메이데이에서 형성된 조합 간의 횡적 연락을 항구적으로 유지하는 것이 공통의 염원이 되었다.

메이데이의 잔무처리 단계에서 이것이 구체화 되어 드디어 관동 지역에서의 노동조합에 의해 '노동조합동맹회'가 결성되었다. 참가 조합은 당초, 우애회友愛會, 범노회汎勞會, 계명회啓明會, 공우회工友會, 신우회信友會, 공인회工人會, 일본교통노동조합日本交通勞働組合, 정진회正進會, 대진회大進會의 9조합이었지만, 곧바로 방직노동조합紡織勞働組合, 도쿄전기기계철공조합東京電氣及機械鐵工組合, 도쿄철공조합東京鐵工組合, 전일본광부총연합회全日本鑛夫總連合會, 일본기계공조합日本機械工組合의 5조합도 참가해 합계 14조합, 관동에서의 주요 조합의 대부분을 산하에 두는 광범위한 연합조직이 되었다.

동맹회에서는 처음부터 규모의 대소에 관계없이 가맹조합은 대등하게 취급되는 방식을 취했다. 큰 세력을 자랑하는 우애회나 소조합도 동등하게 취급되었다. 그것은 노동운동에서 대립이 싹트기 시작한 상황을 생각한다면, 우애회에 있어서는 결코 환영할 만한 것은 아니었다. 그 불만은 시간의 경과와 함께 확대되고 곧이어 대립으로까지 발전하게 된다.

그 무렵 아나키즘적 시점의 노동자들에 대한 침투는, 조금씩이긴 하지만 자립성과 자주성 그리고 인간성을 강하게 주장하는 자세를 노동자들에게 환기하고 있었다. 그것은 지식계급의 독선적인 개입에 대한 비판, 지도자적인 위로부터의 이론 강요에 대한 반발로 되어 나타난 것이다. 또한 대조합의 우월적 태도에 대한 소조합의 반발과 자기주장도 불러일으켰다. 동맹회 내부에서도 그 영향은 피할 수 없었다.

이처럼 노동운동의 발전에 대응해 그 대처 방식의 다양화와 복잡화가 진행되는 가운데 동맹회 내부에서도 노동운동론을 둘러싼 견해 차이가 점차 뚜렷해졌다. 당연히 논쟁이 활발해지지만 우애회로서는 소조합까지도 자신들과 같은 자격으로 발언하고, 하물며 자신들에게 비판을 가하기도 한다는 사실은 큰 불만이었다. 특히 지식인과 지도자 이론의 비판과 배제가 자기들에게 향하고 있다는 것을 알게 되자, 우애회는 불만을 억누를 수 없었다. 더구나 그것을 그대로 간과하자 아나키즘적인 또는 생디칼리즘적인 시점이 산하의 조합원에게도 영향을 미칠 수도 있다는 상황을 보고, 1921년 6월 우애회는 산하의 조합을 동맹회에서 이탈시키는 행동을 보였다. 그 결과 동맹회는 반우애회의 입장을 취할 수밖에 없게 되었다. 그보다는 급속하게 반우애회 – 반총동맹 진영의 중핵으로까지 자리 잡게 되었다.

그런 추이 속에서 아나 · 볼 대립의 선행 형태를 명백히 볼 수 있다. 그렇더라도 양 파의 대립이 동맹회만의 문제로 끝났다면 그 정도까지였을지도 모른다. 그 후에도 확대 재생산되었다는 점에 아나 · 볼 대립이 고조되고 결정적인 대결로까지 연출된 이유도 있었다. 관동에서의 기계공 연합조직인 '기계노동조합연합회'(1922년 6월)와 관서에서의 '노동조합동맹회'(1922년 4월)의 결성, 나아가 전국적인 총연합운동(1922년

9월)을 맞이해 아나·볼 대립은 전면적으로 전개되기에 이르렀다.

이렇게 이 동맹회의 생성과 전개는 총연합의 결성 운동을 정점으로 일본 전국을 뒤덮는 아나·볼 논쟁의 모든 것을 일찌감치 예상케 했다. 여기에 이르러 단순히 사회주의자들 사이에서 이데올로기적 대립을 보여 줄 뿐만 아니라 노동조합 차원으로까지 논쟁과 대립이 내려오게 된 점에, 사건의 중대성도 있었다. 그것으로 인해 아나·볼 논쟁과 대립의 전면적인 도래를 동맹회 분열의 시기에서 찾을 수 있다.

사회주의자의
전국적 동맹 //

노동조합동맹회보다 조금 늦게 사회주의 운동 차원에서도 각 파 사이에 연대의 움직임이 보였다. 처음으로 전국에 걸쳐, 더구나 모든 입장을 망라해 이루어진 연대의 시도였다. 1920년 12월 9일에 성립한 '일본사회주의동맹'이 그것이다.

즉, 노동조합동맹회를 결성한 조건이기도 했던 불황과 자본 공세에 뒤따른 노동 불안은 사회주의자들을 메이데이 이후 결속으로 향하게 했다. 노동운동의 고양을 보고 사회주의자도 드디어 운동을 본격적으로 전개할 조건이 갖추어졌음을 자각했다. 그러나 여전히 그들은 단독으로 또는 흩어져 싸우기에는 이론적으로나 역량 면에서 불충분했다. 그것이 그들을 일단은 결속으로 향하게 한 것이었다. 메이지의 러·일 전쟁과 그 직후의 고양 이후 오랜만의 활기였다.

그 움직임은 1920년 초여름 무렵부터 시작되었는데 야마자키 게사야, 야마카와 히토시, 하시우라 도키오, 요시카와 모리쿠니, 핫토리 하마지, 곤도 켄지 등이 앞장서 추진했다. 8월에는 창립준비회가 조직되고 취지서와 규약 초안도 작성되었다. 그 후 캠페인 결과 전국적으로 협력자도 나타나 12월 10일에는 창립대회도 준비되었다.

거기에 맞춰 전날인 12월 9일 동맹본부에서 사전협의와 간담회가 열렸다. 그때 참가자가 200명에나 달했던 것과 또한 당국에 의해 다음 날 발회식이 해산될 것이라는 것을 알게 되면서 사전 협의회를 급거 창립대회로 전환하게 되었다. 여기에 사회운동, 노동운동, 예술운동, 학생운동에 이르는 모든 활동가를 한 건물에 모은 '일본사회주의동맹'의 정식 설립이 이루어졌다. 발기인은 다음의 30명, 대표 상무위원은 다카쓰 세이도高津正道, 회원 수는 10월경에 약 1,000명, 창립 시에는 공칭 3,000명이라 했다.

아카마쓰 가쓰마로赤松克麿(신인회), 아라하타 칸손(노동조합연구회), 아소 히사시麻生久(우애회), 후루카와 게이(정진회), 하시우라 도키오(북교자주회) 핫토리 하마지, 이와사 사쿠타로(북풍회), 교야 슈이치京谷周一(철부총동맹鐵夫總同盟), 가토 카즈오加藤一夫(자유인연맹), 곤도 켄지(북풍회), 미즈누마 타쓰오(신우회), 마에카와 니교前川二亨(교통노동), 가토 간쥬加藤勘十(광부총동맹), 노베시마 에이치

(북풍회), 오바 가코大庭柯公(저작가 조합), 오가와 미메이小川未明(저

작가 조합), 오카치 요히코岡千代彦(북풍회), 오스기 사카에(북풍회),

시마나카 유조(문화학회), 사카이 토시히코, 다카하다 모토유키(국

가사회주의), 다카쓰 세이도(효민회), 다무라 다이슈田村太秀(부신회

扶信會), 우에다 코타로植田孝太郎, 와다 이와오和田嚴(건설자동맹),

와타나베 만조渡辺滿三(시계공조합), 야마카와 히토시(노동조합 연구

회), 야마자키 게사야, 요시다 다다지吉田只次(요코하마), 요시카와

모리쿠니(북풍회)

동맹의 중요한 활동의 하나인 기관지는 정식 발족 전인 9월부터 이
미 간행되었다. 사카이, 야마카와 등의 《신사회 평론新社會評論》을 《사
회평론社會評論》으로 바꾼 것으로, 편집은 이와사, 야마카와, 곤도 켄지
등이 맡았다. 형식과 디자인은 오스기와 아라하타의 《근대사상》을 그
대로 차용했다.

동맹을 발족했지만 그 활동에서는 반드시 일본 사회주의 운동의 거
점에 걸맞은 것이라 할 수는 없었다. 적극적인 활동과 다대한 성과를
이룰 정도의 것은 아니었기 때문이다. 확실히 길거리나 회의장을 빌린
연설회는 많은 청중을 모았고, 기관지나 사회주의 문헌도 잘 팔렸다.
그러나 그 외의 활동은 위력이 없었다. 사회운동에서의 위치도 그다지
대단하지 않았다.

그것은 다른 입장, 여러 활동가가 대동단결했던 점에 큰 요인이 있었

다고 할 수 있다. 거기에는 아나키스트, 마르크스주의자, 사회민주주의자, 국가사회주의자, 노동조합주의자 등 다양한 인재가 모였다. 다양함은 어떨 땐 강력한 힘을 발휘하지만 그렇지 못할 때도 있다. 당시처럼 노동운동과 사회주의 운동이 종래의 어두운 탄압 시대를 빠져나와 각자의 원칙에 따르면서도 상당히 대담하게 비약하려고 할 때 한 가지 방향으로 수렴한다는 것은 그렇게 간단하지 않았다.

그럼에도 노동자에게 불황과 자본 공세라는 수세적인 정세를 앞에 두고 상이점에만 특별히 주목해 논쟁을 활발히 하거나 대립을 격화시킬 수만은 없었다. 그런 만큼 당분간은 결정적인 대립으로까지는 발전하지 못했다. 더구나 대립이 본격화하기 전에 외부 압력이 가해져 동맹이 해체될 수밖에 없게 된다. 외부 압력이란 말할 것도 없이 당국의 탄압이었다.

창립 후 반년째인 1921년 5월에 들어서자, 9일에 제2회 대회가 해산을 명령받은 데 이어 28일에는 동맹도 해산을 명령받았다. 아마 당국의 해산명령이 없었더라도 동맹의 해체는 피할 수 없었을 것이다. 때마침 그 무렵부터 아나·볼 대립이 격해지고 공동전선의 파탄이 드러나기 시작했기 때문이다. 더구나 얼마 지나지 않아 노동조합에서 우애회와 반우애회와의 대립이 점차 사회주의 운동 차원의 대립으로 이어져 전면적인 아나·볼 대립의 전개로 진행되는 이상 동맹의 운명 역시 저절로 명백했다.

사회주의동맹과
오스기 사카에大杉栄 //

메이지 이후의 사회주의자로, 또한 각 파의 대표적인 이데올로그 가운데 오스기만큼은 발기인에 이름을 올렸지만 동맹의 활동에 적극적으로 참여하지는 않았다.

거슬러 올라가 1917년 1월, 사카이 토시히코가 도쿄에서 중의원 의원선거에 입후보했을 때였다. 그때는 사카이의 사회주의 진영에서의 위치와 당락보다도 이 기회를 이용해 운동을 전개하려 했던 의미도 있었기 때문에 의회주의파뿐만 아니라 직접행동파도 응원했다. 그러나 오스기는 가미치카 이치코와의 하야마 사건 직후이기도 해서 전혀 얼굴을 비치지 않았다. 관계자들도 오스기라면 비록 건강하더라도 선거 활동에는 가담하지 않을 것이라는 소문이 있었을 정도였다.

이어서 사회주의동맹에도 오스기는 적극적으로 얼굴을 내밀지 않았다. 그러나 그것은 동맹을 부정했기 때문은 아니었다. 단지 '10여 년 전부터 이들과 친했던 오랜 동지들의 반목과 냉담을 누그러뜨리겠다는 특별한 하나의 목적'《일본탈출기》 이외에 적극적인 의미를 인정하지 않았을 뿐이었다.

그 무렵 그는 여전히 아나·볼 공동전선의 가능성을 완전히 버리지 못하고 야마카와나 아라하타 등에 대한 기대도 마음 한구석에 갖고 있었다. 실제로 친한 곤도 켄지에게 '동맹에 관한 것은 특별히 야마카와의 의견을 충분히 듣고 하라'《어느 무정부주의자의 회상》고 조언했다. 그렇더라도 동맹인 조직이 어떤 방향으로 나아갈 것인지, 어떤 성과를 거둘 수 있을지, 오스기는 확신할 수가 없었다. 일설에는 그는 '동맹'에 반대해 '연합'을 주장했다고도 한다.

권력적인 전위당 조직이 되지는 않는다고 하더라도 의식이 뛰어난 주의자들만 결집하는 동맹에서는 지도기관과 노동자 위에 위치하는 조직으로 변하기 쉽다. 그렇지 않더라도 이미 볼셰비키에 대한 경계심도 마음속에서 커져 가고 있었다. 그런 것들로 인해 오스기로서는 아무래도 한 발 더 나가는 것을 주저하지 않을 수 없었다.

게다가 동맹이 창립대회를 앞두고 조직과 선전 활동을 전개하고 있을 무렵, 오스기는 몰래 일본을 빠져나갔다. 상해에서의 코민테른 주최 극동사회주의자회의에 출석하기 위해서였다. 1920년 10월에서 겨우 1개월 정도의 기간이었지만 귀국해서도 그는 동맹의 창립대회에 당초 예정되었던 12월 10일의 연설회에 얼굴을 내밀 때까지 공공연히 모습을 드러내지 않았다. 이런 사정도 그의 동맹에 대한 관심을 약하게 만들었다. 이렇게 그는 동맹과의 관계에서 무척 소극적인 입장을 지켰던 것이다.

또한 사카이와 야마카와가 참석을 보류했던 코민테른 회의에 오스기가 위험을 무릅쓰고 출석한 것에서 몇 가지 의미를 짐작할 수 있다. 첫 번째로 오스기의 진취성이다. 비록 90퍼센트는 자신과 맞지 않는다는 것을 알게 되더라도 나머지 10퍼센트에서라도 뭔가 받아들일 수 있는 것이 있다면 받아들이겠다는 자세였다. 특히 러시아 혁명에 강한 관심을 보이며 그 진실을 알 수 있는 기회라면 위험을 무릅쓰고라도 접근하려 했다. 이 같은 적극성은 나중에 언급하는 백지주의白紙主義와 통하는 것이지만 오스기의 장점이기도 하다.

두 번째는 오스기가 1920년 무렵에는 '볼'계와의 공동전선에 여전히 기대를 품고 있었다는 점이다. 이 점은 당시 오스기 등의 움직임에서도 확실한 것으로 설명할 필요도 없다.

세 번째는 그 당시에도 그는 안이하게 주체성을 잃어버릴 것 같은 일을 결코 하지 않았다는 점이다. 이는 회의에서 코민테른의 대표에게 양보하지 않고 자신의 주장을 관철했다는 점에서도 알 수 있다.

네 번째는 현실적인 것이 되겠지만 코민테른으로부터 2,000엔의 자금을 끌어냈다는 점이다. 이 자금에 귀국 후 오스기가 마련한 자금을 더해 제2차《노동운동》을 이듬해 1월부터, 아나·볼 공동으로 간행한다.

3. 아나키스트의 시점 *

생디칼리즘화의 파도 //

　　　　　　　　　　이상과 같이 1919년부터 1921년
에 걸친 시기에는 노동운동과 사회주의 운동 모두 고양되고 있었지만
공황 속에서 방어적이고 수세적인 성격을 드러낼 수밖에 없었다. 그로
인해 각 파, 특히 아나·볼에 의한 공동전선도 필연적인 과정이 되었다.

　이와 동시에 1920년, 1921년으로 해가 거듭됨에 따라 공동전선을
지키면서도, 전반적인 전투화의 진행과 생디칼리즘의 침투도 지금까지
와는 다르게 진행되었다. 민주주의 사조의 유입과 러시아 혁명, 쌀소동
의 경험을 거쳐 대전 종료 후 하라 다카시原敬 정우회 내각이 종래의 탄
압 일변도의 방침을 완화하자 노동조합이 우후죽순처럼 생겨났다. 사
회주의 운동도 각 파에서 개화하기 시작했다. 정당내각으로 출현한 하
라 내각에 의한 보통선거 실시의 기대도 있었고 보통선거 운동도 고양
했다.

　하지만 하라 내각은 보통선거 법안을 시기상조라고 묻어 버렸다. 그
러자 보통선거의 열기는 급속히 식어 버렸다. 노동자계급도 보통선거
에 대한 환상을 버리기 시작했다. 거기에 ILO의 성립과 이에 임하는 정

부의 노동자를 무시한 전횡적인 자세가 드러나면서 정부에 기대할 수 있다는 점이 극히 적다는 것이 확실해졌다. 그렇게 되자 양보와 완화책이 취해진 것처럼 보이면서도, 그것이 극히 좁은 틀 속에서 제한된 것이라는 것을 노동자도 명백하게 깨닫게 되었다. 그들은 종래의 껍질을 깨부술 자세로 저항과 투쟁에 몸을 맡긴 것이다.

그런 상황은 오스기에게 아나키즘, 생디칼리즘을 노동자계급에 침투시킬 다시없는 기회였다. 오스기를 비롯해 와다 큐타로, 무라키 겐지로, 곤도 켄지, 나카무라 칸이치, 미즈누마 타쓰오 등의 활약도 한층 더 활발해졌다. 거기에 1914년 미국에서 귀국한 후 고향인 치바현千葉縣 다나게棚毛에 유폐된 것처럼 지내던 이와사 사쿠타로도 상황이 진전되는 것을 보고 상경해 활동에 참여하기 시작했다.

그 결과 아나키즘과 생디칼리즘의 영향을 받은 노동자가 인쇄공을 중심으로 증대했다. 우애회조차도 관동關東을 중심으로 그 영향을 상당히 광범위하게 받았다. 1920년 10월의 제8주년 대회 때는 관동을 중심으로 생디칼리즘의 침투가 상당히 깊었다는 것을 알 수 있었다. 이듬해 1921년 대회가 되자, 그것이 더욱 선명해졌다. 총파업의 채용, ILO의 부정이 거기서 결의되었다.

그런 흐름에 우애회 간부로서도 생디칼리즘화를 어떻게든 막기 위해 손을 써야만 했다. 그 하나가 1921년 1월호《노동勞働》에 발표된 도쿄연합회 주사主事인 다나하시 고토라棚橋小虎의 〈노동조합으로 돌아오라勞働組合へ還れ〉라는 소논문이었다. 다나하시는 다음과 같이 영웅주

의, 투쟁주의를 경계하고 견실한 노동조합주의로 돌아올 것을 호소했다.

"노동조합을 만들어 그 힘으로 노동자의 지위를 개선하겠다는 등을 말하는 것은 답답하다. 우리는 속히 사회주의자가 되어 직접행동을 하는 편이 빠르다." 이는 요즈음 노동자 자신들의 입에서 자주 듣는 말이다. 하지만 그것은 잘못되었다. 직접행동이란 무엇을 의미하는가. 직접행동이란 경찰관과 몸싸움해 하룻밤 경찰서에 붙들려 있거나, 금지된 혁명가를 큰 소리로 부르며 대로를 걷는 것은 아닐 것이다. 이런 직접행동으로는 사회의 대혁명은커녕 자본가의 자동차 하나 뒤집을 수 없을 것이다. 그런 빈약한 직접행동을 믿고 노동자에게 소중한 노동조합―노동자의 단결―을 떨쳐 버리려는 것은 광기의 짓이 아닌가. …

진실로 노동자의 지위를 향상시킬 수 있는 직접행동은 노동자의 대대적인 단결을 필요로 한다. 강력 용맹한 노동조합이 필요하다. 제군! 급할수록 돌아가는 것이다. 노동자가 최후의 결정적인 승리를 차지하려면 우선 그 답답하고 미적지근한 운동 즉 노동조합 운동을 하는 것이 중요하다. 경찰관과 격투하는 한 사람의 용사보다도 온화한 100명의 사람이 단결한 하나의 노동조합이 자본가나 권력자에게 그 얼마나 무서운 것인지 모르는 것이다. … 노동자여, 다시 생각하라. 속지 마라. 노동조합으로 돌아오라. 그것이 노동자의 왕국이다.

지금 읽어 보면 당연하다고도 생각할 수 있을 이 주장이 발전도상의 당시에는 거의 받아들여지지 않았다. 오히려 다나하시 쪽이 실각하는 처지로까지 몰렸다.

다나하시의 주장은 당시의 상황에서 떼어 놓고 지금 일독한다면 그다지 문제가 될 만한 것은 아니다. 그러나 다나하시는 당시의 생디칼리즘화의 풍조를 극히 단편적으로밖에는 보지 않았다고 할 수 있다. 극히 일부의 동향을 전면적으로 확대해 받아들인 경향이 있었다. 그 바닥에 흐르는 커다란, 그러나 새로운 조짐을 간과하고 있었다. 그런 까닭에 내부로부터도 반발을 사서 실각으로 내몰리게 된 것이다.

다나하시가 말한 것처럼 당시 경찰관과 충돌하거나 소아병적으로 가두 투쟁을 되풀이한 노동자는 그렇게 많았다고 할 수는 없다. 확실히 점차 일부에서 노동운동을 경시하는 경향이 보이기 시작했다. 그러나 잘 생각해 보면 당시에는 좋든 싫든 상관없이 한 걸음 더 적극적으로 활동하면 탄압이 따르던 시대였다. 생디칼리스트의 행동을 '노동조합—노동자의 단결—을 떨쳐 버리려는', '광기의 짓'이라고 하는 것은 이론적으로나 당시의 실태로 보더라도 반드시 맞지 않는다.

또한 기존의 사고와 인습을 깨부숴 가는 오스기 등의 발상과 행동도 있는 그대로 받아들이진 않았다. 창조와 건설과 인간해방이야말로 오스기의 궁극의 목표이며, 오직 그것과의 관련을 통해서만 다나하시가 단편적으로 봤던 과격한 투쟁도 우상파괴도 자리매김되는 것이었다. 그러나 다나하시는 원대한 우상파괴도 인간해방도 충분히 이해하지 못하고 극히 단편적인 경향밖에 보려 하지 않았다. 그런 만큼 그는 사직할 수밖에 없었다. 우애회로서도 그해의 대회에서 전년부터의 예정대로 명칭을 '일본노동총동맹日本勞働総同盟'으로 고치고 생디칼리즘적인 정책을 받아들이기까지 해야 했던 것이다.

그런 만큼 1920년 이후의 흐름 속에서 오스기 등의 노력은 일정한 성공을 거두었다고 해도 좋을 것이다. 그러나 '우애회=총동맹'은 결코 아나키즘과 생디칼리즘에 전면 항복을 한 것은 아니었다. 또한 신우회信友會, 정진회正進會, 기계기공조합機械技工組合이라고 해서 이 단계에서 온통 아나키즘 일색으로 칠해진 것은 아니었다. 확실히 그들 조합은 이미 보통선거에는 관계하지 않겠다는 방침을 명확히 내세웠으며 아나키즘의 영향도 강하게 받았다. 그렇다 하더라도 1921년 전반까지는 상당수 조합의, 더구나 다수파가 그 입장을 받아들이고 있었다는 정도가 맞을 것이다. 아나키즘으로 기울기 시작한 신우회와 정진회조차 여전히 보통선거파를 껴안고 있었고, 사카이堺, 야마카와山川 등과의 관계도 유지된 채였다. 이른바 아나키즘계 노조가 확고하게 형성된 것은 1921년 중반 이후 아나 · 볼 대립 시대의 도래가 있은 후였다고 해야 할 것이다.

오스기와
노동운동 //

　　　　　　1919년, 20년 노동운동이 활발할 때에도 오스기는 운동의 불안정과 축적의 빈약함에 주의를 기울이고 있었다. 그는 생각했다. '대전 중의 호경기로 확실히 노동자가 노동조건의 개선을 획득하는 것도 이상하지는 않았다. 그러나 일단 불경기가 찾아온다면 어떻게 될까. 지금 불황의 징조가 보이기 시작하면 노동운동의 방향은 결코 낙관할 수 없을 것이다.'라고.

> "…그 사이에 적어도 진지하고 그리고 가장 활동력이 있는 노동자 사이에 이런 교만함에 대한 반동이 생겨났다. 그들은 가장 교만한 수령들이 그 운동의 승리를 자랑하고 있는 사이에 이 승리에 대해 의혹을 품기 시작했다. 과연 임금은 약간 늘었다. 노동시간도 약간 줄었다. 하지만 그것은 단지 겉모양뿐인 것에 지나지 않았다. 그로 인해 그들의 생활은 조금도 개선되지 않았다." (〈노동운동의 전기勞働運動の転機〉)

　그리고 그런 상황에서 그는 노동운동이 '자각의 첫 번째 단계에서 두 번째 단계로 옮겨 가는 과도기에 들어섰다'는 것을 간파했다.

　이런 시점을 더욱 명확하게 엿볼 수 있는 것은, 그에 앞선 〈노동운동의 정신勞働運動の精神〉(1919년 10월)에서의 노동운동관이다. 그에 따르

면 노동운동은 임금의 증가와 노동시간 단축에서 볼 수 있는 '생물적 요구'에 머무르는 것이 아니라 '좀 더 나아간', '인간적 요구'로 향하는 것이다. 생물적, 경제적 요소만을 보는 운동으로는 '노동운동의 진정한 이해는 할 수 없다. 또한 노동자가 자신의 요구 속에 이런 인간적 요소를 확실하게 자각하지 않는 한, 그 노동운동은 결국 진정한 가치 있는 노동운동으로 나갈 수 없는 것이다.'라는 것이다.

여기에서 그가 말하는 인간적 요구란 '자본가에 대한 절대적 복종의 생활과 노예의 생활에서 우리 자신을 해방'하는 것이며, '자기 자신의 생활, 자주 자치의 생활'을 확립하는 것이기도 하다. 거기에서 '노동조합은 그 자신이 노동자의 자주 자치적 능력을 더욱더 충실해 가고자 하는 표현임과 동시에 외부에 대해 그 능력을 점점 더 확대해 가려는 기관이며, 또한 그와 동시에 최종적으로는 노동자가 스스로 창조해 가고자 하는 장래 사회의 하나의 새싹이 되어야 한다.'고 생각하는 것이다.

말하자면 "노동운동은 노동자의 자기획득 운동, 자주 자치적 생활 획득운동이다. 인간운동이다. 인격운동이다"(《노동운동의 정신》). 그 점에서 활기를 띠고 있었던 당시의 노동운동도 그에게는 아직 충분치 않다고 생각되었던 것이다. 당시 노동자는 경제적으로 가난했을 뿐만 아니라 사회적 지위도 여전히 낮았을 때였다. 그런 만큼 이런 인격운동의 주장은 많은 노동자에게 공감을 불러일으켰다.

더욱이 '절대적 복종의 생활, 노예의 생활'에서의 해방은 특별히 자본가에 대해서뿐만 아니라 노동운동 지도자들에게도 향해진 주장이었다.

'자신이, 자신의 생활, 자신의 운명을 결정하고 싶다.'는 자세로 매진한다면 노동자의 반지식 계급의 시점에도 불을 붙일 수밖에 없을 것이다. 그때 노동운동 전반에 생디칼리즘이 더욱 침투하게 되는 커다란 에너지를 얻어 낼 수도 있을 것이다.

이처럼 오스기의 노동운동론은 '인간', '인격'을 주축으로 해서 개個의 자각과 자유를 존중하고 있다는 점에서 우애회와는 달랐다. 그는 지도자의 지평에서가 아니라, 평민노동자와 동일의 지평에서 생각하고 행동하려고 노력했다. 지도자 흉내를 내며 노동자 위에 위치하는 인텔리에게는 비판적이었다. 일반 노동자의 자발적이고 의식적인 행동이야말로 노동운동의 기초이며 신사회로 향하는 기초라고 생각했다.

그런 만큼 이미 분명한 것처럼, 오스기는 노동운동을 부정한 것은 아니었다. 마침 그 무렵 노동조합 운동에 대해 그 한계를 날카롭게 지적한 이와사 사쿠타로 등의 주장이 대두되기 시작했지만 그것과도 달랐다. 이와사가 '노동운동인가 혁명운동인가'라면서 노동조합 의혹설을 주장한 것에 대해, 그것을 협조적인 노동조합주의와 노동조합 만능론에 대한 경고라는 의미에서는 평가하더라도 노동조합이 자주 자치적인 혁명정신을 가질 수 없다거나, 변혁운동의 일익을 담당하기 어렵다는 주장에까지는 동의할 수 없었다.

물론 오스기의 주장에도 결함이 없었던 것은 아니다. 자본주의 발전 법칙의 해명과 그 이론화에 대해서는 충분히 파고들지 않았다는 점을 곧바로 지적할 수 있겠지만, 노동운동론에서도 경제투쟁을 명확하게 평가하고 그것과의 관계에서 인간운동을 구체화하는 데까지는 파고들지 못했다. 그로 인해 그의 독특한 노동운동 이론도 항상 적극적인 긍정의 의미만을 갖고 있었던 것은 아니었다.

오히려 노동운동에 추상적 성격을 부여해 그것을 사회운동에서 해소할 수 있는 성격도 강하게 내포하고 있었다. 원래 전쟁 전에는 사회주의 운동과 노동운동의 유착이 강했지만, 오스기의 경우 특히 그렇다고 할 수 있다. 그런 무한정성과 애매함이 아나키스트의 노동운동론에 추상성을 부여하게 되고, 확대 해석할 만한 여지를 남긴 것이다. 그리고 이윽고 아나키즘 노동운동의 분산과 후퇴를 초래하는 하나의 원인이 되기도 했던 것이다.

오스기의
백지주의白紙主義 //

오스기도 1921년 전반 이전에는 그렇게 결정적으로 총동맹과 볼계에 대결을 시도하지 않았다. 그 무렵 오스기 주장의 밑바닥에 일관되게 흐르던 것은 백지주의였다.

일본 아나키즘 운동의 역사에서 백지주의라 불린 것은 세 번이다. 처음은 오스기에 의한 1920년 6월의 백지주의였다. 두 번째는 대진재 이후의 방향 전환 시기에 기계노동조합연합회가 아나키즘계를 이반하는 순백지주의였다. 세 번째는 와다 큐타로和田久太郎가 1924년 12월 옥중에서 오스기를 예로 들면서 호소했던 백지주의였다.

오스기의 경우 1920년 6월뿐만 아니라 대부분의 생애가 백지주의에 위치해 있었다. 《근대사상》의 출발에서도, 《노동운동》의 출발에서도 그랬다. 하지만 가장 선명하게 그것이 표명된 것은 제1차 《노동운동》의 종간호(제6호)에 발표한 〈사회적 이상론社會的 理想論〉에서였다. 그의 주장에 귀를 기울여 보자.

> "인생은 결코 미리 정해진, 즉 잘 만들어진 한 권의 책이 아니다. 각자가 거기에 한 글자 한 글자 써 가는 백지의 책이다. 인간이 살아가는 그것이 바로 인생이다. 노동운동이란 무언가, 라는 문제도 역시 같은 것이다. 노동문제는 노동자에게 있어서의 인생 문제다. 노동자는 노동문제라는 이 백지의 큰 책 속에 그 운동으로 한 글자 한 글자, 한 칸 한 칸, 한 장 한 장씩 써 넣어 가는 것이다. 관념과 이상은 그 자체가 이미 하나의 커다란 힘이다, 빛이다. 그러나 그 힘과 빛도 자신이 쌓아 온 현실의 지상에서 멀어지면 멀어질수록 그만큼 약해져 간다. 즉 그 힘과 빛은 그 참된 강도를 유지하기 위해서는 자신이 한 글자 한 글자, 한 칸 한 칸씩 써 온 글자 거기에서 나온 것이어야 한다."

이 글이 발표된 1920년 6월 무렵, 그의 백지주의는 두 가지 면을 갖고 있었다. 하나는 모든 권력과 권위에 사로잡히지 않고, 모든 인습과 고정관념에 사로잡히지 않고, 또한 모든 공식이나 교조에 맹종하는 일 없이, 자신의 길을, 자신의 수단을, 자신의 목표를, 자주적으로 결정해 한 걸음 한 걸음 나아간다는 자유롭고 창조적인 측면이다. 또 다른 하나는 자신과 대립하는 시점에 대해서도 고정관념으로 대하지 말고 백지의 입장에서 대하고자 했던 측면이다. 〈사회적 이상론〉에 뒤이은 시기에 신중하기는 했지만, 제2차 《노동운동》처럼 '볼'계와 공동전선을 맺은 것이 그것을 잘 나타내고 있다.

오스기의 백지주의가 제2차 《노동운동》의 파탄까지는, 이런 두 가지 측면을 갖고 있었기 때문에 당분간은 아나·볼 공동전선의 시대를 만들어 냈다. 그러나 그것은 그리 오래가지 못했다. 원리와 원칙의 상위를 넘어 아나·볼이 공동전선을 유지하는 것이 불가능하다는 것을 오스기는 실천을 통해 배워 간다. 그렇게 되자 당연히 백지주의에서 후자의 측면은 없어졌다.

그에 따라서 전자, 즉 주체성과 자유발의의 측면만큼은 그 후에도 일관되게 주장되었을 뿐만 아니라, 오히려 볼계 즉 마르크시즘 등 모든 사회주의와 대립하는 의미로 강조되어 갔다. 기성의 고정관념에 사로잡히지 않고 자신의 힘으로 자기를 개발해 가는 것은 그에게는 출발점이며 또한 목적이기도 했다.

그런 만큼 자신에 대해서도, 타인에 대해서도 이 점을 엄격하게 요구했다. 와다 큐타로, 무라키 겐지로, 곤도 켄지, 모치즈키 카쓰라 등에게도 안이한 모방이나 자아의 상실을 강하게 경고했다. 문장력을 갖추고 있었으며 아나키즘 노동운동의 대표적인 이론가이자 실천가이기도 했던 와다 큐타로에게조차 자신의 것과 닮은 문장이나 이론을 우연히 마주치기도 하면 "내 흉내는 아니겠지!" 하면서 말참견을 잊지 않았다. 창조성과 주체성 그리고 자유발의를 중시한 주의였다.

이 점에 대해 와다 자신도 다음과 같이 기록하고 있다(《오스기의 개성교육》, 《조국과 자유祖國と自由》 제2호, 1925년 9월).

> 어느 날 오스기는 나의 조그만 원고를 보고, "안 돼! 내 말투를 흉내내면 안 돼. 자기 방식으로 써!"라고 하면서 북 찢어 버렸다. 나는 그때 화가 나 크게 말다툼을 했다. 그리고 그대로 실었다. 하지만 오스기의 이런 배려는 정말로 마음속 깊이 기뻤다. 그는 그 정도로 개성을 존중한 사나이였다.

그와 동시에 지도, 명령, 지령 그것에 대한 복종과 맹신이라는 위로부터 일방적으로 교화하려는 자세에 대해서도 엄격한 비판을 가했다. 그 대표적인 것이 지식계급의 비판과 지도자 이론, 의식의 배격이었다. 1919년, 1920년 노동운동이 활발해짐에 따라 오스기나 북풍회원도 '연설회 접수하기'라고 하면서 연설회나 강연회 등에 나가서는 변사나 강사를 심하게 야유하거나 회의장을 휘젓기도 했다. 그것도 그런 시점에서 나온 것이었다. 즉, 위로부터의 설교풍인 아무런 반응이나 비판도 할 수 없는 일방통행적인 이야기는 인텔리의 독선성과 노동자의 수동

적이고 비자발적 자세를 드러내는 것일 뿐으로 당연히 비난받아야 한
다는 생각이었다.

이렇게 해서 아나키즘의 정신이기도 한 자유발의와 자유합의, 주체
성과 자유연합, 우상파괴와 신질서 창조 등의 시점이 20년, 나아가 21
년이 되면서 강력히 배양되어 갔다.

4. '공동' 그리고 파탄 *

제2차 《노동운동》과
일본의 운명 //

상해에서 귀국한 오스기는 쉴 틈도 없이 《노동운동》의 재간에 돌입했다. 한쪽에서는 '아나 · 볼' 대립의 싹이 자라면서 다른 한쪽에서는 공동과 연합의 움직임도 확대해 가던 때였다. 오스기는 백지주의의 입장에서 조금씩 판명되기 시작한 러시아 혁명의 실태를 더욱 정확히 알아야겠다고 생각했다. 그것을 위해서도 그는 아나 · 볼 공동활동에 착수했다. 그 하나가 제2차 《노동운동》이다.

동인으로는 기존의 와다 큐타로, 곤도 켄지, 나카무라 칸이치, 히사이타 우노스케와 함께 이와사 사쿠타로, 다케우치 이치로竹內一郎, 데라다 나에寺田鼎, 거기에 볼계의 이이 다카시伊井敬(곤도 에이조近藤榮藏), 다카쓰 세이도, 나중에 구쓰미 후사코九津見房子도 참가했다. 사무소는 간다의 기타코갓초北甲賀町의 순다이駿台 클럽 내에서 '도쿄동인 도안사東京同人 圖案社'를 경영하고 있던 모치즈키 카쓰라의 소개로, 그 클럽 내의 방 하나를 빌렸다.

덧붙여 말하면, 이 순다이 클럽은 모치즈키를 중개자로 해서 아나키즘 운동과 사회주의 운동에 자주 이용되었다. 모치즈키가 주재하는 흑요회黑耀會의 제3회 '민중예술 전람회'도 이 클럽에서 열렸다. 이것은 노농러시아 기근 구제운동과 사회주의 운동과의 연관이 문제되어 일단 금지되었지만, 후세 타쓰지의 알선으로 날짜를 바꾸어 1921년 12월 24일부터 3일간 개최되었다. 또한 아나키스트풍의 자유인이었던 가토 가즈오의 자유인연맹도 이 클럽 내에 있었다. 나아가 1922년 12월 창간한 《노동자労働者》의 발행처인 흑노사黑勞社도 모치즈키의 동인 도안사 내에 있었다.

제2차 《노동운동》은 주간이었다. 제1호는 1921년 1월 29일에 간행되었다. 오스기는 권두에 〈일본의 운명〉이라는 제목으로 일본은 지금이야말로 시베리아로부터, 조선으로부터, 중국으로부터 시시각각 '분열=혁명'이 밀려오고 있다며, 그로 인해 "지금부터 유의해야 할 것은 전에도 말했던 언제라도 일어설 준비를 해야 하는 것"이라고 호소했다. 그로서도 러시아 혁명의 파도가 자신의 입장에서는 '다소 바람직하지 않은' 성격의 것이라는 사실을 알고 있었지만, 거기에 어떻게 관여할까하는 것은 '그때'가 되어 정하면 될 것으로 아무튼 '언제라도 일어설 수 있는' 준비만은 해 두어야 한다고 생각했다.

이런 점에서도 오스기는 어떤 전망이나 구별도 없이 아나·볼 공동에 착수한 것은 아니었음을 알 수 있다. 고베神戸의 아나키스트 야스타니 간이치는 '이 협동은 생애의 실책이었다.'《오스기 사카에 유고》)고 했지만, 오스기에게는 아마도 필요한 과정이었다. 그는 안이한 관념론자도 공식론자로 아니었다. 한편 무모한 것처럼 보이면서도 실증적인 현장 확인론자이기도 했다. 러시아 혁명에 대해서도 볼에 대해서도 처음부터 거부하지 않았다. 진실을 확인하지 않고서는 단정하지 않았다. 그런 의미에서 아나 · 볼 공동은 오스기에게는 필요한 우회로였다고 할 수 있다. 게다가 제1차 《노동운동》 때조차 실질적으로는 사카이 토시히코와 야마카와 히토시 등의 응원을 받았기 때문에 오스기로서는 제2차의 방향이 그렇게 중대한 원칙의 변화를 의미하는 것으로는 생각하지 않았을 것이다.

하지만 오스기가 동인으로 사카이 토시히코와 야마카와 히토시 그리고 아라하타 칸손을 선택하지 않은 점에 하나의 의미가 있었다. 그것은 메이지 이래의 오래된 사회주의자들로부터가 아니라 혁명 후의 신생 러시아와 그 기운을 강하게 받아들인 젊은 사회주의자들에게 그가 많은 희망을 걸었다는 것을 나타내고 있기 때문이다. 사회주의동맹에는 적극적으로 참여하지 않고 러시아 혁명에는 적극적으로 매달린 것도, 《노동운동》 동인으로 젊은 층을 선택한 것도 이를 뒷받침한다.

그런데 사회운동과 노동운동의 기관지가 부족했던 당시에는 '아나 · 볼'이 동거는 하고 있지만 지면은 그렇게 산만한 것으로 보이지 않았다. 오스기의 논설, 와다 큐타로의 노동조합 정보가 있는가 하면, 이이伊井와 다카쓰高津의 볼셰비즘, 즉 러시아 혁명의 소개도 매 호 실렸다. '아나 · 볼'의 시점에서 생기는 대립과 논쟁까지도 일부에 전개되었다. 그럼에도 노동운동사 내부에서는 뜻이 맞아 인간관계도 조화롭게 잘 유지되었다. 오스기 등의 포용력이 큰 것도 있었지만 노동계와 사회사상계 모두 '아나·볼' 공동의 기운이 있었기 때문에 특별히 이상한 것은 아니었다.

그런데 아나키즘 진영에서도 오스기 등의 방침에 비판하는 움직임이 나타났다. 오스기와 가까운 무라키 겐지로는 '아나·볼' 제휴를 달갑게 생각하지 않았고 미야지마 스케오宮嶋資夫도 반대했다. 노동자 그룹도 적지 않은 수가 비판적인 입장이었다. 그중에서 요시다 하지메吉田一, 와다 기이치로和田軌一郎, 다카오 헤이베高尾平兵衛 등은 노동사勞働社를 세워 1921년부터 《노동자勞働者》를 발행했다. 거기에 동인으로 이름을 올린 사람은 다음과 같은 활동가였다.

스와 요사부로(정진회), 와타나베 만조(시계공 조합), 다카다 와이쓰(우애회), 스즈키 시게하루(신우회), 미즈누마 구마水沼熊(북풍회), 요시다 준지吉田順司(흑표회), 모치즈키 카쓰라(흑요회), 에구치 칸江口煥(정진회) 와타비키 구니노부(정진회), 이마이 데루키치(북교 소비에트), 하라사와 다케노스케原澤武之助(흑기사), 이시다 규조石田九藏(신우회), 이쿠시마 시게루(정진회), 미야지마 스케오(흑표회), 야하타 하루도八幡博道(자유인연맹), 히사이타 우노스케(흑요회), 요시다 하지메(북교 소비에트), 다카야마 규조高山久藏(기계기공 조합), 야마토 마쓰타로天土松太郎(시바 무명회), 구와하라 마쓰조桑原松藏(시바 무명회), 오쓰카 추조大塚忠藏(공우회), 이와사 사쿠타로(북풍회),

가미치카 이치코(신우회), 아베 고이치로(신우회), 기타하라 타쓰오 (정진회), 기타우라 센타로(정진회), 다카오 헤이베(흑요회), 후루카와 게이(정진회), 고이데 구니노부小出邦延(시계공조합), 가노 쇼타로狩 野鐘太郎(우애회), 구리하라 시로카즈栗原四郎一(홍일회), 고이케 소 시로小池宗四郎(시계공조합), 이치가와 벤지로市川辯次郎(공우회), 와다 기이치로(흑표회)

이 밖에 지방 동인으로 전국에 13명의 동조자가 생겼다. 이들의 이름 을 보면 반드시 모든 사람이 아나키스트나 생디칼리스트는 아니었다. 그렇지만 아나키즘 진영 내부에서조차 오스기에 대한 비판이 나왔다는 것은 주의해야 할 움직임이었다. 실은 그런 움직임이 오스기에게도 결 코 바람직하지 않다고만은 할 수 없었다. 오히려 자신들에게 비판을 가 하고 앞질러 가는 노동자의 등장은 개성을 중시하는 그들의 입장에서 보면 그들의 끈질긴 활동의 성과가 드디어 나타나게 된 것이라고 평가 해야 할 것이었다.

이미 1919년 제1회 ILO 총회에 파견되는 관선 노동자 대표에 대한 반대집회에서 다카다 고조, 스즈키 시게하루 등 4명의 인쇄공은 그 운 동에 인텔리가 말참견하는 것에 대해 비판하는 활동을 전개했다. 이는 오스기 등의 주장이 노동자들에게 침투해 가고 있는 것을 짐작케 했지 만, 이번엔 그들을 길러 낸 오스기 등에게까지 비판을 던지는 행동이 나온 것이었다. 그것은 아나키즘 운동에서 하나의 중요한 성과였다.

그럼에도《노동운동》이 짧은 기간이면서도 평온하게 이어진 것도 사실이었다. 내부대립도 이렇다 할 정도로는 확대되지 않았다. 그러나 1921년 중반이 되자 여러 가지 사건이 거듭된 결과, 겨우 13호로 제2차《노동운동》은 폐간에 몰리게 된다. 2월에 오스기는 장티푸스에 걸려 입원하고 그 후에도 후유증으로 무리를 할 수 없었다. 이이 다카시(伊井敬)는 오스기의 심부름으로 상해의 코민테른 연락국에 약속해 두었던 자금을 받기 위해 일본을 떠났다. 또한 출판법 위반으로 기소된 편집주임인 곤도 켄지마저 6월에 투옥되었다. 이렇게 되자 중심적인 집필자에서 편집주임까지 없어지게 되어 실질적으로《노동운동》의 계속은 무리였다.

거기에 오스기의 심부름으로 출발했을 이이 다카시는 출발 전인 3, 4월쯤부터 사카이 토시히코, 야마카와 히토시 등과 비밀리에 코민테른 일본지부 준비회를 조직해 독자적으로 코민테른과 접촉하려 했다. 이것을 오스기 등이 들어서 알게 되어《노동운동》에서의 '아나·볼' 제휴는 결정적인 파탄에 조우하게 되었다.

오스기는 말한다(《일본탈출기》).

"이렇게 해서 나는 너무 뒤늦게나마 공산당과의 제휴가 사실상으로 또한 이론상으로도 완전히 불가능하다는 것을 깨달았다. 그리고 그 이상으로 공산당은 자본주의의 모든 정당과 마찬가지로, 더구나 더욱 방심할 수 없는 무정부주의자의 적이라는 것을 알았다."

공동전선에서
대립으로 //

　　　　　　　　　　　이상과 같이 사회주의동맹은 1921
년 5월에 해산당했다. 제2차 《노동운동》은 동년 6월로 폐간되었다. 같
은 달에 우애회 계열의 조합이 노동조합동맹회에서 탈퇴했다. 이렇게
해서 1921년이 되자 '아나·볼' 제휴의 끈이 잇달아 끊어졌다.

　사회주의 운동 차원에서는 코민테른이 일본 진출을 계획하고, 통신
사정이 나빴던 당시 러시아 혁명의 진상이 겨우 정확하게 판명되기 시
작함과 동시에 마르크시즘 진영 쪽에서 아나키스트와 경계를 분명히
하려는 움직임이 보이기 시작했다. 사카이 토시히코, 야마카와 히토시,
이이 다카시, 다카쓰 세이도 등은 공산당 조직을 모색하기 시작했다.

　노동조합 차원에서는 1919년부터 1920년에 걸쳐 전개된 오스기를
비롯한 아나키스트들에 의한 지식계급의 독선적, 지도자적 의식에 대
한 공격과 노동자의 주체성 환기는 이미 반향을 불러일으켰다. 인쇄공
뿐만 아니라 우애회 내부에서도 자신의 손으로 스스로를 해방한다는
주체성과 자유발의의 인식을 받아들이거나, 지도자나 인텔리를 비판하
는 움직임도 보이기 시작했다. 스즈키 분지, 다나하시 고토라, 아시오
동산足尾銅山의 쟁의를 지도했던 아소 히사시麻生久 등에 대한 비판과
종래 전술의 전환을 독촉하는 움직임이 그것이었다.

　그러나 '우애회=총동맹'은 생디칼리즘적 노선을 받아들일 것처럼 하
면서도 그 위험성을 알아차리는 동시에 그에 대한 공격도 개시하기 시

작했다. 오스기 등도 이론적으로는 '아나'와 '볼'이 양립할 수 없는 원리를 이미 깨달았으면서도 러시아 혁명의 성과로 얻을 수 있는 것은 얻을 필요와 함께 이전부터의 인간적인 우의에서, '볼'과의 제휴를 통해 전체 운동의 전진을 도모할 필요도 생각해서 당초에는 '아나 · 볼' 공동을 받아들였던 것이다. 그러나 인간적인 면에서 겉으로는 악수하면서도 속으로는 발길질을 하는 이이 다카시 등의 행태에 결국 제휴에 대한 기대가 산산이 깨졌다. 마침내 독자운동에 뛰어들 수밖에 없음을 깨닫게 되었다.

이렇게 해서 어떤 것은 '아나' 때문에, 어떤 것은 '볼' 때문에, 또 어떤 것은 당국 때문에 '아나 · 볼'을 잇는 가느다란 끈은 잇달아 끊어졌다. 하지만 1921년에 들어서 노동운동도 사회주의 운동도 활발해졌다. '아나'도 '볼'도 활기에 넘쳤다. '아나 · 볼' 논쟁과 대립의 진행은 노동운동과 사회주의 운동의 지금까지 없었던 고양을 이뤄 내면서 새로운 시대의 개막을 알렸다.

V

아나 · 볼
대립 시대

Anarchism in
Japan history

1. 아나키즘의 침투

*

아나 · 볼 대립
시대의 개막 //

1920년 3월에 공황이 발생한 이후 이듬해인 1921년에 들어서도 경기는 침체된 채 그대로였다. 노동운동도 사회주의 운동도 고무되었다. 노동운동에서는 조직화가 생산노동자 전역으로 넓어졌다. 조직 형태로서는, 단위조합 차원에서 노동자계급 연대의 필요성을 반영해 전반적으로 산업별 노조화가 지향되었지만, 대규모 공장 중심으로 기업 내 결집을 도모하는 기업별 조합도 생성돼 왔다.

연합체 차원에서는 노동조합동맹회의 분열에서 볼 수 있듯이 사상적인 대립이 싹트면서도 각 그룹 또는 업태(관업노동총동맹 등)마다 결속도 강화되었다. 또한 방향으로는 그해 우애회가 드디어 일본노동총동맹으로 개칭된 것으로도 알 수 있듯이 전투화가 확대됐다. 쟁의라고 한다면 고베의 미쓰비시三菱와 가와사키川崎 양 조선소의 대쟁의처럼 기간산업과 같은 조선과 기계공장에 집중하고 대규모화와 조직화가 진행되었으며 또한 심각하게 되었다.

사회주의 운동 차원에서는 한쪽에서는 이전부터 아나키즘의 침투가 있었지만, 다른 한쪽에서는 러시아 혁명의 성공과 정확한 정보의 전파와 함께 마르크시즘의 진전도 볼 수 있었다. 그로 인해 그해 중반부터 양 파의 대립이 급속히 진행되었다.

이처럼 1921년은 무엇보다도 사회주의 전반의 고양과 전투화의 해였으며, 또한 '아나 · 볼' 대립이 뚜렷해지는 해이기도 했다. 물론 '아나 · 볼' 대립이 그해에 처음으로 구체화된 것은 아니었다. 이미 오스기 등과 사카이 토시히코, 야마카와 히토시 등 메이지 이래 사회주의자 사이의 이론적 상위는 제1차 세계대전 때부터 명백해졌다. 지식계급 비판과 같은 아나키즘 사상의 한 측면에 대한 구체화 움직임은 1919년경부터 선명해지면서 우애회나 '볼'계의 입장과 대립하게 되었다.

그러나 1919년부터 1921년 전반까지의 시기는 대립과 공투共闘가 병존하던 시기였다. 아니, 일본사회주의동맹과 노동조합동맹회 그리고 제2차 《노동운동》과 메이데이에서 볼 수 있듯이 '공동전선=공투'가 지배적인 시기였다. 하지만 1921년에 들어서자 그것들은 잇달아 막다른 곳에 이르렀다. 양 파를 묶어 주던 끈이 의외로 약하다는 것이 현실로 드러났다. 그런 와해의 움직임은 1921년 중반에 해당하는 5, 6월에 집중된다.

5월에는 메이데이에서 '아나 · 볼' 대립의 표면화와 사회주의동맹의 해산명령이 있었다. 6월에는 노동조합동맹회에서의 우애회 계열의 탈퇴와 제2차 《노동운동》의 폐간이 있었다. 어느 것이나 공투의 종막과 대립의 개막을 알리는 사건이었다. 물론 역사의 흐름에는 순서가 있으며, 모든 것이 한꺼번에 하나의 방향으로 흘러 들어가는 것은 아니다. 사회주의동맹의 해산 후에도 기관지 《사회주의》의 간행은 계속되었고 메이데이에도 공투 태세가 유지되었다.

그렇다 하더라도 1921년 여름의 도래와 함께 '아나 · 볼' 논쟁은 급속하게 확대됐다. 그해 연말 이후가 되자 한층 확대되어 지금 보면 억눌렸던 것이 한꺼번에 터져 흐르듯이 논쟁이 격렬하게 전개되었다. 양쪽 모두 신랄하게 논진을 펼치고 자설自說의 옹호와 반대파의 비판을 강화했다. 한쪽은 《노동》, 《전위》, 《무산계급》 등으로, 다른 쪽은 제3차 《노동운동》, 《관서노동자関西労働者》 등으로, 언론이나 구체적인 실천에서 모두 대립이 선명했다.

제3차 《노동운동》 //

아나 · 볼 대립 시대로 들어가는 1921년 이후에도 아나계의 중심은 역시 《노동운동》이었다. 제3차 《노동운동》은 1921년 12월 26일에 창간되었다. 월간으로 동인은 오스기 사카에, 이토 노에, 와다 큐타로, 곤도 켄지 등이었다. 이 기관지를 통해 오스기 등은 이론과 실천의 양면에 걸쳐, 나아가 노동운동과 사회운동에서도 아나키즘의 옹호와 협조적 노동조합주의와 마르크시즘의 비판을 전개했다. 사회운동에서는 주로 러시아 혁명이 마음에 걸렸으며,

노동운동에서는 총연합운동을 비롯한 우애회가 개칭된 총동맹과 비총동맹의 활동이 내키지 않았다.

하지만 제3차 《노동운동》이 계속된 1921년부터 1923년 7월에 걸쳐 일관되게 같은 방식으로 비판 또는 주장이 이루어진 것은 아니다. 1922년 여름쯤까지는 '아나 · 볼' 공동전선 시대의 여운이 약간이나마 남아 있었다. '볼'계를 비판하는 데에도 러시아의 문제로서 논점을 삼거나, 크로포트킨과 러시아에서 이민을 와 미국에 체재 중인 여성 아나키스트 엠마 골드만 등의 기사를 소개하는 경우가 많았다. 사카이 토시히코 등 '볼'계의 기관지 광고나 동정도 계속해서 취급하고 있었다.

그것은 여전히 계속되는 불황과 자본 공세 앞에 각 산업마다, 또는 전국 모든 산업에 걸친 연합의 움직임을 반영하는 것이기도 했다. 오스기 역시 총연합 계획에 처음부터 의구심을 품고 있으면서도 여전히 그 가능성을 모두 부정할 정도의 확신도 갖고 있지 않았다. 또 러시아의 실정을 알고자 하는 흥미를 여전히 잃지 않았다는 점도 있었다. 1922년 초 모스크바에서 개최되는 코민테른 주최의 극동민족대회에는 이전 상해에서의 코민테른 측과의 약속도 있어서 당초에 자신도 출석할 생각이었다. 마지막까지 망설인 끝에 결국 무익하다고 판단해 출석하지 않는다. 그러나 아무튼 제2차 《노동운동》의 실패가 있었음에도 여전히 러시아 혁명에 대한 흥미를 잃어버리지 않았다는 점이 총동맹과 사카이와 야마카와 등에 대한 공격에 힘이 빠진 또 하나의 이유이기도 했다.

그러나 오스기의 러시아 혁명에 대한 관심이 언제까지나 적극적인 형태로 유지되는 것은 아니었다. 또 '볼'계에 대한 배려도 언제까지 계속되는 것은 아니었다. 곧이어 '아나·볼' 논쟁을 통해 '아나·볼' 대립이 결정적인 단계로 치닫는 단계가 찾아온다. 그때는 오스기 등의 공격도 이전에 없었던 통렬한 것으로 바뀌어 간다. 먼 러시아의 문제가 아니라, 그리고 다른 사람의 입을 빌린 것이 아니라 발등의 좀 더 현실적인 문제로서 '볼'에 대한 비판을 전개한다.

기업별 조합과
아나키스트 //

아나키즘의 노동운동으로의 침투는 이미 이전부터 효과를 나타냈다. 그러나 아나키즘과 생디칼리즘의 원칙을 받아들이는 조합이 눈에 띄게 되는 것은 1921년 중반 이후의 일이다. 인쇄공의 경우 이미 1919년, 20년 단계에서 쟁의를 경험할 때마다 전투화를 증대시켜 갔다. 미즈누마 타쓰오, 스와 요사부로, 후루카와 게이, 구와바라 렌타로, 와타비키 구니노부, 와다 에이타로 등을 비롯해 아나키즘에 공감하는 사람도 늘었다. 그러나 그 무렵에는 아직 보통선거파도 상당히 존재했다. 보통선거파를 일부 포함하면서 전체적으로 아나키즘으로 기울어 가는 것은 1921년 이후 총동맹과의 항쟁을 통해서였다.

1921년 후반부터는 노동조합동맹회를 발판으로 인쇄공 이외에 기계공 등에도 아나키즘의 영향이 미치기 시작했다. 신우회信友會처럼 양적 감소를 겪으면서도 실천 면에서 아나키즘의 방법을 받아들이는 데까지 발전한 예도 있었다.

이런 추이 속에서 주목해도 좋은 것은 1921년 중반 이후 연이어 결성된 기업별 조합과의 관계다. 1921년 7월에 도쿄 이시카와石川 조선소에 조기선공노조합造機船工勞組合이 결성된 것을 시초로 그해 이케가이池貝 철공소에 혼시바노조本芝勞組, 나아가 시바우라芝浦 제작소에 시바우라노조가 결성되었다. 그 후에도 다이쇼 말기에 걸쳐서 관동차량공조합(기차 제조회사 도쿄 공장), 가스전기기우회瓦斯電氣技友會(가스전기 공업회사), 메이지전우회明治電友會(메이지 전기 회사), 히타치日立종업원조합(히타치 제작소 가메이도 공장) 등이 결성되었다. 어느 것이나 불황 속에서 자본의 정책으로 노동시장이 대기업 중심으로 종으로 분단됨으로써 노동자는 기업을 넘어선 횡의 연결보다는 기업 내의 결속으로 향하도록 강요된 결과였다.

이것들은 아나키즘을 조합의 원칙으로 인정하는 데까지는 이르지 않았지만, 반총동맹 노선의 위치에서 이른바 아나키즘계에 속하는 경우가 많았다. 시바우라노조를 비롯해 '아나·볼' 논쟁 시대에 '아나'계의 대표로까지 평가된 조합도 그 안에 있었다. 또 그것들은 대부분 신우회처럼 회장제라든가 간부의 서열제를 채택하지 않고 이사합의제理事合議制를 채택하고 있었다. 아나키스트들도 기업별 조합에 대한 지원을 열심히 이어 갔다.

아나키스트가 그렇게 한 것은 기업별 조직을 아나키즘의 조직원칙으로 승인했기 때문은 아니었다. 아나키스트들은 지역별 조직과 산업별 조직을 원칙으로 하기 때문에 발흥하는 기업별 조합을 지원한다 하더라도 그것을 완결 조직으로 본 것이 아니라, 지역별 조직과 산업별 조직과의 관계에서 파악했던 것이었다. 이는 그것을 단위로 한층 더 나아가 지역별, 산업별로 연합을 목표로 생각했던 것이었다. 와다 큐타로도 1921년 당시 기업별화의 추세를 다음과 같이 인식하고 있었다. 즉 "오늘날 다시 생겨나고 있는 종단縱斷조합은 고급 관리를 주축으로 하는 순 어용조합이 아니다. 그것은 전투단체이며 적어도 노동자 자신이 만든 자발적 조합이다. 물론 이 사람들도 종단조합인 이것을 주장하지는 않는다. 아니, 오히려 자율이 있는, 보다 좋은 횡단橫斷조합을 창조하는 출발점으로 하고 싶다고까지 말한다. 그것은 좋은 운동이다"(《종단조합의 속출》).

이 점은 '개個=개인'의 중시 또는 구성원의 주체성 중시라는 시점이 아나키즘의 원칙인 이상, 자유연합계 또는 아나키즘계에서는 최소의 공장과 기업 단위의 조합이 지역 단위의 조합과 함께 중요하며, 또한 자신들의 이론에도 합치하는 방향으로 향할 가능성을 가진 것으로 이해되었다고 생각해도 좋다. 거기에서 총동맹이 원칙론의 입장에서 기업별 조합이 어용 조합화되기 쉬운 측면에 특별히 주목해 거기에 반대했지만, 아나키스트들은 그것을 지지했다. 이와 같은 기업별 조합과 아나키즘의 관계를 증명이라도 하듯이 혼시바本芝노조의 결성에 즈음해 그 조합원이 "이번의 종단조합 조직의 심리 속에는 과거의 경험에 의한 지도자의 배척, 즉 자주 자치적 정신이 계속 작동하고 있는 점을 놓쳐서는 안 된다고 생각한다."(《노동운동》 제3차 1호)라고 말하고 있는 점이 흥미롭다.

이렇게 해서 기업별 조합은 그 생성 시부터 아나키즘 계열, 적어도 반총동맹계와 밀접한 관계가 있었다. 실제로도 총연합운동에서 '아나' 계를 지지한 것은 인쇄공과 함께 이들 기업별 조합이었다고도 할 수 있다. 또 그 후의 시기에서도 시바우라芝浦노조와 히타치日立종업원조합과 같이 아나키즘의 원칙을 받아들여 적극적인 활동을 전개하는 기업 단위의 조합이 적지 않았다. 이 점은 일본 아나키즘 운동사에서 잊힌 일면으로 특히 주목해도 좋을 것이다.

야하타八幡 제철소와
아나키스트들 //

당시 아나키즘이 노동자계급에 어느 정도 침투해 있었는가를 알 수 있는 자료는 결코 적지 않다. 인쇄공과 기계공, 기업별 조합에서뿐만 아니라 도쿄와 오사카 같은 중앙은 물론 도처에서 그 흔적을 엿볼 수 있다.

그 하나로는 1922년 1월에 모스크바에서 열린 코민테른 주최의 극동민족대회에 출석한 일본 대표의 내역과 대회에서 코민테른 측의 일본 현상에 대한 인식에서도 살펴볼 수 있다. 1921년 가을 무렵부터 시작된 대표 멤버의 인선에서는 '볼'계보다도 '아나'계 쪽이 많은 상태였다. 이른바 '볼'계에서는 도쿠다 규이치德田球一와 다카세 기요시高瀬淸 두 사람이, '아나'계에서는 요시다 하지메, 와다 기이치로, 다카오 헤이베, 미즈누마 구모, 고바야시 신타로小林進太郎, 기타우라 센타로, 히데시마 고지秀島廣二, 시라가네 도타로白銀東太郎, 기타무라 에이이치, 와타나베 고헤이渡辺幸平 등 10명이 참가했다. 하지만 '아나'계라 하더라도 10명 모두가 아나키스트는 아니었으며 귀국 후에 '볼'계로 전향한 자도 있었다. 그렇더라도 10명씩이나 아나키즘의 강력한 영향 밑에 있었다는 것은 확실하다. 게다가 모스크바 대회에서도 일본에서 운동을 진행하는 데에 '아나'계의 세력을 무시할 수 없다는 사실을 인식한 것도 당시 아나키즘의 영향력이 컸음을 알 수 있게 한다.

또 다른 하나는 규슈 야하타八幡 제철소 노동자들의 움직임에서도 당시 아나키즘의 광범위한 침투를 알 수 있다.

1922년 2월 5일 이미 괴멸한 일본노우회日本勞友會 잔당의 주최로 파업 2주년 기념 대연설회가 열렸을 때의 일이다. 그 연설회는 마치 직접행동파의 집회와 같은 양상을 띠었다.

거기서 거슬러 올라가 1919년 10월 도쿄에 있었을 때, 생디칼리즘의 영향을 받은 아사하라 겐조淺原健三를 중심으로 야하타八幡 제철소와 야스카와安川 전기회사의 노동자들이 일본노우회를 조직했다. 그리고서 4개월 정도 후인 1920년 2월 5일 임금 3할 증액, 근무시간 단축,

주택료 지급 등을 요구하는 제철소 직공은 노우회의 지도로 파업에 들어갔다. '용광로의 불은 꺼졌다'로 유명한 대쟁의였다. 하지만 쟁의는 결국 당국의 탄압도 있고 해서 참패로 끝났다. 그로 인해 2월 5일은 아사하라에게는 잊을 수 없는 굴욕의 날이 되었다. 1주년 때에도 2주년 때에도 쟁의기록 집회가 열렸다. 2주년째에 아사하라와 와다 큐타로의 교섭으로 오스기 등 노동운동사 동인들이 참가했다.

당일의 연설회장은 야하타시八幡市(지금의 기타 규슈시)의 유락칸有楽舘. 만원의 성황 속에서 연설회는 예정된 시간인 6시보다 1시간 늦게, 원 노우회 부회장 니시다 겐타로西田健太郎의 인사와 사회로 시작되었다. 와타나베 만조, 아사하라 겐조, 와다 큐타로, 구도 이사무工藤勇, 곤도 켄지, 오스기 사카에, 이와사 사쿠타로 등이 연사로 나왔다. 모두 미행을 따돌리고 아사하라 집에 몸을 숨기고 개회를 기다렸던 것이다. 연설회가 열리기 며칠 전 쟁의를 지원했던 우애회의 니시오 스에히로西尾末廣와 후지오카 분로쿠藤岡文六의 응원 제의가 있었지만 아사하라가 그것을 거절한다는 내막도 있었다. 이것만으로도 당시 오스기 등의 역할이 컸음을 알 수 있다.

당시 연설회는 말이 시작되는가 싶으면 연사 중지를 명령받아 실질적인 이야기로 들어가지도 못하는 게 보통이었다. 이날도 전원이 도중 중지를 명령받았지만, 오스기는 드물게도 장시간 연설을 할 수 있었다. 구 노우회 간사 히로야스 에이치廣安榮一의 소개로 오스기가 연단에 서자 우레와 같은 함성이 울렸다. 그의 박력이 회의장을 압도했다. 방해하기 위해 온 국수적인 회원과 경관도 잠시 잠잠해졌다. 그는 20분 정도 일본의 노동운동이 러시아 혁명과 쌀소동에 자극되어 요람기에서 발전기로 들어섰다는 것을 야하타의 예를 들어 실감 나게 설명했다.

이렇게 아사하라가 일부러 오스기 등을 연사로 선택한 것과 청중인 철강 노동자들이 흥분에 휩싸여 그를 맞이한 것은 아나키스트의 영향력이 컸다는 것과, 그 당시 노동운동의 분위기를 엿볼 수 있게 해 준다. 야하타뿐만 아니라 각 지역과 산업에 아나키즘이 침투하고 있었다고 해도 좋을 것이다.

2. 일본노동조합연합의 시도   *

총연합운동의
개시 //

아나키즘의 영향이 확대되던 무렵 새롭게 확대하기 시작한 마르크시즘의 영향도 얕볼 수 없게 되었다. 1922년 7월 9일의 일본공산당 창립 이전에도 효민공산당曉民共産黨과 전위사前衛社가 설립되었다. 노동운동에서도 총동맹이나 '볼'계의 약진이 이어졌다.

'아나 · 볼' 대립이라 하더라도 '아나'계 안에는 아나키즘계와 단순한 반총동맹이 공존하고 있듯이 '볼'계 안에도 사회민주적인 노동조합주의와 마르크시즘 등이 공존하고 있었다. 생디칼리즘적인 급진화에 대한 공격은 한편에서는 다나하시 고토라棚橋小虎의 〈노동조합으로 돌아와라〉(1921년 1월)에서 볼 수 있는 노동조합주의에 의해, 다른 한편에서는 야마카와 히토시山川均의 〈무산계급운동의 방향 전환無産階級運動の方向轉換〉(1922년 8월)에서 볼 수 있는 경제투쟁에서 정치투쟁으로의 방향 전환을 주장하는 마르크시즘에 의해 이루어지기 시작했다. 이윽고 대진재 후에는 '아나 · 볼' 대립을 대신해 사회민주적인 노동조합주의와 마르크시즘적인 정치투쟁주의가 대립 축의 중심이 되지만 이 단계에서는 대충 '볼'이라는 이름으로 '아나'에 공동으로 대치했던 것이다.

하지만 불황 속이었기도 하고, 대립 시대라고는 하지만 대립만이 모든 영역을 지배했던 것은 아니었다. 사회운동 영역에서는 대립이 선행하기 시작했지만, 노동운동 영역에서는 공통의 투쟁 대상을 향해 공동전선의 모색도 진행되었다. 신우회信友會와 정진회正進會 같은 대회에도 '볼'계의 사회주의자와 총동맹의 대표가 출석을 잊지 않았던 것처럼 총동맹과 '아나'계 노조의 교류도 볼 수 있었다. 관동關東의 노동조합동맹회勞働組合同盟会에 이은 기계노동조합연합회機械勞働組合連合会와 관서노동조합동맹회関西勞働組合同盟会의 결성도 결과적으로는 대립을 촉진시켰지만, 계기는 그런 흐름에 속하는 것이었다. 그 이상으로 이 단계에서 모든 산업과 지역에 걸친 전국 총연합을 지향하는 운동의 싹이 성장해 온 것이 무엇보다도 주목된다. 이른바 노동조합총연합운동勞働組合総連合運動이다.

이 운동이 초미의 과제가 된 것은 1922년에 들어와서의 일이다. 발단이 된 것은 1922년 4월 2일 오사카 덴노지天王寺 공회당에서 열린 총동맹관서동맹회総同盟関西同盟会 제5회 대회에서 '명실공히 함께 행동하는 전국적 노동총동맹의 조직'의 제창이었다. 관서에서는 전년, 고베 미쓰비시三菱와 가와사키川崎 양 조선소를 시작으로 대쟁의가 사납게 몰아쳤다. 그에 대한 탄압도 광폭했다. 또 자본가 단체의 결성도 진행되고 있었다. 관서동맹회가 전국적 총연합을 최초로 제창한 것에는 나름의 이유도 있었다.

　이 제창은 의례적이고 형식적인 것이 아니라 실제로 실현을 염원한 것이라고 생각해도 좋을 것이다. 이론상의 상위에도 불구하고 자본의 공세가 격화됨에 따라 각 파를 통해 전술의 유사화도 보였으며 총연합에 대한 가능성이 상당히 강했다. 게다가 관서동맹회의 제창인 전국적 노동총동맹의 내용은 합동이 아니라 연락과 협의기관의 성격, 즉 참가 조합이 자유를 갖는 연합이었다. 그 정도의 연합이라면 결코 어려운 일은 아니었다. 그런 만큼 출발점으로서는 '아나·볼' 대립을 넘어 연합의 가능성은 충분히 갖고 있었다고 생각할 수 있다.

　결국 관서동맹회의 제창은 급속하게 파문을 넓히고 곳곳에 반응을 불러일으켰다. 관동에서도 그것을 이어받아 우선 5월 7일 도쿄 쓰키시마月島 노동회관에서 열린 제3회 메이데이 보고회에서 이 문제가 채택되었다. 계명회啓明會의 시모나카 야사부로下中彌三郎 등의 주장으로 관동에서 각 조합의 참가를 받아 일단 총연합을 위한 제1회 상담회를 열기로 합의도 되었다.

　제1회 상담회는 예정대로 5월 12일 밤 쓰키시마 노동회관에서 열렸다. 출석자는 조기선공노조합, 기계기공조합, 신우회, 정진회, 도쿄철공조합東京鐵工組合, 시바우라노조芝浦勞組, 혼시바노조本芝勞組 등 도쿄의 노동단체 대표자 53명이었다. 그 후에도 상담회는 열렸지만 상담회 단계에서 문제가 된 것은 주로 노조 방법, 즉 연합이냐 합동이냐 하는 것이었다.

이 점에서는 총동맹계가 당초에 연합을 주장하다 도중에 합동론으로 바뀐 것에 대해 '아나'계 등 반총동맹계는 자유연합론으로 일관했다. 즉, 참가 조합의 자주성과 권리를 인정하는 지방연합과 산업별 연합을 우선 선행하고 그 위에 이루어지는 전국적 연합을 구상하고 있었던 것이다.

이처럼 상담회에서는 노동운동의 전략과 전술론보다도 원리와 원칙을 둘러싼 문제가 주된 논점이 되었다. 그 경우 대립은 총동맹과 반총동맹 사이, 즉 사회운동과 마찬가지로 '아나·볼' 사이에서 집중적으로 일어났다. 그런 만큼 양자 사이에서 충분한 양해를 얻기 어려워 일시적인 타협으로 기성 조직의 자치는 일단 인정하는 방향으로 연합을 추진했다.

그러나 현실이 점점 임박해 오자 문제가 좀 더 구체적으로 드러나면서 애매한 타협은 허용되지 않았다. 조직 방법과 운영방법 등 곤란한 문제도 전면으로 나왔다. 쟁점이 뚜렷해지자 어쩔 수 없이 대립도 드러났다.

기계연합의 성립 //

총연합운동은 문제를 남긴 채 9월 10일에는 창립준비협의회를 개회하는 데까지 이르지만, 그전에 그 분기分岐의 움직임에 눈을 돌려보도록 하자.

일본의 아나키즘 운동사

'아나 · 볼' 대립 시대에는 확실히 전국의 모든 산업에 걸친 연합 결성은 장애가 너무 많았다. 총연합운동의 출발 후에도 연합의 현실을 위협하는 몇 가지 사건이 앞길을 가로막았다. 하나는 1922년 4월 27일에 성립한 관서노동조합동맹회의 중심의 하나였던 오사카철공조합大阪鉄工組合과 총동맹의 오사카기계노조大阪機械労組의 대립이었으며, 다른 하나는 관동에서 총동맹을 제외한 기계공조합에 의한 기계노동조합연합회(약칭 기계연합)의 결성이었다.

그중에 '아나 · 볼' 논쟁에 직접 관계가 있는 것은 기계연합 쪽이다. 기계연합은 조합동맹회 성립의 영향을 받아 이미 이전부터 상당히 계획된 것이었다. 그러나 최종적으로 성립된 것이 1922년 6월 4일이었기 때문에 총연합운동의 일환이라는 성격을 강하게 갖게 되었다. 그 점에 대해서는 기계연합도 창립선언에서 언급하고 있듯이 충분히 자각하고 있었다. 하지만 기계연합이 총동맹계 조합의 불참으로 인해, 반총동맹계만의 연합이 되었던 점이, 총연합운동에서 암운을 부르는 하나의 요인으로 형성되어 버렸다. 그 경위는 다음과 같다.

기계공에 의한 동일 직종 내의 전국적 또는 지역적 연합의 시도가 본격화된 것은 1921년 12월 무렵부터였다. 그러고 나서 대략 반년에 걸쳐 협의가 이어져 결과적으로는 총동맹관서동맹회의 총연합 제창 이후가 되는 6월에 연합이 달성되었다. 참가 조합은 기계기공조합, 순노동자조합純労働者組合, 혼시바노조, 일본노기회日本労技會, 육군현업원조합陸軍現業員組合, 공인회工人會의 여섯 조합이었다.

문제는 조합동맹회에서의 '우애회=총동맹'과 '비우애회=반총동맹'의 대립이 그대로 재생산되었다는 점이다. 그럼에도 불구하고 당초엔 총동맹계도 그 계획에 참가했었다. 도중에 그것이 조합동맹회의 전철을 밟게 될 것 같다고 판단한 총동맹은 점차 소극적인 자세로 바뀌었다. 그것은 총동맹 이외의 약소조합이라도 자신들과 동등한 자격과 권리를 인정받는다는 것에 대한 불만과, 생디칼리즘화의 풍조가 강할 때 유력 조합인 도쿄철공조합과 전기 및 기계 철공조합이 거기에 접근해 총동맹을 이반하는 것에 대한 우려 때문이었다. 그러나 대외적으로는 단순한 연합의 유효성을 부정하고 합동이 아니면 참가할 수 없다는 이유를 붙여 설명되었다. 최종적으로도 그런 이유로 총동맹은 불참으로 끝나고 기계연합도 자연스럽게 반총동맹 진영으로 기울어져 갔다.

이처럼 기계연합 성립의 경위에는 거기에 따르는 총연합운동에서의 문제점이 그대로 대립점이 되어 가로막고 있었다. 그런 추세에서 총연합대회에서도 기계연합 산하의 모든 조합은 반총동맹계의 중심으로서 총동맹과 대결하게 되는 것이다.

총연합운동의 진전과
아나 · 볼의 쟁점 //

많은 문제를 갖고 있으면서도 앞에서 언급한 것처럼 9월 10일 전국의 노동조합 대표자에 의한 창립준비협의회가 도쿄 간다의 마쓰모토정松本亭에서 개최되었다. 참가 조합은 위임장을 포함해 57조합 약 2만 7,480명(그 후 2개의 조합이 가맹해 계 59조합, 약 3만 명)이었다.

이 협의회에 이르러서도 상담회에서 볼 수 있었던 대립은 전혀 풀리지 않았고, 일찌감치 총동맹과 비총동맹의 대립은 어쩔 도리가 없다는 것을 느끼게 했다. 특히 노동조합 형태(지도자, 지식계급의 노동조합에서의 위치 등)와 조직과 운영 방법에 관한 부분 등의 심의가 있자 혼란스러워졌다. 이 점에 일본 최초의 전국적 총연합의 특색도 있었다. 즉, 일본에서 통일이나 합동이나 연합에서 통상 논쟁점이 되는 정치투쟁인가 경제투쟁인가, 의회주의인가 직접행동인가, 과격한 전술인가 온건한 전술인가 하는 이데올로기적인 또는 전략과 전술을 둘러싼 문제가 표면으로 나온 게 아니라, 오히려 조직론과 운영론이 중심에 위치했다는 점이다.

특히 총동맹 측은 그때까지의 상담회에서는 이사 선출 방법에서도 1조합 1이사에 특별히 강한 반대를 하지 않았는데, 이 단계에 이르자 강한 반대 의향을 드러내기 시작했다. 1조합 1이사로는 기능적이지 않고 무책임한 체제가 될 수 있다고 하면서, 대의제적인 소수 이사제를 주장하는 방향으로 기울었던 것이다. 거기에서 분규가 시작되지만 이 준비회에서는 그리 깊이 들어가지 않고, 1조합 1이사(규약 초안 제5조 2항)라는 안으로 정착했다.

이 같은 대립과 논쟁을 통해 특히 아나키즘계는 총연합운동이 바로 자신들의 원리의 실제를 향한 적용의 과정이며 장이라는 것, 따라서 총연합운동이 '아나 · 볼' 논쟁의 일부라는 점을 자각했다. 그런 만큼 안이하게 타협할 수 없는 것이 되었다. 더구나 이 논의에서 준비협의회의 분위기는 무척 험악했다. 일시 휴전을 했다고는 하지만 언제 대립이 재발하고 관계가 악화될지 모른 채 총연합운동의 앞길에 시련이 예상된 것이었다.

그러나 총연합을 향한 기세는 마치 시대의 추세인 것처럼 줄어들지 않았다. 앞날에 대한 걱정도, 사태가 결코 바람직스러운 형태로 진행할 것이 아니라는 점을 의식도, 감히 그것을 주장도 할 수 없는 분위기에 휩싸였다. 그다음은 본 대회의 개최를 기다릴 뿐이었다. 그 성패가 어찌 되었든 간에 총동맹계도 비총동맹계도 뒤로 물러설 수 없는 지점까지 와 있었다.

총연합대회 개막 //

창립준비협의회 이후에도 관동 및 관서에서 총연합대회를 향해 정신없이 분주하게 마지막 마무리가 이루어졌다. 그러나 총동맹과 비총동맹 사이에 완전한 합의는 얻지 못한 상태였기 때문에 창립대회를 개최하고 거기서 결말을 짓기로 했다.

드디어 9월 30일 전국총연합, 즉 일본노동조합연합日本労働組合連合 창립대회 날을 맞이했다. 회의장은 오사카 덴노지天王寺 공회당이었다.

참가 조합은 전국에서 62개 조합, 출석 대의원은 106명(총동맹이 과반수를 차지), 거기에 대의원 1명당 3명의 방청이 인정되었기 때문에, 사카이 토시히코, 아라하타 칸손, 야마카와 히토시, 스즈키 분지, 가가와 도요히코賀川豊彦, 스기야마 모토지로杉山元治郎, 오스기 사카에, 와다 큐타로 등 당시의 대표적 사회주의자 대부분이 참가했다. 모두 삼엄한 검속의 눈을 피해 모인 것이었다.

준비협의회에서 정해진 대로 니시오 스에히로가 좌장으로 앉고, 보고 사항을 마친 후 오후 2시에 개회했다. 참가 조합과 대의원 자격심사 후에 의장으로 야기 신이치八木信一(향상회向上會)를 선출하자, 준비협의회 결정의 규약 초안 심사에 들어갔다. 제1조는 나중에 명칭에 관해 희망을 기술한다는 희망 조건을 붙여 가결되고, 제2조 본문도 '노동 조건의 유지 및 사회개조'라는 부분을 좀 더 느슨하게 하는 의미에서 '유지 또는 사회개조'(미즈누마 타쓰오 제안)로 수정되어 가결되었다.

그런데 준비협의회 단계에서도 미해결 상태였던 제2조의 단서('단, 본 연합은 동일 산업 또는 동일 직업조합 2개 이상 가맹할 때는 지방적 및 전국적 산업별 연합을 조직하는 것을 원칙으로 한다')에 들어가자 예상했던 대로 총동맹, 반총동맹 각각에서 수정안이 제출되어 혼란스럽게 되었다. 반총동맹 측에서는 미즈누마 타쓰오(신우회)가, 총동맹 측에서는 히라이 요시토平井美人와 요코이시 신이치橫石信一가 다음과 같은 수정안을 제출했다.

[미즈누마 안]

(1) 단, 동일 직업 또는 동일 산업조합 2개 이상 가맹할 때는 지방적 또는 전국적 산업별 연합을 조직하는 것으로 한다. (2) 동일 지방에서 서로 다른 직업적 또는 산업적 조합 2개 이상 가맹할 때는 지방적 연합을 조직하는 것으로 한다.

[히라이 안]

단, 본 연합은 동일 산업 또는 동일 직업조합 2개 이상 가맹할 때는 합동을 목적으로 하는 전국적 연합을 조직하는 것으로 한다.

[요코이시 안]

단, 동일 산업 또는 직업조합 2개 이상 가맹할 때는 전국적 산업별 합동을 전제로 해서 지방적 또는 전국적 연합을 조직하는 것으로 한다.

이 가운데 총동맹 측에서 나온 2개의 제안은 실질적으로는 동일한 내용의 것이기 때문에 요코이시 안에 히라이 안이 포함되는 것으로 해서 총동맹 측은 요코이시 안 하나로 좁혔다.

이 미즈누마와 요코이시 2개의 안을 둘러싸고 끝없는 논의가 이어졌지만, 대립만 두드러질 뿐 의논은 해결의 실마리를 찾을 수가 없었다. 자유연합계는 연합 그것을 경과조치로서가 아니라 최종 목표로 하자는 것에 대해 총동맹계는 연합을 경과조치로 하고 이어서 합동을 실현하려는 생각이었다. 단, 그 경우에도 총동맹계는 합동론이 중앙집권론으로 해석되는 것을 꺼려 어디까지나 합동이란 '전투력의 집중'이라는 뜻을 밝혔다.

그 사이에 휴식에 들어가 쌍방에서 협의를 하기도 했다. 그러나 아무런 타협도 보지 못하고, 재개 후 오히려 양 파 사이에 냉정한 토의를 하려는 분위기는 사라져 버렸다. 야유와 욕지거리로 대의원석도 방청석도 극도의 혼란에 빠졌다. 이때 임검 경관이 해산을 명령했다.

이 해산명령으로 인한 중단은 대회의 분위기를 보더라도 이미 재개할 수 없는 결렬을 의미하고 있었다. 실제로도 양 파는 이것을 마지막으로 또다시 서로 대면하는 일은 없었다.

총연합운동의 의미 //

이상과 같이 여러 지방의 여러 조합을 하나의 연합체로 결집하는 공동전선 최초의 시도는 실패로 돌아갔다. 형식은 당국의 명령에 의한 해산이었지만 감정적인 대립과 함께 양립할 수 없는 기본적인 원리상의 대립이 존재하는 이상, 해산명령이 없었어도 연합 달성은 불가능한 것이었다. 더구나 이 실패를 계기로 이후 오늘에 이르기까지 쇼와 초기 파시즘의 위협 속에서 부분적인 타협과 공동전선을 볼 수 있었던 것을 제외하고는 이른바 '아나 · 볼'의 대립이 원리적으로 해빙되는 날을 찾을 수 없게 되었다.

그런데 총동맹계가 그 구성 및 구체적 주장과 내용에서 다양했던 것처럼, 반총동맹계도 자유연합론을 주장했다고 하더라도 그 모든 것이 원리적으로 자유연합주의와 아나키즘에 입각했다고 할 수 없었다. 강력한 세력을 자랑하던 총동맹에 대해 거기에 포섭되지 않도록 아나키즘의 원리를 각자 형편에 맞게 이용한 면도 있었다. 즉, 이 대립은 당시 최대의 조합이었던 총동맹에 대해 그 지배하에 들어가지 않으려는 조합과 소조합이면서도 총동맹과 동일한 권리를 주장하는 조합에 대한 총동맹의 반발이라는 형태로, 말하자면 총동맹의 지배권을 둘러싸고 거기에 동조하는 파와 적대하는 파와의 대립이라는 성격이었다고 할 수 있다.

그러나 그것이 전부였다는 것은 아니다. 그 배후에는 조직 방식, 이사 선출 방식 등 조합의 관리와 운영, 지도자 및 그것과 일반회원의 성격 등의 문제를 둘러싼, 바로 노동운동의 기본방침에 관한 문제가 놓여 있었다. 그 점에서는 총연합운동에서의 논쟁과 대립은 노동조합에서의 '아나·볼' 논쟁과의 대립이라 해도 좋을 것이었다. 거기에서야말로 이 최초의 총연합운동의 역사적 의미도 있다고 할 수 있다.

당시에는 탄압으로 보통선거제의 전망도 없었고 단결권 등 노동자의 기본적 권리도 법적으로 전혀 인정받지 못하던 시기였다. 총동맹조차 보통선거운동을 배제하고 급진적 자세를 보였다. 그만큼 당면의 운동방침에 대해 그 정도까지 차이점은 없었고 오히려 조합운동의 또는 조합 내부의 원칙적인 문제에 쟁점이 집중됐던 것이다. 그 점에서는 대립

일본의 아나키즘 운동사

과 분열을 계속해 온 일본 노동운동의 역사에서 극히 드문 대립 사례였다고 할 수 있다. 그 같은 대립을 통해 서로 스스로의 원리와 원칙을 확인하고 그 구체적 적용의 장으로서 총연합을 받아들인 것이었다. 그런 만큼 오히려 시기의 경과와 함께 양 파 모두 양보할 수 없었다.

총연합대회의 해산 후, 총동맹은 같은 회의장에서 10월 1일부터 11주년 대회를 개최했다. 거기서 총연합대회의 결렬을 선언하고 반총동맹계에 대해 "우리는 더 나아가 그런 사상의 배격을 요구한다. 우리는 우리나라 노동운동의 건실한 발달을 위해 잘못된 사상을 노동운동의 권외로 구축하기 위해 적극적으로 노력할 것을 선언한다."고 통렬한 비난을 포함한 '선언'과 '결의'를 발표했다.

그 뒤를 이어 해산명령 후에도 여전히 대회 재개의 가능성을 모색하던 반총동맹계도 결국 총연합을 단념하고 총동맹에 대한 비난 성명을 발표했다.

> "우리는 누구보다도 전투력이 강해지는 것을 바라는 노동자다. 그러나 아무리 강한 전투력을 바란다고 해서 중앙집권적이 되는 '합동조직'의 쇠사슬에 얽매이는 것을 결코 바라지 않는다. 그것은 금력의 쇠사슬을 끊기 위해 권력의 쇠사슬을 한층 강하게 하는 것에 지나지 않는다. 참된 노동자가 가슴속 깊이 타인의 속박을 바라지 않는 이상 어떤 노동자도 이런 생각을 토대로 해야 할 것이다."

이 성명은 〈전국의 노동자 제군에게 고함〉이라는 제목으로 발표된 것으로, 여기에 이름을 올린 조합은 다음의 21개다.

신문인쇄공조합정진회, 시계공조합, 자유노동자동맹, 시전상부회 市電相扶會, 조기선공노조합造機船工勞組合, 공인회工人會, 일본 인쇄공조합신우회, 혁신회, 기계기공조합機械技工組合, 시바우라 노동조합, 혼시바노동조합, 육군현업조합陸軍現業員組合, 일본노 기회日本勞技會, 조선공조합, 오사카신문공조합, 통신노동조합, 오사카철공조합, 교토인쇄공조합, 오사카인쇄공조합, 관서자유노 동조합, 순노동자조합

오스기는 총연합운동에 즈음해서 총동맹을 '협동전선 파괴의 상습 범'(조합 제국주의)이라 하고, 비총동맹을 '보기 좋게 한 방 먹은 정직자'라 하면서 연합 성립에 대해서는 회의적이었다. 결국 그것이 현실로 된 것이다.

제2차《노동운동》과 노동조합동맹회의 실패와 대립에 덧붙여, 그가 말하는 바에 따르면 '볼'에 의한 배반이란 결과가 나온 이상 '볼'에 대한 그의 불신은 결정적인 것이 되었다. 거기에서 '중앙집권론=합동론'을 인간해방과 양립할 수 없는 것이라는 결론을 이끌어 낼 수밖에 없었다. 그때부터 그의 중앙집권론에 대한 공격은 가차 없었다. 이전의 맹우였던 사카이 토시히코와 야마카와 히토시에 대해서도 아무런 이해나 배

려 없이 공격을 가했다. 자유연합론과 아나키즘에 대한 확신을 부동의 것으로 삼았다. 두 번 다시 '아나·볼' 제휴에 기대하는 일은 없었다.

그런데 오스기는 언제까지나 이런 문제에만 매달릴 수만은 없었다. 아나키즘에 대한 확신이 더욱 강해진 그는 국제적인 무대로 눈을 옮겨 갔다. 총연합의 결렬을 지켜보며 총동맹과 '볼'에 대한 강렬한 비판을 가하고 12월 다시 밀항을 시도, 일본을 떠나고 만다.

총연합운동의 여파 //

총연합운동의 실패는 '아나·볼' 논쟁과 대립까지 끝낸 것은 아니다. 오히려 그것을 기회로 대립은 험악해지기까지 했다. 총동맹도 양 파 논쟁의 결말은 그 이후의 현장에서 적용할 필요를 느껴 노동운동의 장에서 한층 더 공세를 폈다. 그 여파로 계속해서 새로운 대립도 발생했다. 그 하나가 기계기공조합의 분열이며 또 다른 하나가 기차제조 회사의 쟁의였다.

우선 전자인 기계기공조합은 기계연합 중심의 하나로, 비총동맹 노선을 가장 잘 지원한 조합이었다. 당연히 총연합에서도 자유연합론을 지지했다. 하지만 그곳에 소속된 스기우라 게이치杉浦啓一만큼은 독자적인 입장이었다. 준비협의회 단계에서는 총동맹계와 비총동맹계와의 알선을 위한 안을 제기해 보거나, 기계연합이 결정적으로 반총동맹 노선을 명확히 내세우는 것에 대해 확실한 저지 역할을 했다. 대회 당일에도 그는 총동맹의 주장에 동조하는 자세를 취했다. 결당한 지 얼마 안 되는 일본공산당 소속의 스기우라로서는 당과 자신이 토대로 하는 기공조합 사이에 끼어 어떻게든 절충적 입장으로 뚫고 나갈 것을 생각했겠지만, 결국 마지막에는 당의 입장을 지켜야 했던 것이다.

당연히 스기우라의 자세가 기공조합 내에서 문제가 되었다. 여러 의견 교환 후, 그 문제로 임시대회를 열게 되었다. 임시대회는 12월 16일에 열렸다. 그러나 정족수가 모자라 대회는 유회로 끝났다. 그래서 12월 20일에 다시 임시대회가 소집되었다. 그때 동석한 순노동자조합의 다와라 쓰기오俵次雄와 도자와 니사부로戶澤仁三郎의 알선에도 불구하고 결국 스기우라는 합동론자로서가 아니라 반조합운동자로서 제명되었다. 그 결과 스기우라를 지지하는 조합원(49명)도 탈퇴해 12월 24일 관동기계공조합을 결성했다. 잔류 조합원은 68명으로 전성기에 비해 큰 폭으로 감소했다. 여기에 이르러 양 조합 모두 완전히 새로운 자세로 총연합운동 후의 정세에 대처하게 되었다.

또 다른 총연합운동의 여파라 할 수 있는 기차제조 회사 도쿄 긴시보리錦絲堀 공장에서의 쟁의는 1923년 5월부터 7월에 걸쳐 발생했다.

이 공장에서는 이전부터 노동운동이 맹렬하게 일어났다. 1923년 2월에는 그 이전부터 존재했던 기계연합 소속의 혁신회와 어용조합으로 판단된 성목회誠睦會가 해산되고 그 후 다시 합동해 관동차량공조합關東車輛工組合을 결성했다. 관동차량조합은 곧바로 기계연합에 소속된 전투적인 조합이 되었다. 그리고 일단 해산했던 성목회가 다시 결성되었다. 그에 대해 난카쓰南葛노동회와 총동맹은 세력 확충을 시도하기 위해 거기에 접근했다. 그 결과 양 파의 대립은 날이 갈수록 격화해, '아나 · 볼'의 축소판처럼 한 공장 내에 두 개의 단체 사이에 대립이 전개되었다.

그런 곳에 하나의 새로운 사건이 생겼다. 5월 23일 차량공조합에 소속된 17명이 갑자기 해고된 사건이다. 차량공조합은 곧바로 항의 활동을 시작하고, 28일에는 해고자의 복직과 성목회의 간부 2명의 해고를 요구했다. 그에 대한 회사 측의 거부 회답과 동시에 동 조합은 파업에 돌입했다.

그런데 총동맹계가 그에 동조하지 않고 오히려 차량공조합과 대립했기 때문에 차량공조합은 고투할 수밖에 없었다. 이와 함께 기계연합 가맹의 다른 조합에서도 문제가 속출해 결국 7월 11일에 이르러 참패당한 채 일단 쟁의를 중단하고 전원 근무에 들어갔다.

이 차량공조합에 의한 쟁의는 노사의 대립도 그렇지만 기계연합과 총동맹계 또는 '아나 · 볼'의 대립으로 특징지어졌다. 더구나 이를 계기로 또다시 타오른 '아나 · 볼' 논쟁의 불똥은 이 공장만으로 끝나는 것은 아니었다. 전국의 조합을 자극해 각지에서 이 쟁의의 보고회도 양 파별로 개최되었다. 이렇게 해서 연합대회의 실패는 '아나 · 볼' 논쟁까지 종료시킨 것은 아니었음을 알 수 있다. 그 결과가 확실해지는 것은 대진재 후의 새로운 정세를 맞이하고 나서의 일이다.

3. 아나키즘 운동 최후의 고양高揚 　*

국제 무정부주의자 대회 //

　　　　　　　　총연합운동이 실패하고 '아나 · 볼'
대립이 부득이하게 확대되던 무렵, 정확하게는 1922년 11월 20일 오
스기는 프랑스의 아나키스트 콜로메르에게서 한 통의 편지를 받았다.
아나키스트 국제 연맹을 계획하는 대회의 초청장이었다. 1922년 9월
스위스 생티미에서 아나키스트 최초의 국제 대회로 알려진 생티미에
대회 50주년을 기념하는 집회가 열렸다. 각국의 대표는 아나키스트의
국제연맹 결성을 토의했다. 그 결과 이듬해 1923년 2월에 베를린에서
그것을 위한 대회를 열기로 결정했다. 이에 대한 초청장이 바로 콜로메
르의 편지였다.

　오스기는 노동운동사의 동인과 협의해 자신이 그 대회에 출석할 것
을 결심했다. 여전히 러시아 혁명의 진실을 살펴보고 싶은 희망을 완전
히 버릴 수 없었던 이유도 있었지만, 그보다는 러시아 혁명의 진전과
함께 새롭게 들어온 마흐노 운동과 크론시타트 반란 등의 정보에 흥미
를 가졌기 때문이다.

　또 일본 국내에서의 '아나 · 볼' 제휴에 대한 기대도 저버림으로써 차

라리 동양, 또는 세계의 아나키스트와 교류 및 연맹의 필요를 통감하기 시작했기 때문이기도 하다. 그리고 다른 이유로는 아나키스트 진영의 인재난을 들 수 있다. 국제 교류를 할 수 있는 인물은 특별히 아나키스트뿐만 아니라 '볼'계에도 당시엔 별로 없었을 것이다. 아나키스트라고 하더라도 활동가 가운데 국제적 활동의 임무를 맡길 수 있는 사람은 그리 없었다 해도 좋다. 그것이 다망하고 얼굴이 잘 알려진 오스기를 또다시 밀항으로 내몬 이유였다고 추측된다.

단, 외국에 나가려면 자금과 여권이 필요했다. 자금은 아리시마 다케오有島武雄의 원조와 고리대의 차금으로 겨우 맞출 수 있었다. 여권은 아나키스트 동지가 많은 중국에서 입수하기로 했다. 12월 11일 병을 가장해 미행을 따돌리고 혼고구本鄕區 고마고메 가타마치駒込片町의 노동운동사를 빠져나와 고베神戶를 경유해 상해로 향했다.

북경에서는 여권을 입수하기 위해 선발한 야마가 타이지가 아나키스트 또는 일본에 온 적이 있는 사회주의자, 예를 들면 주작인周作人, 예로센코, 경매구景梅九 등과 접촉하면서 분주했지만 여권 입수는 무척 어려웠다. 오스기는 이전에 연락했었던 동지와 연락을 취하려 했지만, 그것도 마음대로 되지 않았다. 그래서 오스기는 상해로 나가 보았다. 이번에는 의사 정몽선鄭夢仙의 진력으로 리옹의 법중대학法中大學으로 가는 유학생 당계唐繼라는 이름으로 위조여권을 입수하는 데 성공했다.

오스기는 1923년 1월 5일 프랑스 기선 안드레 르봉호로 상해를 출발해 2월 12일 마르세유에 도착했다. 일단 유학의 목적지인 리옹에 자리 잡고 뒤이어 파리로 나왔다. 파리에서는 아나키스트의 본거지인 베르 텔사에서 콜로메르를 만나기도 하고, 생디칼리즘 연구회와 북풍회에도 얼굴을 내민 적이 있는 화가 하야시 시즈에林倭衛[13]와 교섭하기도 했다.

그런데 베를린에서의 대회는 탄압으로 일단 4월로 연기되었다. 발이 묶인 오스기는 그 대신 파리에 망명 중인 많은 아나키스트와 접촉할 기회를 얻었다. 특히 러시아의 아나키스트들에게서 혁명 후의 소비에트에 대해서 들은 이야기는 유익했다.

그는 일본 정부의 수배가 예상되었음에도 무척 자유롭게 이리저리 돌아다녔다. 하야시林를 통해 아내인 노에野枝와도 꾸준히 연락했다. 5월 1일의 메이데이에는 몇 개의 집회 가운데 파리 근교에 있는 생드니의 노동회관에서 열리는 집회에 출석했다. 거기서 800명 정도의 노동자를 앞에 두고 콜로메르에 이어 연단에 서서 프랑스어로 일본의 메이데이를 소개했다. 하지만 끝나자마자 4, 5명의 사복에게 납치되었다. 그러자 10여 명의 여성을 포함한 프랑스 동지가 일본의 동지를 탈환하려고 경찰에 달려들면서 한바탕 난투가 벌어졌다. 그 때문에 100명 정도의 프랑스인도 체포되었다.

---

13 하야시 시즈에 林倭衛(1895~1945): 1913년 오스기 사카에의 생디칼리즘 연구회에 참가하고 《문명비판》에서는 시인으로 활약하였다. 1916년 이과전二科展에서 바쿠닌을 그린 〈생디칼리스트〉를 출품해 입선, 1918년 히사이타 우노스케를 그린 〈H씨〉의 작품으로 이과상을 수상하였다. 1919년 이과전에서 오스기 사카에를 그린 〈출옥 후의 O씨〉를 출품해 경시청으로부터 〈O씨〉 철회 명령 사건이 생긴다(역자 주).

일본의 아나키즘 운동사

경시청에 보내지자 수배 중인 오스기라는 것이 곧바로 발각되었다. 그는 그렇게 '라 상테' 감옥의 미결수가 되었다. 옥중에서 그는 사랑하는 딸 마코魔子를 그리워하며 이런 노래도 지었다.

마코야! 마코!

아빠는 지금
세계에서 이름 높은
파리의 감옥 '라 상테'에.
하지만 마코야 걱정하지 마라.
서양 요리 맛있게 먹고
초콜릿 맛보며
소파 위에서 담배도 뻐끔뻐끔

그리고 이
감옥 덕분에
기뻐해라, 마코야
아빠는 곧 돌아간단다.

선물을 잔뜩, 영차영차
과자에 꼬까옷에 키스에 키스

춤추며 기다려라

기다려라 마코, 마코.

　오스기는 5월 23일 파리 법원에서 여권법 위반으로 금고 3주간을 언도받았다. 미결이 통산되어 다음 날 5월 24일 출옥할 수 있었다. 그러나 곧바로 경시청에서 국외 퇴거명령을 선고받고 6월 3일에는 마르세유를 떠나야 했다. 배는 일본 우선회사郵船會社의 하코네마루箱根丸였다. 7월 11일 배가 고베항 와다미사키和田岬에 들어오자, 오스기만 효고현兵庫縣 경찰의 모터보트에 태워져 하이다林田 경찰서로 구인되었다. 현지에 도착한 내무성 특고과장의 취조 후에 혼고本郷 고마고메駒込의 노동운동사로 돌아온 것은 다음 날 12일이었다.

오스기의 도달점 //

　　　　　　　　　　　　　'아나 · 볼' 논쟁 전 단계에서도 오스기는 아나키스트로서 이미 고토쿠를 뛰어넘었다. 게다가 러시아 혁명을 직시함으로써, '아나'와 '볼'이 원리에서 근본적으로 다르다는 것도 확인했다. 말하자면 고토쿠가 가장 철저하지 못했던 반권력과 반국가의 시점을 명료하게 부각시켰던 것이다.

　그 점에서 유럽행은 그의 이론의 아나키즘화를 더욱 밀고 나간 것이다. 그의 만년을 '볼', 또는 노동조합 부정론자로 방향을 전환하는 서막이라고 평하는 논자도 있지만, 그가 귀국 후에 써서 남긴 것과 관계자의 말을 보았을 때 그렇게 받아들일 수는 없다. 오히려 마흐노 운동, 또는 크론시타트와 페트로그라드의 봉기 등을 통해 볼셰비키혁명이 아나키즘이 생각하는 혁명과 다른 것이라는 인식을 강화했다. 거기로의 도달이 아나키스트 오스기 사카에에게는 유럽행의 성과이기도 했다. 그는 말한다.

> "러시아 혁명이 낳은 여러 가지 사건 가운데 내 마음을 가장 움직이게 한 것은 이 마흐노비치(마흐노 운동)였다. 그리고 이 운동의 연구야말로 러시아 혁명이 우리에게 줄 수 있는 가장 큰 교훈을 가져다준 게 아닌가 생각했다. 나의 극히 짧았던 프랑스 체재 중의 일은 거의 이 문제의 재료를 모으는 것에 집중되었다."(《무정부주의 장군, 네스톨 마흐노》)

그 결과 마흐노 운동을 러시아 아나키스트의 평가와는 달리, "러시아 혁명을 우리가 말하는 진정한 의미의 사회혁명으로 이끌려 했던 우크라이나 농민의 본능적인 운동이다."라고 평가하고, 크론시타트와 페트로그라드와 모스크바의 노동자와 수병의 행동에 대해서도 적극적이고 혁명적인 행동으로 평가했다. 그리고 다음과 같이 덧붙였다.

> "또한 무정부주의자는 마흐노와 마찬가지로 반혁명의 공격에 대해

모든 전선에서 싸웠다. … 그런데도 러시아의 무정부주의자는 혁명을 위한 그 절대적인 노력에 대해 무엇을 보상받았는가. … 무정부주의자는 언제나 그리고 또 어디서나 권력에 기만되고 압박받는 민중의 친구였던 것이다. 그들은 노동자와 함께 노동자 스스로 생산을 관리하는 권리를 부르짖었다. …"

당연히 오스기는 혁명에 참가하는 것을 거부하지 않았다. 러시아 혁명에 대해서도 그랬었다. 그는 단지 혁명의 의의와 내용을 물었던 것이다. 그와 동시에 아나키스트가 반권력을 위해, 개個의 자유를 위해, 어떠한 국가의 수립에도 반대하기 위해 행동을 일으키지 않은 것도 문제삼았던 것이다.

그에게는 이론이 우선이 아니라 현실에서 납득하는 것이 선결이었다. 또한 절대적인 도식이 우선이 아니라 자신의 자유스러운 판단이 중요했다. 혁명에 임해서도 과거의 이론에 의거하는 것뿐만 아니라 그것을 뛰어넘어 창조적으로 싸우는 것이 중요하다고 생각했다. 러시아 혁명의 비판도 거기에 있었으며, 그것이 아나키즘의 혁명이 아니라는 것을 알게 되었어도 번거롭게 에둘러서 또다시 거기에 접근을 시도한 것도 그 때문이었다.

아무튼 그는 이론이든 사상이든 절대시와 권위시하는 것을 무척 싫어했다. 아나키즘이라도 마르크시즘이라도 또는 뛰어난 혁명가나 사상가의 이론이라도 그것을 바이블처럼 절대시하는 것을 싫어했다. 당연

일본의 아나키즘 운동사

하지만 "이론의 유희"나 단순한 해석학도 싫어했다.

　이처럼 타인에게 강제당하지 않고, 고명한 선학先學에게 현혹되지 않으며 자기의 자유스러운 판단과 현실과의 반복적 인식 위에서 비로소 하나의 결론을 이끌어 내는 것이 그의 방식이었다. 그것이 또한 그의 생애를 가로지르는 방법이었으며 유럽행 이후의 도달점이기도 했다.

《조합운동》과
인쇄공연합회 //

　　　　　　　　오스기의 부재중에도 아나키스트의 활동은 활발했다. 사회운동 영역에서는 그때까지도 많은 아나키스트의 사상단체가 존재했지만 그 무렵에도 몇 개의 단체가 존망을 거듭했다. 그 가운데 하나로 1923년 초에 결성된 전선동맹戰線同盟이 있었다. 동맹원은 요시다 하지메, 다카오 헤이베, 히라이와 이와오平岩巖, 나가야마 나오아쓰長山直厚, 이시쿠로 에이치로石黑銳一郎, 나카무라 칸이치 등으로 모든 회원이 아나키스트는 아니었다.

　그중에 다카오 등 4명은 6월 26일 적화방지단장赤化防止團長 요네무라 가이치로米村嘉一郎를 자택에서 습격하지만, 막 나오려고 할 때 요네무라가 배후에서 권총을 발사했다. 그 탄환이 한 발은 요시다의 발에, 다른 한 발은 다카오의 후두부에 명중했다. 다카오는 지케이카이慈惠會 병원으로 옮겨졌지만 끝내 숨을 거뒀다. 7월 8일 다카오의 장례는 일본 최초의 사회장으로 아오야마青山 장례식장에서 거행되었다. 사상적으로는 아나키즘과 마르크시즘 사이를 오가기도 하고 그 중개를 꾀하거나 소속 단체도 흑표회黑瓢會, 북교자주회北郊自主會, 노동사勞働社, 일본공산당 등을 전전하기도 하고 동시에 소속되기도 했지만 서생풍의 쾌남자였기 때문에 그의 인품을 그리워해 입장 차이를 넘어 2,000명이나 되는 참례자가 모였다.

노동운동 영역을 보면, 총동맹과 경쟁하면서 지역과 산업별로 연합화를 기도하는 움직임도 새롭게 보였다. 지역별로는 관동에서《조합운동》으로 아나키스트의 결집이 있었고, 산업별로는 대진재 전에는 실현하지 못했지만 인쇄공연합회와 자유노동자의 연합 움직임이 있었다.

《조합운동》이 창간된 것은 1923년 2월 25일의 일이다. 아나키즘계 노동자 유지가 지역적으로 결집해 기관지를 발행한 예는《조합운동》이 처음은 아니다. 이미 언급한 요시다 하지메 등의《노동자勞働者》(노동사, 1921년 4월~1922년 6월)와 모치즈키 카쓰라, 나가누마 도미長沼富, 미야코시 신이치로宮越信一郎 등의《노동자》(흑로사, 1922년 12월~1923년 8월) 등이 있었다. 관서에서도 기시이 기요시岸井淸, 신타니 요이치로新谷與一郎, 이구시 에이지伊串英治, 오구시 고노스케大串孝之助, 고토 겐타로後藤兼太郎 등의《관서노동자關西勞働者》(1921년 9월~10월)가 있었다.

그것들은 모두 당연히 '아나ㆍ볼' 논쟁을 의식하고 있었지만, 총연합 결렬 후에 창립되었다는 점에서《조합운동》쪽이 그 점에서는 가장 철저했다. 그것은 동지 창간호의 '발간에 즈음해' 속에서 "《조합운동》은 중앙집권 조직에 반대한다. 중앙집권 조직은 전제주의거나 민주주의를 막론하고 인간을 권력의 노예로 만든다. 《조합운동》은 정치운동에 반대한다. 정치운동은 직접행동이거나 간접행동을 막론하고 노동계급이 노예로부터 해방되고자 하는 운동이 아니라 노동계급의 일부인 사람이 권력계급에 가담하는 운동이다."라고 하면서 아나키즘을 지지하고 정치운동과 중앙집권론에 강하게 반대하는 자세를 보였다는 점에서 잘 알 수 있다.

이 《조합운동》은 《노동운동》과 함께 아나키즘 진영의 활동으로서는 무척 큰 위치를 차지했다. 《노동운동》이 인텔리 중심이었던 것에 비해 《조합운동》은 노동자만으로 이루어져 있었다. 미즈누마 타쓰오, 사토 요이치佐藤陽一, 사토 고로佐藤護郎, 하나부사 아이英愛, 와다 에이타로 和田榮太郎, 오바 이사무大場勇, 마쓰다 도쿠지松田十九二, 와타나베 젠주渡辺善壽, 사카구치 기이치坂口嘉一, 노부시마 에이치延島英一 등이 주요 담당자였다. 단, 본격적으로 활동을 전개하려 했을 때는 대진재를 만나 진재 후 겨우 1호를 냈을 뿐 더 이상은 발행이 불가능했다.

인쇄공연합회의 성립이 있었던 것은 1923년 6월의 일이다. 1920년과 1921년 전투화를 이어 가던 인쇄공들도 1922년에 들어서자 침체 분위기에 휩싸였다. 특히 신우회의 경우 1921년, 1922년에는 해마다 대회 참가자가 감소했다. 와다 큐타로는 이 침체에 눈을 돌려 그 이유의 일단을 자본주의 사회에서 인쇄업의 위치와, 미즈누마 타쓰오와 같은 뛰어난 활동가의 투병과 함께 신우회 투사들 사이에 '조합운동 무시파의 영향을 상당히 받은'('신우회 대회 및 간담회', 《노동운동》 제3차 5호) 자가 있다는 것을 예로 들었다.

하지만 1922년이 지나면서 전국총연합운동이 구체화되자 인쇄공도 그 안으로 좋든 싫든 휩쓸려 갔다. 그곳에서 다시 활성화될 징조가 보였다. 이와 동시에 그런 시류 속에서 노동자 상호 협력과 계발 그리고 자본가에 대한 투쟁을 위해서도 신우회, 정진회, 요코하마橫浜인쇄공조합, 거기에 관서지구 인쇄공 사이에 산업별 조직으로 개편하는 것이 화제가 되기 시작했다. 협의를 거듭한 결과, 총연합대회 직전에는 대강 연합의 방향이 정해졌다. 그러나 전국적 규모이고 준비 기간도 필요해 최종적으로 '전국인쇄공연합회'로 발족한 것은 1923년 6월의 일이었다. 그 직후에 대진재가 내습했기 때문에 제1회 대회가 열린 것은 훨씬 후인 1924년 4월 20일이지만 그때는 신우회, 정진회, 교토京都인쇄공조합, 하코다테친공회函館親工會 등에서 130명의 대의원이 출석했다.

또 하나의 자유노동자에 의한 연합 쪽도 같은 시기에 진행되었다. 당초 도쿄, 요코하마, 나고야, 나중에는 히로시마 등까지 포함해 전국적 연합 시도로까지 진행되는 듯했지만 결국 진재 전에는 실현할 수 없었다.

이외에 진재 전의 동향으로는 오스기의 부재중에도 아나키즘이 각지로 확대되기 시작했다는 것도 알 수 있다. 그 일례가 1923년 5월 31일 오카야마岡山의 다이후쿠자大福座에서 결성된 '중국노동연합회中国労働

連合会'였다. '자유와 평등을 유린하는 모든 압박과 착취에 대해, 우리가 갖고 있는 유일한 노동력과 수數의 위력을 보여 줘야 한다'〈선언〉. 여기에는 인쇄공, 방적공 등이 결집했다. 발회식에는 도쿄에서도 와다 큐타로, 마쓰다 도쿠지, 사토 요이치 등이 참가했다.

이처럼 오스기의 부재중에도 오히려 노동자가 주체가 되어 노동자의 자주자치 정신의 함양과 간부 독재에 반대하는 자세를 키워 가고 있었다. 물론 그사이 사회민주주의와 마르크시즘, 이른바 '볼'계가 잠만 자고 있었던 것은 아니다. 오히려 '아나'계에 뒤지지 않는 기세로 확대되어 갔다. 그 차이는 진재 후의 방향 전환에서 명백하게 드러났다.

오스기의 귀국과
아나키스트의 전국적 동맹 //

7월 12일 당국에서 석방되자 오스기는 일단 고마고메의 노동운동사에 자리 잡았다. 그리고 15일 정도 지나 가인歌人이자 《근대사상》의 기고자이기도 했던 야스나리 지로의 소개로 요도바시구淀橋区 가시와키柏木로 옮겼다.

그는 귀국 후에도 끊임없이 아나키즘 운동의 전개를 염두에 두었다. 그 무렵 일찌감치 이와사 사쿠타로 등의 주장과 일부 노동자들 사이에서 노동운동의 한계에 특별히 주목해 그것을 경시하는 움직임이 보였지만, 오스기는 당면의 목표를 노동운동에 두었다. 자신은 매일 밤 신우회, 정진회, 기계기공조합, 시바우라 노조 등의 집회에 나가는 한편, 곤도 켄지에게는 일찍이 함께 나선 적도 있는 기타큐슈에서의 노동운동의 정세를, 와다 에이타로에게는 와다 큐타로가 담당했던 관서 방면의 노동운동의 정세를 살펴보도록 의뢰했다.

　나아가 오스기는 아나키스트 사이에 연락기관의 필요성도 느꼈다. 그 연락기관은 종래의 사상단체와 같은 출입이 자유롭고 공공연한 것이 아니었다. 확실하게 아나키스트만의 기관으로 한정하려는 의도를 갖고 있었다. 이를 위해 첫 번째 회합도 곤도 켄지와 모치즈키 카쓰라, 그리고 자칭 아나키스트는 피하고 아나키스트로서 믿음이 가는 활동가로 한정하고 싶다고 말했다. 회의장으로는 도쿄 우에노 연못가 근처의 네즈곤겐根津權現 경내의 대석貸席이 준비되었다. 곤도 켄지에게서 이야기를 들은 모치즈키가 예전에 노자와野澤 중학교에서 가르친 적이 있는 기우치 요시노스케木內由之助를 통해 빌린 것이었다.

　그 회합이 열린 것은 8월 말 저녁부터였다. 입소문을 통해 극히 좁은 범위의 활동가로 한정한 것이었지만, 반드시 아나키스트로서 자타 모두에게 인정받는 자들만 모인 것은 아니었다. 그 속에는 자칭 아나키스트와 아나키스트와 타파의 경계에 있는 자도 있었다. 그것을 보고 오스기도 어설픈 말로는 안 되겠다고 판단해 간담회로 전환했다.

　하지만 오스기의 곤혹을 이해하지 못하는 참가자는 오스기가 유럽에서 얻은 것을 발표하고 새로운 활동과 조직화에 착수하기 위한 회합이나, 아나키스트 동맹 등으로 생각하고 있었기 때문에 간담회의 분위기에 화를 내는 자도 있었다. 그러나 결국 회의는 더 이상 진전되지 못했다. 오스기의 의도도 충분히 전해지지 않았다.

다시 기회를 찾으려고 했지만, 뜻하지 않은 대진재가 내습하는 바람에 결국 오스기의 생존 중에는 두 번 다시 같은 취지의 회합은 갖지 못한 채 끝나 버렸다. 이것이 나중에 일부 사람들에게 '자유연합동맹'이라든가 'A의 동맹'의 시도라고 불렸지만, 당시에는 정식 명칭도 없었고 실제로도 위와 같은 것으로 별로 내용이 있는 것은 아니었다. 이런 종류의 조직이 실현되기까지는 1926년 1월의 흑색청년연맹의 결성까지 기다려야 했다.

이처럼 오스기 귀국 후부터 대진재까지는 극히 짧은 기간이기도 해서, 아나키즘 진영은 오스기를 중심으로 볼 때 특별히 새롭고 구체적인 성과를 올렸다고는 할 수 없다. 하지만 노동조합 분야에서는 '아나·볼' 대립 속에서 아나키즘계도 여전히 활기를 띠고 있었다. 그러나 이윽고 대진재가 내습하기 때문에 그 활기가 아나키즘 운동 최후의 고조였다고 해도 좋을 것이다.

소리 없이 다가오는
후퇴의 기운 //

아나키즘 운동 또는 '아나'계 노동운동이 쇠퇴의 길에 접어든 것은 총연합 결렬 직후가 아니지만 1923년 이후에는 쇠퇴기의 흐름을 바꿀 수 없게 되어 간다. 그러나 그것은 그 때 갑작스럽게 찾아온 것은 아니었다. 고양기라고 생각되는 시기 속에서 조금씩 자라 온 것이었다.

1921년, 1922년 하면 아나키즘계의 중심인 인쇄공에 관해서도, 도쿄의 정진회, 신우회뿐 아니라 오사카인쇄공조합(1922년 9월 총동맹 탈퇴), 교토인쇄공조합(1922년 5월 인우회印友會의 후신으로 발족) 등 각지의 인쇄공조합이 발전해 아나키즘적 경향에 동조하던 시기였다. 하지만 그와 같은 시기에 예를 들어 신우회에서도 완전히 다른 측면도 엿볼 수 있었다.

예를 들면 1921년 3월 6일 간다神田 마쓰모토정松本亭에서 열린 대회는 출석자도 적었으며, 미즈누마 타쓰오도 "신우회는 쇠퇴했다. 회비의 감소는 우려할 필요 없지만 그래도 많은 게 좋다. 어떻게든 진용을 정비해 주고 싶다."《노동운동》 제2차 8호)고 하는 상황이었다. 더욱이 이듬해인 1922년 4월 같은 마쓰모토정에서 열린 대회에서도 쇠퇴를 연상케 하는 상황이 나타났다. 이 점에 대해서는 대회에 출석한 와다 큐타로가《노동운동》(제3차 5호)에 쇠퇴와 그 원인을 검증했다는 것은 이미 언급했다. 특히 그때 와타가 1921년 가을쯤부터 조합운동에 냉담한 활동가가 증가한 것을 지적한 점이 중요하다. 이런 경향은 대진재 후, 특히 쇼와昭和 초기에 크게 확대되어 일본 아나키즘을 결정적인 쇠퇴로 몰아가기 때문이다.

이미 1920년에 조합운동이냐 혁명운동이냐 하면서 양자택일적으로 노동운동에 의문을 던지던 풍조가 없었던 것은 아니었다. 그것이 1921년 가을에는 인쇄공 투사들에 의해 조합 경시의 풍조가 되어 현실의 노동운동에도 영향을 미칠 정도였다. 단, 그 무렵에는 아직 움직임이 그리 크지 않았다. 오스기라 하더라도 다소 염려는 했지만 노동운동의 한계를 자극하는 것이라는 정도의 인식뿐이었다.

하지만 그 후 급속하게 이런 경향이 아나키즘 진영 내에 확대됐다. 물론 그 한 가지 점만이 아나키즘을 쇠퇴로 몰아간 것은 아니지만, 하나의 기분 나쁜 눈으로 섬뜩하게 꿈틀대기 시작했다.

그런 동향에 박차를 가한 최초의 계기가 관동대진재의 내습이었다. 1923년 9월 1일 갑자기 관동지방은 대재난를 만나게 된다. 노동조합도 사회주의 운동도 혼란에 휩싸여 그 안에서 어쩔 수 없이 대전환에 내몰리게 된 것이다.

VI

후퇴와
테러리스트의 대두

Anarchism in
Japan history

1. 아나키즘 운동의 후퇴

*

관동대진재와
사회운동 //

'아나·볼' 대립에 의한 긴장이 오히려 노동운동과 사회주의 운동을 고양하고 있을 때 관동 일대에 대지진이 일어났다. 1923년 9월 1일의 일이다. 지진은 광범위하게 일어났기 때문에 피해도 컸다. 피재 세대 약 38만여 채, 이재민 160만여 명, 사망 또는 행방불명자 10만여 명이나 되는 참담한 재난이었다.

관동 중심의 노동운동과 사회주의 운동도 일시 괴멸 상태였다. 노동조합은 사무소가 파괴되거나 조합원 소식도 확인할 수 없는 상태였다. 일을 하려 해도 직장이 파괴되거나 조업 중지를 당했다. 그러한 혼란 속에서 노동조합이 우선 착수한 것이 조합원의 안부를 확인하는 것, 이어서 취업을 알선하거나 일거리를 도급 맡아 조합원에게 제공하는 것이었다.

사회주의자 쪽은 중심적인 연락기관이 없는 때인 만큼 중심도시 도쿄의 파괴로 어찌할 도리가 없었다. 오스기와 야마카와, 또는 이미 다른 사건으로 체포되어 있는 자를 제외한 주된 활동가는 관할 경찰서에 보호 검속되었다. 감옥 바깥에 있는 사회주의자는 원래부터 불안정한 생활을 해야 했던 참에 갑작스러운 재난으로 살아갈 방법조차 끊어질 정도였다. 오스기도 평소부터 빈곤 생활에는 이골이 나 있었지만 이때 는 정말로 어려웠다. 노에野枝도 힘든 상황을 마지막 서간(시바타 키쿠코 柴田菊子 앞)에 기록했을 정도였다.

이런 형편에서 주의자나 아나키스트들도 혼란에 빠져 일을 시작하 려는 여유나 준비는 전혀 없었다. 특히 아나키스트는 그즈음 혁명이 다 가왔다며 낙관적인 견해를 내놓았는데, 진재를 활동이나 혁명으로 연 결 짓지도 못하고 그저 자신의 생활이나 지우의 안부 확인에 쫓길 뿐이 었다. 오스기 역시 집이 타 버려 살 곳이 없어진 후쿠로 잇페이袋一平(후 에 영화평론가) 일가와 핫토리 하마지服部濱次 부부를 자택으로 피난시키 거나, 지인이나 친척의 안부를 걱정하는 것이 우선이었다. '혼란을 틈 타서 우당탕하는 것이 혁명이 아니다.'라는 것이 그의 지론이었다. 유 모차를 끌거나 야경夜警을 하러 나서기도 하는 오스기에게 전혀 위험한 행동은 느낄 수 없었다.

그러나 당시 최고의 아나키스트인 오스기 사카에를 확실히 노리는 자가 있었다. 두말할 것 없이 권력과 그 앞잡이인 군부였다.

오스기의 학살 //

대진재가 발생하자, 곧바로 터무니

없는 유언비어가 유포되었다. '불령선인'과 '주의자', 즉 조선인과 사회주의자의 불온한 움직임이라는 헛소문이 마치 사실인 것처럼 항간에 퍼졌다. 그 결과 각지에서 많은 조선인이 학살되었다. 사회주의자와 노동운동 활동가도 구속되었으며, 가메이도龜戶 경찰서에서 순노동자조합의 히라사와 게이시치平澤計七, 난카쓰南葛노동회의 가와이 요시토라河合義虎, 기타지마 기치조北島吉藏, 사토 긴지佐藤欣治, 가토 고주加藤高壽 등 10여 명이 혼란을 틈타 학살당하기도 했다.

일찍부터 완고한 고집통인 우익 관계자들이 가장 두려워하고 반감을 사고 있었던 것은 오스기였다. 일반 상업지를 떠들썩하게 하고 제멋대로 방약무인하게 행동하는 것처럼 보였던 오스기에 대해서는 기회만 있으면 통격을 가하고 싶었던 참이었다. 그런 자들은 대진재의 혼란에 직면하면서 어쩔 수 없이 공포감에 사로잡혔다. 그들은 오스기를 노렸다. 나중에 발표된 군법회의 검찰관 육군법무관의 의견서에서도, "피고는 평생 사회주의의 주장에 불만스러운 점이 있으며 특히 오스기 사카에는 무정부주의자의 거두로 진재로 인해 혼란스러워지는 경우 군대철퇴 후 어떤 불령 행위로 나올지도 모르기에 이때 살해하는 것을 국가를 위해 유리하다고 생각했다."는 내용이 기록되어 있다.

당연히 오스기도 경찰과 군대의 움직임에 경계심을 잃지 않았다. 하지만 2주일씩이나 지나니 약간의 방심을 하게 된 것 같다. 9월 16일 오스기와 노에는 진재 후 한동안 연락도 하지 못해서 가장 신경이 쓰였던 쓰루미鶴見에 사는 남동생 이사무勇를 찾아 집을 나섰다. 그 귀로, 함께 데리고 온 오스기의 여동생인 다치바나橘 아야메의 아들 무네카즈宗一와 함께 가시와기柏木의 자택 부근에 대기하고 있던 헌병에게 연행되었다. 그리고 그날 밤 세 사람 모두 헌병대의 손에 학살되었다.

한동안 그 진상은 어둠에 묻혀 있었지만, 9월 25일의 보도 해금에서부터 10월 초에 걸쳐 거리마다 호외가 날리며 오스기 등의 학살 사실이 알려졌다. 옥중에서 은근히 오스기 등의 신변을 걱정하던 곤도 켄지, 모치즈키 카쓰라 등에게도 10월 초에 그 사실이 알려졌다.

그 하수인으로 군법회의에 회부된 것은 아마카스 마사히코甘粕正彦 헌병대위, 모리케이 지로森慶次郎 헌병조장 등이었지만 진짜 하수인과 학살 방법은 아직껏 불분명하다. 살해 장소도 고지마치麴町의 도쿄 헌병대라는 설도 있지만, 아자부麻布 3연대라는 설도 있다. 수단도 교살이라는 설이 있지만 총살이라는 설도 있다. 아마카스가 주범으로서는 비록 감형 운동이 일어났다는 것을 고려하더라도 징역 10년, 더구나 3년도 채 안 되어 가출옥이라는 것은 너무 관대한 처분이었다. 그 후 그에 대한 비호 태도 역시 이상했다. 아무튼 직접적인 하수인이 누구든 간에 사회주의 운동을 증오하는 당시의 군부가 그 수괴라고 판단한 오스기를 살해한 것만큼은 확실하다.

이 사건으로 충격을 받은 사람은 적지 않았다. 가메이도 사건, 조선인 대량학살, 아카바네赤羽 공병대대에 의한 다이토抬頭 사원의 참살 등도 함께 병발한 만큼 관헌의 폭거는 완전히 드러났다. 거기에 대해 난바 다이스케難波大助의 도라노몬虎ノ門 사건(후출)을 비롯해, 아나키스트와 테러리스트의 복수 사건이 연이은 것도 그 나름대로 이유가 있을 것이다.

혁명적 생애 //

오스기 사카에는 투쟁 도중에 39세라는 한창 일할 나이에 참혹한 죽음을 맞이했다. 그의 죽음은 입장의 상위를 넘어 동정을 불렀다. 사카이堺, 야마카와山川, 아라하타荒畑도 자신의 일처럼 놀라워하고 동지로서 깊은 슬픔을 억누를 수 없었다. 메이지 이래의 주의자로서, 특히 대역사건의 비극을 함께 나눈 동지였다면 당연한 일이었다.

그의 장례식은 내부적으로는 10월 16일 노에의 친정인 후쿠오카 이토시마군絲島郡 이마주쿠무라今宿村의 해변에서 거행되었다. 12월 16일 전국의 자유연합계 노동조합, 사상단체의 합동장례식도 거행되었다.

장례식 당일 아침 7시쯤 우익단체 대화회大化會[14] 회원이 방해와 훼손을 목적으로 분향객으로 가장해 오스기 등의 유골을 탈취하는 사건이 발생했다. 장례식은 유골 없이 예정보다 약간 늦긴 했지만 오후 2시

---

14 1920년 4월 시미즈 고노스케清水行之助에 의해 결성된 일본의 국수주의 우익단체(역자 주).

부터 야나카谷中 장례식장에서 무종교로 거행되었다. 사회는 이와사 사쿠타로, 참석자는 대략 700명, 20여 개의 조합기와 단체기가 나부꼈다.

이미 그 무렵에는 방향 전환의 징조가 조금씩 보이기 시작했지만 24명의 장례준비위원과 그 소속, 그리고 당일 참석자와 참가조합을 보면 자유연합계의 기세가 아직은 시들지 않았다는 것을 짐작게 했다. 또 오사카에서도 당일 오후 2시부터 히가시구東區 시노노메초東雲町 신간지心眼寺에서 참석자 70여 명에 의해 도쿄의 합동장에 맞춰 추도회가 열렸다.

오스기는 원래 군인의 아들로 태어나 군인이 되기 위한 교육을 받았지만, 육군유년학교 중퇴를 계기로 인생의 항로가 크게 어긋났다. 도쿄에서 공부하고 있을 때 아시오 광독사건足尾鑛毒事件 구제운동을 접한 것을 계기로 사회에 급속하게 눈을 떴다. 그러고서 사회운동에 뛰어들어 이후 항상 그 선두에 섰다.

메이지 기간 중에는 고토쿠 등과 직접행동론을 외치고, 또한 인간성을 무시하고 개個의 부정과 획일화를 추진하는 군대와 전쟁에 대한 투쟁을 호소했다. '겨울의 시대'에는 아라하타 칸손과 함께 처음으로 침묵을 깨고 《근대사상》을 발간해 사회주의 운동 재개의 도화선에 불을 지폈다. 앞장서서 노동자 대중을 향한 노동잡지도 발행했다. 또한 그에 이르러 직접행동론이 단순한 반의회주의로서뿐만이 아니라 스스로의 책임과 의지로 행동한다는 기본 시점 위에서 더 넓은 아나키즘 체계의 일환으로 파악되기도 했다. 그것은 반지식계급과 반지도자 이론을 만들어 내고 노동자가 자립하는 데 자신감을 주었다. 동시에 아나키즘을 비로소 대중 속에 뿌리내리게 하는 데도 성공했다.

이 점에서 오스기는 아나키즘을 수입과 소개 단계에서 실천사상으로 승화하고 독자적인 꽃을 피우게 했다고 할 수 있다. 물론 거기에는 경제이론에서 그리고 변혁이론에서 불명확한 점과 불충분한 점이 지적된다. 그러나 그것이 하나의 체계를 이루었다는 것만큼은 충분히 유의할 필요가 있다.

이처럼 끊임없이 이상에 불타며 앞장서서 길을 개척하고 창조적 경지를 열었다는 점에서 그의 생애는 확실히 혁명적이었다. 그런 그가 침대 위가 아니라 그가 가장 강하게 부정했던 권력의 손에 의해, 더구나 마치 그 비열함을 폭로라도 하듯이 생애를 마감한 것은 혁명가로서 본망本望이었을지도 모른다. 그러나 그의 죽음이 혁명가의 최후에는 어울리는 것이었다고 할지라도, 아나키즘 운동에는 결코 좋은 결과를 가져온 것은 아니었다. 오히려 그 후 그를 넘어서는 인물을 찾아볼 수 없이, 그의 장례식을 최후의 화려한 한 장면으로 일본의 아나키즘 운동은 쇠퇴의 길로 향한다.

오스기 시대에도 이미 회사깡패[15]나 랴쿠(약탈과 약취에서 온 말로, 노동자계급이 착취된 것을 약탈한다는 명목으로 회사와 자본가 그리고 명사로부터 자금을 강요해 운동이나 생활에 이용하는 것)는 일부에서 볼 수 있었던 것

---

15 회사 또는 중역의 약점을 잡아 회사로부터 상습적으로 금품을 요구하는 행위(역자 주).

　　　　　　　　　　　　　　　　　일본의 아나키즘 운동사

이기는 했지만 아직 타락이나 퇴폐에 깊숙이 빠져들지는 않았다. 그러나 대진재 후에는 그것들이 운동 속으로 깊숙이 다가왔다. 20여 개의 조합기와 단체기, 그리고 700여 명의 노동자, 사회주의자가 모인 광경은 아나키즘 운동에서 그 후 두 번 다시 볼 수 없게 되는 것이다.

방향 전환의
폭풍우 //

오스기의 사후, 아나키즘 진영은 중대한 기로에 서게 되었다. 당장 두 가지 문제에 직면할 수밖에 없었다. 하나는 노동계를 흔드는 방향 전환의 폭풍우였으며, 또 다른 하나는 테러리즘의 선풍이었다.

대진재 후, 한동안 활동 불능 상태에 빠져 있던 노동조합이 태세를 재정비하고 활동에 나서려고 했을 때, 노동계는 완전히 새로운 정세에 둘러싸여 있었다. 보통선거제도 실시의 전망이 보였으며 실제로도 보통선거법이 공포된 점(1925년 5월), 국제노동회의 대표 선출에서 정부의 양보가 있었던 점(1924년 2월), 그리고 영국에서 노동당 내각이 성립한 점(1924년 5월) 등이 새로운 정세를 만들기 시작했던 것이다. 그런 변화를 보고 투쟁했던 것에 비해, 그 내용을 정비하고 질적 향상을 도모할 수 없었던 점을 반성한 조합 진영은 관행적인 자세에서 벗어나기 위해 노력했다.

대진재 이전, 생디칼리즘적 풍조의 압력으로 총동맹조차 총파업의 승인, 보통선거운동 방침 삭제, ILO의 부정 등과 같은 전투적 자세를 취하고 있었다. 하지만 대진재 이후의 정세를 보고 총동맹은 크게 자세를 전환해 갔다. 우선 10월 협의 결과 의회주의를 적극적으로 채용할 것을 결정했다. 이어서 이듬해인 1924년 1월에는 정치부를 설치해 상시적으로 의회 문제에 대처할 것도 결정했다. ILO 문제에서도 마찬가지로 그것을 활용하는 방향으로 전환했다.

자유연합계와 '아나'계 대표조합의 하나로 주목받았던 기계연합도, 대진재에 의한 타격과 그에 의한 활동 침체를 계기로 자신들의 종래의 자세를 반성하게 되었다. 그 결과 1924년 3월 16일 도쿄 시바의 교초회관協調會館에서 임시대회를 열어 노동조합이 사상단체나 정치단체가 아니며 어떤 주의나 정책과도 독립해 모든 수단의 선택 가능성을 갖고 있다는 점을 강조한 '순백지주의純白紙主義'를 선언했다. 물론 그것은 종래의 자세를 변경하는 것이기는 했지만 곧바로 반자유연합주의의 입장에 섰다는 것을 의미하는 것은 아니었다. 그렇다 하더라도 이를 계기로 기계연합이 자유연합계와 한 걸음 거리를 두게 되었다는 것, 그리고 사회정책 입법과 ILO의 이용 쪽으로 기울게 되었다는 것도 확실했다. 그런 만큼 자련계自連系 내지는 아나키즘계에서는 커다란 마이너스가 되는 것으로, 강한 충격과 예리한 비판을 초래하게 되었다.

이 방향 전환에 반대하는 기계기공조합의 주력은 사토 고로佐藤護郎, 이케다 도라조池田寅三 등의 주장 아래 기계연합을 탈퇴했다. 그리고

일본의 아나키즘 운동사

호사카 쇼타로保坂小太郎, 미키 시로三木四郎 등이 이끄는 일부가 기계
연합에 잔류해 도쿄기계노동조합東京機械労働組合을 결성한다. 그 결과
총연합대회 직후의 분열에 의한 후퇴에 이어 일찍이 그 주력을 이뤘던
기계연합마저도 떠나게 됨으로써 기계기공조합은 사상적으로는 아나
키즘 일색으로 순화되긴 했지만 더더욱 약체화되어 가게 된다.

이런 움직임은 반총동맹계와 자유연합계라 불리는 몇 개의 조합에도
영향을 미치게 되었다. 예를 들면 조기선공노조합造機船工労組合의 경
우 진재 전에도 러시아 혁명의 영향을 받았고, 또 진재 후에는 소위 가
메이도 사건의 진상규명 운동에 참여한 적도 있어서, 방향 전환의 폭풍
우 속에서 자유연합계와의 이반을 강화하게 되었다. 그런 경향은 시간
의 경과와 함께 뚜렷해졌다.

이렇게 해서 진재 후의 새로운 정세는 전국의 노동조합에 반성과 방
향 전환의 기회를 주었다. 특히 '반총동맹=자유연합계'는 이러한 큰 변
화의 흐름에 그대로 노출되었다. 그에 따라 소위 '아나'계는 '아나키즘=
자유연합계'와 단순한 반총맹계로 분해해 갔다. 그와 동시에 순화된 아
나키즘계는 당연한 일이지만 노동운동과 사회주의 운동에서의 세력 관
계에서도 중심적 지위에서 추락해 간다. 대진재 후 곧바로 제4차《노동
운동》(1923년 12월 창간)을 와다 큐타로, 곤도 켄지, 와다 에이타로, 미
즈누마, 무라키 등이 간행했지만 그 후퇴는 어떻게도 할 수 없었다. '아
나 · 볼' 대립이라 불리며 사회운동계를 양분했던 상황은 급속히 과거
의 일이 되어 갔다.

그래도 기계연합을 탈퇴한 기계기공조합은, 시바우라노조 출신자에 의한 관동전기철공노조와 협력해 휘성노동조합輝醒労働組, 도쿄제과공조합, 자동차기공조합을 결성하고 1924년 9월 그것들을 연합해 관동노동조합연합회(약칭 관동연합)를 결성하는 노력도 했다. 인쇄공과 자유노동자도 조직 강화와 재편에 뛰어들려고 했다. 또 시바우라노조 등 단독조합 안에도 아나키즘계에 호응하는 조합이 여전히 적지 않았다. 그러나 모두 총동맹을 중심으로 한 세력에 조직이 침식당하면서 아나키즘계는 드디어 고난의 시대를 맞이하게 된다.

아나키즘
운동의 쇠퇴 //

이처럼 방향 전환이라는 새로운 상황에 직면해 아나키즘 진영은 거기에 전력으로 대처하지도 못하고 급속하게 후퇴해 갔다. 더구나 아나키즘의 특색이기도 한 강력한 인간적인 유대는 오스기의 죽음과 그 이후의 후퇴를, 이론 활동이나 노동운동과 같은 착실한 활동에 전력을 다함으로써 만회하려는 것이 아니라 복수와 같은 테러리즘에 사람들을 몰아넣었다. 그것으로 상징되는 아나키즘의 허약함, 또는 노동조합을 경시 내지는 포기하려는 움직임은 이론체계의 취약성, 특히 노동조합론의 불비를 여실히 반영하는 것이며, 결국은 아나키즘 운동 전체를 후퇴의 길로 이끄는 것이었다.

확실히 오로지 채찍 정책이 강조되었던 오스기 시대의 아나키즘은 개의 시점과 인간적 유대를 통해 널리 받아들일 수가 있었다. 노동운동 영역이나 강력한 총동맹의 중앙집권론에 대해서도 자유연합론을 주장하는 것만으로도 충분히 대등하게 맞설 수 있었다. 보통선거제 그리고 단체교섭과 노동협약의 방향도 노동자의 권리로서 보장될 가망이 전혀 없었고, 노동자 정권과 프롤레타리아혁명도 현실적인 문제로 존재하지 않았으며 노동운동이 그저 끝없이 멀고 먼 목표를 향해 나아가던 동안에는 오스기의 백지주의나 추상론도 노동자를 끌어들이는 힘을 갖고 있었다.

그러나 대진재와 오스기의 죽음 이후에는 불황과 노동 불안이 한층 무겁게 지속되는 가운데, 한쪽에서는 보통선거의 전망도 보이고, ILO 문제 등에서도 정부의 부분적인 양보도 볼 수 있었다. 다른 한편에서는 자본의 공격과 노무관리도 강력하게 진행되었다. 그렇게 정세가 일변되자, 종래와 같이 자유연합과 자유합의의 이론을 추상적으로 호소한다 하더라도 낭만적인 인상은 줄지언정 확고한 이론 무장으로 보급하기 시작한 마르크시즘에 비해 오히려 약하디약한 울림밖에 주지 못했다.

그렇게 해서 소수운동에서 대중운동으로 전환하는 대진재 이후에 이르자, 추상적인 사회변혁론과 자유연합론만으로는 노동자를 충분히 끌어들일 수가 없었다. 여기까지 이르게 되자 아나키즘 이론 체계의 취약성, 특히 노동조합론의 불비가 어쩔 수 없이 드러나게 되었다. 그 직전에 노동운동을 경시 내지는 무시하는 순정아나키즘이 대두할 여지도 있었다. 그것으로 일본 아나키즘은 결국 혼란과 궁지에 빠져들게 된다. 그리고 급속하게 '아나·볼' 대립 시대는 과거로 쫓겨나고 '볼'계의 전성과 그 속에서의 좌우 대립이 무대의 중앙으로 등장한다.

2. 테러리즘의 출현 　　*

검은
테러리스트 무리　//

　　　　　　　　　　방향 전환의 폭풍우 속에서 아나키즘 진영이 방어전에 부심하던 무렵, 또 하나의 검붉은 소용돌이가 아나키즘의 흐름에 머리를 쳐들기 시작했다.

　세간에서 테러리즘과 아나키즘의 동일시가 상당히 일반화되어 있다 하더라도, 테러리즘이 아나키즘 그 자체가 아니라는 것은 더 이상 말할 필요가 없다. 메이지의 아나키즘 도입기 이래, 아나키즘은 테러리즘과 혼동되어 왔다. 고토쿠가 나서서 그런 망상을 깨뜨리려 했으나 자신이 그 희생이 되고, 이어서 오스기 등의 노력으로 그런 망상도 드디어 깨뜨려진 것으로 생각되었다.

　그러나 오스기의 학살로 대표되는 관동대진재에 이은 일련의 백색테러는 테러리스트 및 아나키스트 일부를 대항하기 위해 결연하게 '행위에 의한 전도'로 분기하게 했다. 그들의 행위는 아나키즘 운동의 궤도를 일탈한 것이라 하더라도 일반적으로는 또다시 아나키즘의 본질이 드러난 것이라는 인상밖에 주지 않았다.

이 테러리스트들을 아나키즘 운동과는 관계없는 것이라고 정리하는 것은 용이할 것이다. 그러나 그들의 일부가 아나키스트였으며, 그들 모두가 아나키즘에 친근감을 갖고 있었다는 것도 사실이었다. 그런 흐름은 아나키즘의 본류도 대표도 아니었다고는 하지만, 적어도 하나의 지류였다는 것은 확실하다. 또 많은 아나키스트의 공감과 동정을 부른 것도 확실하다. 그런 의미에서 다이쇼 기간 중에 전국을 공포에 휩싸이게 한 테러리스트의 행적도 역시 아나키즘 운동사의 한 페이지로서 간과할 수는 없을 것이다.

아나키즘 운동 속에서 테러리즘의 씨앗이 배태하기 시작한 것은 1922년 무렵의 일이다. 아나키즘이 후퇴는커녕 고양하며 총연합운동을 목표로 '볼'계와 사회주의 운동과 노동운동의 분야를 양분하고 있을 때였다.

그처럼 여전히 아나키즘이 큰 자리를 차지하고 있을 때 테러리즘의 계획이 고개를 쳐들었다는 것이 중요하다. 그러면 어떻게 해서 1922년이라는 시기에 테러에 뛰어들려는 무리가 등장한 것일까.

최초로 테러리스트가 될 결의를 한 것은 후루타 다이지로와 나카하마 테쓰中浜鉄였다. 먼저 후루타를 통해 그 당시 테러리즘으로 내딛은 동기를 살펴보자.

후루타는 관리인 아버지에 원만한 중류 가정에서 자랐다. 와세다早稲田 대학 재학 중에 학내의 사회주의 단체인 민인동맹회民人同盟會, 이어 건설자동맹建設者同盟에 소속해 일찌감치 사회주의 운동에 발을 들여놓았다. 동시에 노동자에 대한 마음의 부채의식에서 노동자 생활에 뛰어들어 보기도 하지만 오래 이어지지는 않았다. 이어서 1921년 가을에 사이타마埼玉현 하스다蓮田에서 와타나베 젠주(대진재 후에 아나키즘 운동을 떠나 이전에 몰두했던 관업노동운동으로 되돌아갔다), 나가시만 신長島新(건설자동맹의 동료)과 소작인사小作人社를 결성했다. 농민 속에 들어가 기관지를 발행하기도 하고 연설회나 좌담회를 열기도 하면서 농촌운동을 전개하기 위해서였다. 그러나 신문 발행 이외에는 거의 눈에 띄는 활동은 할 수 없었다.

이 기간을 통해 후루타는 동요와 번민을 거듭했다. 완전한 노동자나 농민이 될 수 없는 자신에게, (1) 운동에서 완전히 손을 떼야 할 것인가, (2) 인텔리 입장에서 거침없이 운동에 관여해야 할지, (3) 그렇지 않으면 냉엄하게 테러리스트로서 스스로를 관리해야 할지에 대해 고민했다. 그 가운데 운동을 이탈하는 것은 아무래도 양심이 허락하지 않았다. 그렇다고 해서 노동자와 농민 위에 자리 잡는 것도 마음이 허락하지 않았다. 즉 불평등과 사회악이 만연한 현상에서 도피할 수는 없지만, 그렇다고 해서 인텔리가 지도자로서 위에 위치하는 운동에도, 그리고 온건하게 경제적인 노동운동에 뛰어드는 방법도 납득할 수 없었다.

그러자 그는 자신의 선택 가운데 남아 있는 테러리스트의 길을 고를 수밖에 없었다. 고지식하게 그리고 순진하게 사고하는 후루타는 노사의 관계에도 타협이나 영합이 없는 엄격한 자세를 갖고 있었다. 체제에 적대하는 이상 지배계급의 탄압도 당연히 받아들이는 대신에 스스로도 단호하게 투쟁에 뛰어들겠다는 자세를 보였다. 그 결과가 테러리즘의 선택이었다.

그 의견에 동조한 것이 나카하마 테쓰(본명 도미오카 치카이富岡誓, 中濱 哲라고도 했다. 군대 생활 후 창작 활동에 뛰어들면서 아나키즘 운동, 이어서 테러리즘 운동에 참가했다)였다. 두 사람이 처음 이야기를 나눈 것은 1922년 2월경, 의견 일치를 본 것은 그해 4월경, 이어서 그것을 위해 '소작인사'를 해산한 것이 그해 6월이었다. 그 후 두 사람은 와세다 근처로 옮겨 새로운 동지도 얻었다. 그리고 그 집단을 '길로딘사'라고 명명했다. 거기에는 후루타 다이지로, 나카하마 테쓰 외에도 구라치 게이지倉地啓司, 가와이 고조河合康左右, 나아가 길로딘사가 기타센주北千住, 오사카 등으로 이동하는 동안 고니시 지로小西次郎, 야마다 로쿠로山田六郎, 오가와 요시오小川義雄, 우치다 겐타로內田源太郎, 나카 기이치仲喜一, 오다 사카에小田榮, 다나카 유노신田中勇之進, 우에노 가쓰미上野克己 등이 가세했다.

테러리즘의 논리 //

길로딘사에 결집한 테러리스트들은 물론 테러리즘을 무조건 시인한 것은 아니었다. 기존의 자본주의 체제와 그것이 만들어 내는 모든 제도와 악을 도저히 그대로 놔둘 수 없었다. 그것을 인정할 정도라면 테러를 행사하는 것이 오히려 낫다는 논리였다.

그들이 그러한 테러리즘의 길을 선택한 것은 우선 자기의 약점을 자각해 가장 냉엄한 테러를 강제함으로써 스스로를 더 이상 후퇴할 수 없는 입장으로 몰아붙인 막다른 심경에서였다. 또 다른 하나로는 변혁에 대한 전략과 전술의 결여와 안이한 낙관론에 의한 것이었다.

전자에 대해서는 자신에 대해서와 마찬가지로 일반의 동향에 대한 비판도 포함되어 있었다. 노동계와 사회운동계로 눈길을 돌려보면 사회변혁을 부르짖으면서도 현실에서는 그것에 대한 과정과는 관계없는 이론으로 행동하고 생활하는 자가 많았다. 이는 도저히 납득할 수 없는 것이었다. 아나키스트 중에도 자아의 확립과 자립을 말하면서도 자기의 체내로 육화하지 않고 그것에 휘둘리는 자가 있는 것을 보고 그들은 불만을 감출 수 없었다. 그렇다고 해서 자기 자신 역시 완전하게 노동자나 농민이 될 수도 없었다. 거기서 현실에 대한 영합과 타협 그리고 인습에 대한 종속을 뿌리치기 위해 의식적으로 자신을 체제 내의 궤도에서 떼어 내, 더구나 세속적으로는 가장 증오하고 적대시하는 테러리스트로서 자신을 무리하게 절벽 끝에 세웠다. 그런 의미에서 그들은 사회변혁의 전제로서 우선 자기변혁을 시도하고자 했던 것이다. 그것이 그들의 출발점이었다.

후자의 전략과 전술의 결여 문제는 그들이 변혁에 명확한 전망을 갖고 있지 않았다는 것과 통한다. 명사들에 대한 테러, 소란, 격동 또는 반항을 일으키면 그것이 변혁의 도화선이 될 것이라는 현상에 대한 달콤한 전망이 선행되고 있었다. 적어도 의회나 노동노합을 통하는 것보다도 테러가 변혁으로 가는 더 나은 지름길이라고 믿었다. 말할 것도 없이 테러리스트가 되는 것은 변혁을 위해 한 몸을 희생하는 것이었다. 또 지배계급과 대결하는 것뿐만이 아니라, 민중과도 대치하고 결국은 적대시되는 것이었다. 그것을 무릅쓰고 희생자나 사석捨石으로 만족하려는 의지를 다지기 위해서는 변혁에 대한 확신과 그 도래에 대한 낙관론이 뒷받침될 때 비로소 가능해지는 것이었다.

물론 당시의 테러리스트 모두가 그런 이론에 입각한 것은 아니었지만, 거기에는 커다란 모순이 있었다. 우선 당시의 상황이 변혁에 대한 조건을 충분히 갖추고 있었다고는 할 수 없다. 게다가 인간의 해방, 개의 자립을 지향하면서 결국 테러리스트가 된다는 것은 바로 자신을, 인간을 희생할 뿐이라는 사실도 깨닫지 못했다.

후루타에게서 볼 수 있는 것처럼 자신이 비프롤레타리아적 기반과 배경을 갖고 있으며 게다가 그것을 둘러싼 인습에 강하게 속박되어 있다는 것을 알았을 때, 그런 오랜 유대와 인습을 끊어 내기 위해 안이한 타협은 의식적으로 멀리하게 되었다. 그리고 테러리스트가 됨으로써 오랜 인연을 끊어 버린 자신의 자립한 모습을 확인하려 했다. 그러나 그 방향은 자기를, 인간을 적극적으로 살리는 길은 아니었다. 피동적이 되고 희생이 됨으로써 자신의 존재를 확인하는 것이었다. 그것은 아나키즘이나 근대적 사회운동이 추구하는 방향과도 동질의 것은 아니었다.

당시의 테러리즘이 아나키즘과 다르다는 것은 후루타 등도 인정하는 부분이지만, 본래 원리적으로 아나키즘과 희생의 이념은 대립한다. 인간의 노예성을 해방하기 위해 자기를 희생하는 것은 결국 자신을 변혁의 하인으로 만드는 것이다. 거기에는 오랜 인연과 고정관념을 끊어 버리려고 하면서 거꾸로 거기에 매인 모습을 볼 수 있다. 그런 몸부림과 비애가 또 인간적이어서 많은 공감을 불렀던 것도 사실이기도 했지만.

이처럼 목숨을 건 자기변혁을 발판으로 후속의 혁명가에게 변혁의 완성을 기대하는 것은 히로이즘과 로맨티시즘이라고 하기 전에 자기 안에 있는 진부함을 완전히 벗어던지지 못했다는 것을 의미했다. 또한 거기에 당시의 테러리즘이 일부 불철저함과 퇴폐를 만들어 낸 이유도 있었던 것이다.

테러리즘의 실천 //

길로딘사 최초의 테러는 후루타와 나카하마가 계획한 방일 중인 영국 웰스 황태자의 저격이었다. 세르비아 청년이 오스트리아-헝가리 황태자 부부를 저격함으로써 제1차 세계대전이 개시된 것을 상기해 영국 황태자에 대한 저격이 국제적 긴장과 소란을 초래할 것을 예상한 계획이었다. 1910년대 초 유럽의 정세와 1920년대 초 영국과 일본을 둘러싼 정세가 다르다는 것을 계산하지 않고 계획된 것이라고 해야 하지만, 일본의 황족을 대상으로 하는 것보다도 영향력이 훨씬 크다는 판단 아래 나카하마는 황태자를 노렸다. 그러나 기회를 얻지 못하고 실패로 끝났다.

이어서 섭정관에게 테러 대상이 옮겨졌다. 그것은 1922년 여름 무렵의 일이었으며 그때는 동지도 늘어났다.

하지만 그들은 오로지 그런 목표를 향해 행위로 뛰어든 것은 아니었다. 테러리즘은 극도의 긴장에 둘러싸인 것이며 또한 전향적인 것도 아니었던 만큼, 조금이라도 긴장이 풀어지면 타락과 퇴폐가 슬며시 다가왔다. 자신을 변혁에 대한 제물로 삼는 이상 모든 수단과 행위가 인정된다는 논리, 예를 들면 랴쿠에 의한 자금 강요와 그것을 유곽에서 소비하는 것 등 어떤 수단도 인정할 수 있다는 억지이론이 그들 속에 깊숙이 들어와 있었다. 역으로 타락이나 몰주체성은 자기를 희생함으로써 상쇄할 수 있다는 발상도 나왔다. 데카당스의 골짜기에 서 있던 그들을, 나카하마가 좋아했던 러시아의 혁명가 슈테파닉의 "혁명가는 모두 그 생애 속에서 그 자체는 대단치도 않은 어떤 사정으로, 혁명을 위해 일신을 바치겠다는 맹세를 한 위대한 한순간을 갖고 있다."는 짧은 말이 소생시켰던 것이다.

거기에는 목적과 수단의 괴리가 보였다. 인간해방이라는 최종목표와 최대급의 반역성을 갖추고 있다는 점에서는 아나키즘과 일치하는 테러리즘도, 목적과 수단의 분열이 시인되는 단계가 되면 아나키즘과 이질적인 것이 된다.

그런 목적과 수단의 괴리를 와해로까지 유도하지 않고 어떻게든 테러리즘의 실행으로까지 진행한 것은 후루타의 인간성이며 후루타와 나카하마의 동지애였다. 나카하마는 〈흑표黑表〉라는 시에 자신과 후루타의 생활을 다음과 같이 적었다.

후루자와 거리를 산책했다
'테쓰鐵'의 발은 유곽으로 향했다
'오상大さん'의 발은 유교지遊行寺로 향했다
…
센조쿠초千束町에 세를 얻어 살던 시절의 이야기다.
'테쓰'와 '야스짱'은 26일 빠짐없이 매일 밤 사창가를 어슬렁거렸다.
'오상大さん'은 그사이 혼자서 단팥죽과 어묵으로 입맛을 다셨다.[16]

퇴폐와 타락에 물들지 않고 영원한 사랑에 애를 태우며 여전히 새로운 사회의 도래를 꿈꾸며 테러리즘에 뛰어든 후루타를 보고 다른 테러리스트들도 퇴폐와 타락에만 몸을 맡길 수만은 없었다. 1920년대 말의 베스트셀러인 후루타의 옥중기(《죽음의 참회死の懺悔》)에서 그의 마음을 들여다보자.

"나는 확실히 운동의 신성을 더럽혔다. 나는 그 죄로 인해 내 한 몸

---

16 이 시에서 오상大さん은 후루타 다이지로古田大次郎를 가리키는 것으로 나카하마와 후루타 등 동지들과의 만남과 교류를 표현하고 동지들을 묘사한 내용이다(역자 주).

을 깨끗하게 버리겠다. 단, 나에게는 하나의 조그만 위로가 있다. 올바르게 살려고 노력했다. 힘없고 조그만 힘, 운동에 바친 애처로운 진지함, 그런 것들이 나의 작은 위로다. 나는 이것을 가슴에 꼭 껴안고 죽을 생각이다. 그렇게 한다면 나의 죽음은 조금 평온해질 것이다. 얼굴에는 아련하고 희미한 웃음도 떠오를 것이다."

"나에게는 나의 죽음에 대해 하나의 아름다운 기쁨이 있다. 그것은 나의 사랑을 영원히 깨끗이 할 수 있다는 기쁨이다. 죽으면 육체의 정욕은 사라진다. 나는 살아 있는 한 추한 육욕이 사라지지 않는다는 것을 알고 있다. 그것은 사랑을 더럽히는 것이다. 죽으면 그것은 없어진다. 그때야말로 비로소 나의 사랑은 청순하고 무구해지는 것이라고 생각한다."

"나는 생각한다. 나는 지금까지 올바른 생을 추구하며, 그 안에서 살아가기 위해 서툰 노력을 해 왔다. 그리고 올바른 생을 살아가기 위해 주위의 부정한 상태를 바꿔야 한다. … 나는 이런 신념으로 살아왔다. 그것을 위해 우리 모두 얼마간의 희생을 각오했다."

물론 후루타로서도 오로지 고지식하게 자기를 승화해 테러리즘에 뛰어들 수 있었던 것은 아니다. 그는 테러리즘에 들어서면 번민도 괴로움도 없어질 것으로 생각했다. 평온해질 것으로 생각했다. 그러나 그렇지가 않았다. '자비심 깊은 아버지, 그리운 형과 누나, 귀여운 여동생들, 그리고 돌아가신 그리운 어머니!' 이런 가족에 대한 사랑도 추억도, 세

일본의 아나키즘 운동사

속과 인습에 대한 정리도 쉽게 끊을 수 없었다.

그러는 동안에 대진재가 발생했다. 그에 이은 광폭한 탄압은 길로딘사의 동지들을 초조하게 했다. 그들은 다시 결속해 드디어 테러리스트로 일어섰다.

광란의 테러 //

진재 후 우선 세상을 놀라게 한 것은 '시인풍의 남자'로 알려진 다나카 유노신田中勇之進의 아마카스 마사히코甘粕正彦의 동생 고로五郎에 대한 습격이었다. 가족에게는 죄가 없다고 하는 후루타와 구라치倉地의 강한 반대도 있었고, 다나카 자신의 심경도 복잡했지만 습격은 결행되었다. 그러나 결국은 미수로 끝났다. 다나카는 체포되어 길로딘사 최초의 희생자가 되었다.

같은 시기, 선박의 급사 출신으로 노동운동에도 관여한 적이 있는 나카 기이치仲喜一가 동양방적東洋紡績의 이이오 가즈지飯尾一二 중역을 습격했다. 자금 강요에 대한 위약을 위협하기 위해서였지만, 이마저도 또한 실패로 끝났다. 사람을 착각해 쇼지 오토키치壓司乙吉 상무에게 경상을 입혔을 뿐이었다.

한두 가지 조그만 계획이 실패로 끝난 후, 1923년 10월 16일 고사카小坂 사건이 발생했다. 회사에서 돈을 강요하는 랴쿠만으로는 길로딘사 일단의 생활과 유흥, 나아가 운동을 지탱하지 못해 이전부터 대금 강탈을 계획했다. 이미 한 번 가와키타川北 전기공장의 급료 강탈에 실패했었지만, 숙부가 제15은행원인 고니시 지로小西次郎의 안내로 백주에 오사카 시외 고사카마치(지금의 후세시布施市)의 다이키大軌 전차 고사카 정류장 근처에서 제15은행 다마쓰쿠리玉造지점 고사카小阪 대기소의 행원(가쿠다 요시조角田芳藏와 아사다 우노스케淺田宇之助)을 습격했다. 이번에도 손가방을 빼앗았을 뿐 실패로 끝났다. 그런데 난투가 벌어지는 바람에 계획에도 없던 살인이 발생했다. 후루타가 가쿠다를 단도로 찔러 죽이는 사태가 벌어진 것이다. 현장 참가자는 후루타를 중심으로 고니시 지로, 오가와 요시오, 우치다 겐타로 등 4명, 가와이 고조도 확인하기 위해 부분적으로 참가했다. 곧바로 후루타를 제외한 4명 및 연루자로 시게노 에이기치茂野榮吉가 체포되었다.

계획이 계속해서 실패하고 많은 동지가 체포되었으며 남은 자도 쫓기는 몸이 되면서 길로딘사의 운명도 막다른 지경에 몰렸다. 그렇게 되자 초조감이 더욱 높아지면서 눈에 띄는 활동도 하지 못한 채 잠행을 계속할 수밖에 없었다.

그해 연말이 가까운 12월 27일, 한 청년이 그들을 따돌리듯이 의회 개원식으로 향하던 섭정관을 도라노몬虎ノ門에서 지팡이총으로 저격했다. 목표는 빗나가고 섭정관은 무사했다. 청년은 말할 것도 없이 난바 다이스케難波大助였다. 아버지가 대의사(야마구치현 제2구 선출, 난바 사쿠노신難波作之進)로 야마구치현 도쿠야마德山 중학교를 5학년 2학기에 퇴학하고 도쿄에서 고등학교 수험공부 중 사회주의와 아나키즘을 접하고 노동생활도 경험했다. 저격은 탄압과 진재 시 당국의 방침에 격분한 행위였다.

그 무렵부터 한쪽에서는 오다 사카에小田栄 등이 이탈하고, 다른 한쪽에서는 노동운동사 소속의 아나르코 생디칼리스트인 와다 큐타로와 무라키 겐지로가 길로딘사 잔당인 후루타 다이지로, 나카하마 테쓰와의 접촉이 잦아졌다. 무라키는 처음부터 후루타와 나카하마의 계획 의논에는 참여했지만, 두 사람과 자신이 실행 행위자로서 테러리즘에 뛰어든 것은 대진재 후의 일이었다.

말할 필요도 없이 와다 큐타로와 무라키 겐지로가 목표로 하는 것은 오스기의 복수였다. 그 목표로 정해진 것은 대진재 시 계엄사령관 후쿠다 마사타로福田雅太郎 대장이었다. 후루타 다이지로, 나카하마 테쓰, 와다 큐타로는 조선으로 건너가 폭탄과 권총 입수로 분주했다. 국내에서도 구라치, 신타니 요이치로新谷與一郎 등이 다이너마이트와 폭렬탄 입수와 제조에 매달렸다. 길로딘사 그룹과 노동운동사 그룹의 직접 목표는 달랐지만 막다른 곳에 몰려 긴박한 상황에 놓이면서 반역의 피가 끓어오른 것은 마찬가지였다.

1924년 4월 나카하마, 구라치, 이토 고이치伊藤孝一는 이전부터 강요하던 돈을 받으러 가네보鐘紡 본사로 무토 산지武藤山治를 찾아갔다. 거기서 통보를 받고 달려온 무장경관대에게 나카하마와 이토가 체포되었다.

남은 후루타, 기무라 등은 같은 해 4월 8일 긴자銀座 오와리초尾張町

의 전차 궤도 위에, 7월 19일 도쿄 야나카谷中 기요미즈초清水町의 공동 변소에, 나아가 같은 달 28일에는 아오야마青山 묘지에 폭탄 시작품을 설치했다. 그 무렵 무라키는 체포된 나카하마에게 보낸 서간(7월 1일자)에서, "9월에는 추도회라도 대대적으로 벌여 오스기 잔당의 기백이라도 세상 녀석들에게 보여 주고 깜짝 놀라게 해 줄까?"라며 천연덕스럽게 하나의 계획을 예고했다.

9월 1일 관동대진재 기념일에 혼고 기쿠자카菊坂의 초센지長泉寺에서 시의회 주최로 후쿠다 마사타로의 강연회가 열렸다. 이날을 기다리던 무라키 겐지로와 와다 큐타로는 초센지로 향했다. 와다는 회의장 근처의 서양 요리점 엔라쿠켄燕樂軒에, 무라키는 회의장 내에 자리 잡고 후쿠다를 노렸다. 거기에 몰래 동행이라도 하듯이 후루타古田가 회의장 근처의 고이시가와小石川에서 망을 보고 있었다.

와다는 시간을 가늠해 엔라쿠켄을 나와 그 앞길(혼고 3초메)에 섰다. 복장은 파나마모자에 견직물 하오리羽織로, 한 손에는 손가방을 들고 있었다. 그 안에는 권총이 한 정 감춰져 있었다. 이윽고 후쿠다를 태운 차가 다가왔다. 후쿠다가 차에서 내려 휴식을 위해 엔라쿠켄으로 향하던 순간, 와다가 저격했다. 하지만 첫 발이 실패로 끝났다. 와다는 도주했지만 근처에서 체포되었다. 오스기 학살 이후 그 복수에 불타올랐던 두 사람이었지만 와다는 결국 그것을 이룰 수가 없었다.

그 후 9월 3일 후루타, 무라키 등은 와다가 구류되어 있는 혼고 모토후지本富士 경찰서 사환실에 폭탄을 던졌다. 이어서 9월 6일에는 후쿠다 대장의 집에 소포폭탄을 보냈다. 집안사람이 소포를 개봉하자 이상한 연기가 났고, 이에 놀라 소포를 정원으로 내던지는 바람에 부상자는 없었다.

와다의 체포 후 아나키스트의 전국적 음모 계획이라는 이유로 신문기사가 금지되었다. 그사이 경찰의 추격은 엄중해졌다. 9월 10일 미명 결국 도쿄부 시다에바라군下荏原郡 오이마치大井町 가미헤비쿠보上蛇窪(지금의 시나가와구)의 은신처(가네코 호조金子峰造가 운영하는 두 칸짜리 싸구려 임대주택의 한 칸으로 시마테이 나오島貞尙의 명의로 빌렸다)에서 후루타와 무라키가 체포되었다. 구라치도 곧이어 오사카시 기타구 도요사키초豊崎町의 오사카염색노동조합 사무소에 들렀을 때 잠복 중이던 나카무라서의 경찰관에게 체포되었다.

마지막으로 9월 말, 오사카 형무소 기타구北区 지소에 수용 중인 나카하마와 고니지 지로를 구출하려고 형무소 폭파계획을 세웠던 그룹이 체포되었다. 거슬러 올라가 6월 무렵부터 고니시 다케오小西武夫, 야마다 쇼이치山田正一가 중심이 되고 나중에 고니시 마쓰타로小西松太郎와 오사베 하루노스케簑部治之助 등도 가세해 나카하마 등의 구출을 계획했지만 폭탄 입수 이전에 당국에 탐지되어 체포되었다.

이에 실행 참가자 모두가 체포되어 길로딘사도 결국 괴멸의 운명을 맞이했다. 그 직후(11월 15일) 공판에서도 자신의 행위를 계속해서 정당시하던 난바 다이스케도 처형되었다. 야마다 사쿠마쓰山田作松, 요코야마 우메타로橫山梅太郎, 아라키 히데오荒木秀雄 등 아나키스트 단체인 자연아연맹自然兒聯盟에 속한 회원들이 그날 사체를 인수하러 나섰지만 전원 검거되었다.

당당한
테러리스트 //

1923년, 1924년 전국을 석권했던 테러리스트의 행위에 와다 큐타로와 무라키 겐지로가 포함되어 있었던 것이 아나키즘 운동에서 무척 중요한 의미를 가진다.

그들이 테러에 목숨을 걸고 있을 무렵 노동운동계는 방향 전환의 폭풍우에 휩싸여 아나키즘계도 방어전에 정신이 없었다. 그런 아나키즘 진영에서 와다 큐타로 등은 더할 나위 없이 소중한 존재였다. 원래 노동운동사에서도 노동운동에 가장 정통하고 이론가 역할을 다하고 있었던 것은 와다 큐타로였다. 그런 와다 큐타로가 견실하고 우회적인 노동운동을 통한 노력으로 오스기 등의 영혼에 보답하려고 했던 것이 아니라 직접적인 테러리즘으로 보복하려 했던 것은 노동계에서 아나키즘의 쇠퇴를 상징적으로 보여 주는 것이었다.

와다 큐타로는 병으로 몸을 해치고 있었다. 이론가이긴 했어도 모든 것을 이론과 사리로 명쾌하게 결론지을 수는 없었다. 오스기 등의 학살에 대한 생각도 그런 것으로, 이론을 넘어 복수에 나설 수밖에 없을 정도의 충격이었다. 게다가 그는 이론가였기 때문에 노동운동에서도 결국은 제3자 위치에 있다는 것을 자각했다. 그런 만큼 대진재 후의 고난기에 오스기의 영혼에 이끌리듯이 테러리스트의 길을 선택했던 것이다. 곤도 켄지 등이 연루되지 않도록 둘이서만 몰래 세운 계획이었다.

무라키 겐지로도 병에 걸린 몸으로 항상 죽을 장소를 찾고 있었다. 히사이타의 죽음에 직면했을 때도 그는, "지금 눈앞에서 자네의 죽은 모습을 바라본다. 하지만 특별한 놀라움이나 탄식도 일어나지 않는다. 현 제도의 모순과 잔학에 분노하며 세상의 고통에 너무 질린 우리는 '어떻게 죽음과 맞부딪칠까' 하고 항상 죽는 방법과 시간, 장소를 생각하게 되었다. 지금 내 머리는 자네의 평화로운 모습을 보고 단지 부러운 생각이 가득할 뿐이다."(《천성의 산록天城の山麓》《노동운동》 제3차 3호)라고 그 느낌을 적었다. 그는 자신의 건강과 역할, 즉 이론가도 오거나이저도 아니라는 것을 잘 알고 일신을 희생하는 것으로 운동을 위해 파문을 일으킬 생각이었다. 특히 오랜 동지 오스기 사카에를 빼앗겼을 때 그 결의는 정해졌다.

이처럼 가장 직접적인 길을 선택했음에도 아무런 성과도 거두지 못하고 사회를 놀라게 했을 뿐으로 길로딘사 관계자는 체포되었다. 옥중의 병실에 위독한 몸으로 누워 있는 무라키의 머리맡에서, 후루타가 "뜻하는 것은 조금도 이루지 못하고 죽어 버리는 것인가. 바람이었다고는 하지만 이 쓸쓸한 곳에서 겨우 두 명의 친구에게 둘러싸여 죽어야만 하는 건가."(《죽음의 참회死の懺悔》)라고 생각에 잠겼던 것처럼, 목적은 조금도 이루지 못하고 노동운동과 사회주의 운동에서도 일탈한 행위로

간주되어 모든 것이 끝나 버렸다. 오히려 그들이 관계했거나 가장 친근감을 갖고 있었던 아나키즘 운동의 쇠퇴 속도를 앞당기는 역할을 짊어지고 괴멸한 것이었다.

그러나 그들은 실패와 괴멸 후에도 자신이 테러리스트였다는 것을 부끄러워하지도 자기비판도 하지 않았다. 거기에 목숨을 걸었다는 것에 당당했다. 그런 만큼 와다 큐타로가 "법정은 또한 우리의 전장이다."(《옥창에서獄窓から》)라고도 말한 것처럼 공판에서도 주장할 점은 주장했다. 그와 동시에 서로에 대한 깊은 동지애를 보이며 서로 감싸 주기도 했다. 변호사 후세 타쓰지가 후루타 다이지로와 나카하마 테쓰를 '빛나는 사형수'라든가 '정렬의 투사'(《사형수 11화死刑囚十一話》)라고 부른 것이, 그런 상황을 잘 설명하고 있다.

이 일련의 테러 사건에 대해 내려진 판결은 다음과 같다.

사　　형: 후루타 다이지로, 나카하마 테쓰

무기징역: 와다 큐타로, 고니시 지로, 가와이 고조, 시게노 에이기치, 우치다 겐타로, 오가와 요시오

징 역 형: 나카 기이치, 다나카 유노스케, 우에노 가쓰미, 이토 고이치, 고니시 다케오, 야마다 쇼이치, 고니시 마쓰타로, 오사베 하루노스케, 구라치 게이지, 신타니 요이치로, 사카타니 이치阪谷貫一, 헨미 키치조逸見吉三, 야키 노부조八木信三, 이리에 쓰네이치入江常一, 가와이 후데마쓰川井筆松

무라키 겐지로만은 지병인 폐환이 악화되고, 폐장 비대로 요독증이 병발해 위독 상태에 빠져 이치가야 형무소를 나오게 되었다. 그리고 다음 날인 1월 24일, 즉 대역사건 처형일에 판결을 기다리지 못한 채 사망하고 말았다.

무라키가 옥중에서 병을 앓던 1월 20일, 반군 선전으로 스가모 형무소에 투옥 중이던 방랑의 노동 시인이자 아나키스트인 고토 겐타로가 옥중에서 액사했다. 2월 1일 무라키 겐지로와 고토 겐타로의 추도회가 도쿄 고이시가와小石川의 도에이지道榮寺에서 남은 동지들에 의해 쓸쓸하게 거행되었다.

후루타 다이지로는 1심 사형판결인 채로 공소도 상고도 하지 않고 1925년 10월 15일 초지를 관철한 채 교수대에 올랐다. 싸움을 걸었다가 결국 굴복시키지 못한 천황을 동반하려는 생각에서 국화꽃을 가슴에 안고 교수대에 오를 생각이었지만, 국화꽃이 늦게 피는 바람에 귀여워하던 고양이와 개의 사진을 안고 죽어 갔다.

나카하마 테쓰는 1심 무기의 판결에 공소했지만 후루타의 사형판결을 듣고 죽음을 서두르듯이 공소심에서는 자신에게 불리해지도록 행동했다. 그 결과 사형판결이 내려지자마자 그것을 받아들여 희망대로 1926년 4월 15일 교수대에 올랐다. 와다 큐타로도 1928년 2월 20일 아키다 형무소에서 '수많은 괴로움도 사라지는 눈바람'이란 사세辭世의 노래를 남기고 액사했다. 아나키즘 운동의 가을도 점점 깊어지는 느낌이었다.

또한 길로딘사가 괴멸한 직후, 또 다른 하나의 대역사건이 권력의 손에 날조되려 하고 있었다. 조선인 아나키스트 그룹의 한 명인 박열朴烈과 그의 내연의 처 가네코 후미코金子文子 사건이다. 아나키즘 운동에 종사하던 두 사람은 진재 직후인 9월 3일 보호 검속되었지만 치안경찰법 위반, 이어 폭발물 취체규칙 위반, 결국에는 대역죄로 기소되어 1926년 3월 25일에 사형 선고를 받았다. 곧바로 두 사람 모두 무기로 감형되었지만 이 사건은 조선인 대량 학살이라는 사태를 눈속임하기 위한 날조였을 뿐이다.

이처럼 다이쇼 말기에 연이은 아나키스트 또는 테러리스트 사건은 그 진실이 어디에 있든 일반인에게는 어두운 인상을 남긴 채 끝나 버렸다. 아나키즘 운동도 급속히 무대의 배후로 물러나는 듯했다.

VII

전국자련全國自連과
순정아나키즘

Anarchism in
Japan history

1. 재건과 전국적 연합을 향한 노력 *

전국적

연합을 향해 //

대진재 후 방향 전환의 폭풍우는 자유연합계 또는 반총동맹계라고 불린 조합에도 영향을 미쳤다. 우선 그 새로운 정세에 순응해 의회주의와 사회정책을 용인하는 단순한 반총동맹의 입장에 선 조합과 종전대로 아나키즘을 용인하는 자유연합계 조합 사이에 정리와 분해가 진행되었다. 그에 따라 도태, 순화된 아나키즘계 또는 자유연합계는 점차 고립화가 심해졌다.

그러나 그 뒤 아나키즘계가 오직 후퇴의 길을 간 것은 아니었다. 곧이어 재건을 위해 각지, 각 업종에서 연합과 합동을 기도하는 움직임이 보였다. 중국노동조합연합회(1924년 3월), 관서노동조합자유연합회(24년 12월), 관동노동조합연합회(24년 9월), 도쿄인쇄공조합(24년 11월) 결성이 그것이었다. 이들 모두 총동맹의 결성 방식에서 볼 수 있는 것처럼 본부가 먼저 결성되어 '중앙에서 지방으로, 위에서 아래로'라는 방식에 따른 것이 아니라 각 개별 조합이 자주적으로 연합(도쿄인쇄공조합은 대등의 합동)하는 방법에 의한 것이었다.

1925년에 들어서자 총동맹에서의 좌우 대립으로 좌파는 총동맹을 떠나 일본노동조합평의회를 결성했다. 평의회는 말할 것도 없이 일본 공산당의 노선, 즉 마르크시즘에 입각하는 노동조합의 연합체다. 이후 한편으로는 주로 총동맹과 평의회로 대표되는 좌우의 항쟁이 거세지면서 다른 한편에서는 불황이 장기화 되는 상황에서 동일 파 내에서는 조직 강화의 방향, 특히 전국 조직의 확립으로 움직이기 시작했다.

그에 따라 아나키즘계에서도 관동자유노동조합연합(1925년 8월), 히로시마노동조합자유연합(1925년 12월)이 조직되었다. 1926년에 들어서자 중간파로서 새롭게 일본노동조합총연합, 이보다 늦게 일본노동조합동맹도 결성되었다.

이 같은 각 파의 내셔널 센터[17]가 총출연하는 동향을 보고 아나키즘계도 단일의 산업별과 지역별 조직뿐만 아니라 더 나아가 자파의 노동조합 전체에 의한 전국적 연합결성에 확실히 뛰어들게 되었다.

이미 대진재 이후 대충 반총동맹계라는 것으로 일괄되었던 그룹의 도태와 타파의 약진으로 아나키즘계로서는 지위의 저하가 불가피했다. 특히 그 후에도 각 파가 발전해 강력한 전국 조직을 형성하는 것을 보고 자기 진영의 결집, 적어도 전국적인 연락기관을 만들 필요를 통감했던 것이다. 그 결과 노동조합의 총연합에 앞서 우선 아나키즘계의 사상단체, 문화단체, 노동조합의 연락기관으로서 1926년 1월 '흑색청년연맹

---

17 national center, 즉 노동조합의 전국중앙조직(역자 주).

黑色青年連盟'이 결성되었다.

흑색청년연맹과
긴자銀座 사건 //

흑색청년연맹(약칭 흑련黑連)은 관동
에서의 아나키스트의 총연합으로 출발했다. 총동맹과 평의회의 발전,
또는 보통선거를 앞둔 농민노동당의 결성에서 볼 수 있는 '볼'계 사회주
의 진영의 약진과 대비해 보면, 오스기의 죽음과 길로딘사 사건 이후
의 아나키즘 진영의 후퇴는 뚜렷했으며 그 재편과 강화의 필요성이 통
감되었다. 그 결과 결성된 것이 '흑련黑連'이었다. 1925년 농민노동당의
결성식(12월 1일)에 대한 방해와 페이비언 협회[18] 강연회(12월 7일)의 회
의장 점거를 계기로 아나키스트들의 결속이 시도되었지만, 흑련으로서
의 정식 출발은 새해가 되고 나서였다. 그때의 참가 단체는 다음과 같
다(그 후 변경되었다).

사회생리연구회社會生理研究會, 자유노동운동사自由勞働運動社,

농촌운동동맹農村運動同盟, 노동운동사勞働運動社, 흑선풍사黑旋

---

18 페이비언 협회Fabian Society: 1884년에 창립한 영국의 점진적 사회주의 사상 단체. 마
르크스주의에는 비판적이며 점진적 사회주의관에서 진보적 개혁과 산업의 국유화를 통
해 현존의 국가를 '복지국가'로 전환하려는 지식인 사회주의자의 소집단(역자 주).

風社, 무궤도사無軌道社, 무차별사無差別社, 흑류사黑流社, 흑기사黑旗社, 삭풍사朔風社, 자아인사自我人社, 흑색운동사黑色運動社, 야만인사野蠻人社, 문예비평사文藝批評社, 해방전선사解放戰線社, 강동자유노동자조합江東自由勞働者組合, 자유노동상호회自由勞働相互會, (이하 7단체는 조합원 유지) 관동노동조합연합회關東勞働組合連合會, 도쿄인쇄공조합東京印刷工組合, 요코하마인쇄공조합橫浜印刷工組合, 신문노동연맹新聞勞働連盟, 체우동지회遞友同志會, 시전자치회市電自治會, 시바우라노동조합芝浦勞働組合

1926년 1월 31일 흑련은 제1회 대회를 겸해 도쿄 시바의 교초회관協調會館에서 저녁 6시 반부터 연설회를 열었다. 참가자는 대략 700명, 두 개의 흑기 아래 6개의 슬로건이 내걸렸다.

- 노동자의 해방은 노동자 자신의 손에서 이루어져야 한다.
- 우리는 자유연합주의를 강조한다.
- 정치운동을 박멸하라.
- 무산당 운동을 배격하라.
- 직업적 운동꾼을 구축하라.
- 모든 폭압법령 법안을 매장하라!

연이어 등단하는 연사가 곧바로 중지를 명령받은 끝에 마지막에는 해산명령이 내려졌다. 격앙한 참가자는 흑기를 휘날리며 긴자銀座로 향했다. 그것을 강압적으로 저지하려 한 경찰과 몸싸움이 벌어지자, 데모대는 돌을 던지고 깃대로 긴자 거리 20여 채의 쇼윈도를 때려 부쉈다. 곧바로 비상선이 쳐지고 32명이 그 자리에서 검거되었다.

다음 날 아침에 아나키스트 단체는 수색을 당하고 많은 사람이 검거되었다. 그 가운데 22명이 이치가야 형무소로 보내졌다. 다음 달 야마자키 신도山崎眞道, 아라키 히데오荒木秀雄, 아키야마 류시로秋山龍四郎, 히키타 지사쿠匹田治作, 마쓰우라 료이치松浦良一, 기타우라 가오루北浦馨, 오타니 준지雄谷順二 등 7명이 기소되면서 사건은 결말이 났다. 이것이 이른바 '긴자사건' 또는 '흑련사건'이라고도 하는 사건이다.

당시 흑련의 결성에서 "바야흐로 일본에서는 전국 무수의 길로딘사족출簇出의 염원이 당시 이 운동의 모든 바람이었다."(스즈키 야스유키鈴木靖之《일본 무정부주의 운동사》)라는 말도 있었던 것처럼 길로딘사의 행동을 심정적으로 지지할 뿐만 아니라 전면적으로 평가하는 자도 있었다. 그런 파괴주의적이고 니힐리스틱한 자세가 흑련의 일부에 당초부터 존재했었다. 그것이 점차 확대돼 순정아나키즘과 결합되면서 아나키즘 진영을 더욱더 혼란과 후퇴로 이끌고 갔다. 그것에 대해 그런 자세에 당초부터 불안과 의문을 교차시키던 아나키스트도 있었을 정도였다.(곤도 켄지近藤憲二《어느 무정부주의자의 회상一無政府主義者の回想》)

그럼에도 당초에는 기관지《흑색청년黑色靑年》의 발행, 연설회 개최, 쟁의지원(1926년 3~4월의 경성전차 쟁의의 대거 지원 등), 미국에서의 이민

아나키스트 사코Nicola Sacco와 반제티Bartolomeo Vanzetti의 날조 사건[19]에 대한 사형 반대 항의 활동(1927년 여름) 등을 적극적으로 진행했다. 그 영향을 받아 관서에서는 '관서흑기연맹'이 결성되었으며, 전국 각지에서도 흑련의 참가가 이어졌다.

전국자련全國自連의
창립 //

이어서 1926년 5월 전국노동조합 자유연합회全國勞働組合自由連合会(약칭 전국자련)도 결성되었다. 그에 앞서서 1926년 3월 전국인쇄공연합회 대회는 동일 주장 조합의 전국적 총연합의 제안을 가결했다. 아나키즘계 노동조합의 주력은 이 무렵에도 역시 인쇄공이었으며 그 전국대회에서 전국적 연합이 확인되었다는 것은, 아나키즘계 조합도 마침내 전국적 연합으로 발을 내딛었다고 해도 좋은 것이었다.

이렇게 해서 아나키즘계 노동조합에 의한 최초의 전국적 결집체인

---

19 1920년 미국에서 이탈리아계 이민자이자 아나키스트인 니콜라 사코Ferdinando Nicola Sacco(1891~1927)와 바르톨로메오 반제티Bartolomeo Vanzetti(1888~1927)가 강도 살인죄로 처형된 사건. 1920년 보스턴에서 강도 사건이 발생해 그 용의자로 제화공인 니콜라 사코와 생선 행상인 반제티가 체포되었지만 두 사람이 아나키스트였다는 사실만으로도 처벌할 수 있다는 생각에서 재판을 진행, 유죄를 판결했다. 1927년까지 구제운동이 전개되었지만 결국 처형되었다(역자 주).

전국자련의 결성대회가 1926년 5월 24일 아사쿠사구淺草區 기타지마
초北島町의 도이쓰카쿠統一閣에서 개최되었다. 일단 정해진 회의장이
당국의 방해로 거부되었기 때문에 대회 전날까지 대의원에게도 비밀에
부쳐 확보된 것이 이 회의장이었다.

당일은 전국에서 400명의 대의원이 모여서 11시에 다카기 세이치高
木精一(중국)가 개회를 선언했다. 의장에 미즈누마 타쓰오(도중에 와다 에
이타로로 바뀜. 함께 도쿄인쇄공조합), 서기에는 시마즈 이치로嶋津一郎(기
계기공조합) 외에 2명을 선출해 의사를 진행했다. 이 창립대회의 참가
조합은 다음과 같이 4연합회 23조합에, 홋카이도 지방 2조합을 합쳐서
계 25조합이었다.

[관동노동조합자유연합회]
관동자유노동자조합연합, 도쿄인쇄조합, 도쿄신문노동연맹, 요코하마인
쇄공조합, 기계기공조합, 도쿄제과공조합, 조모上毛인쇄공조합미야마회三
山會, 시즈오카静岡합성노동조합, 시즈오카신문노동연맹, 사이타마埼玉소
작인조합

[관서노동조합자유연합회]
고베神戸자유노동자조합, 교토인쇄공조합, 오사카기계기공조합

[중국노동조합자유연합회中国労働組合自由連合会]

오카야마岡山순노동자조합, 오카야마기계공조합, 오카야마방적노동조합, 오카야마고무노동자조합

[히로시마노동조합자유연합회]
히로시마자유노동자조합, 히로시마고무공조합, 히로시마순노동자조합, 구레吳자유노동자조합, 히로시마인쇄공조합

하코다테函館인쇄공조합, 삿포로札幌인쇄공조합

그 후 연내에 히타치日立종업원조합, 교토일반노동자조합, 센슈泉州순노동자조합이 가맹한 것을 시작으로 새롭게 도쿄가스공조합, 요코하마흑색일반노동자조합, 도쿄일반노동조합, 조선자유노동조합, 고베순노동조자조합, 도키와常盤일반노동조합, 도쿄식량노동조합, 오사카합성노동조합, 이즈미和泉어업노동조합, 니가타新潟일반노동자조합, 아사히가와旭川순노동자조합 등이 가맹하게 된다.

당일 채택된 '강령'(노부시마 에이치延島英一 초안)은 다음과 같다.

[강령]
1. 우리는 계급투쟁으로 노동자 소작인 해방운동의 기조로 한다.
2. 우리는 일체의 정치운동을 배척하고, 경제적 행동을 주장한다.
3. 우리는 산업별 조직에 의한 자유연합주의를 제창하고 중앙집권주의를

배격한다.

4. 우리는 제국주의적 침략에 반대하고, 노동자계급의 국제적 단결을 표방
한다.

운동방침은 종래의 반보통선거와 반정치주의, 반중앙집권주의, 반
ILO를 일관하며 또한 '노동자의 해방은 오직 노동자 자신에 의해서만
달성된다.'고 하는 원칙도 강하게 내걸렸다. 조직방침은 인쇄공연합회
가 전국자련 성립 후에도 존속했듯이 동일 산업의 전국적 연합과 산업
의 틀을 넘은 지방별 연합을 축으로 전국자련으로 결집하는 방향을 취
했다.

창립대회 다음 달에는 기관지로 월간 《자유연합》(편집, 발행인 오쓰카
데이자부로大塚貞三郎)을 발행해 총동맹과 평의회 등에 비해 열세에 있는
지위를 만회할 활동에 착수했다.

그렇더라도 관성적 불황 속에서 탄압이 한층 강화되고 또한 방향 전
환의 폭풍우가 여전히 휘몰아치는 가운데, 그런 것들과 대결이라도 하
듯이 강령과 선언에서 보이는 전투적인 계급투쟁의 자세를 명확히 내
세운 점은 놀랄 만한 일이었다. 특히 그 산하에 공칭 15,000여 명의 조
합원을 거느리면서 그렇게 강한 자세를 취할 수 있었던 것은 소수 세력
임에도 그 존재는 노동계에 강한 인상을 주었다.

그러나 그 후의 활동이 자세의 전투성에 상응해 활발하게 전개되어
갔다고는 반드시 말할 수 있는 것은 아니었다. 오히려 관동에서는 일찌

감치 계급투쟁과 노동조합의 자리매김을 둘러싸고 아나르코 생디칼리즘계와 반생디칼리즘계의 대립이 시작되고, 관서에서도 거의 마찬가지로 내부 대립이 시작되었다. 그 대립이 열세였던 아나키즘계를 한층 더 약화시키고 급격히 이전의 모습조차 잃게 한 것이다.

전국자련

제2회 대회 개막 //

1926년은 평의회에 의한 공동인쇄와 하마마쓰派松일본악기의 대쟁의(모두 조합의 참패로 끝난다)로 대표되는 것처럼 여전히 계속되는 불황 속에 수세적이면서도 노동운동의 투쟁화가 추진되었다. 아나키즘계도 히타치종업원조합의 쟁의(1926년 9월~10월)를 지원한 다케 료지武良二 등 흑련 유지의 활동, 특히 미야자키 아키라宮崎晃 등이 히타치의 창업자 구하라 후사노스케久原房之助 집의 전소를 계획한 사건 등으로 세간을 놀라게 했다. 1927년에 들어서자 1월에 곤도 켄지, 후루카와 도키오古川時雄(주임), 야마가 타이지, 와타 에이타로 등이 중심이 되어 제5차《노동운동》을 이번에는 잡지형(국판)으로 발행했다. 이시카와 산시로, 이와사 사쿠타로, 핫타 슈조八太舟三 등도 이를 응원했다.

그 무렵에 이르러서도 전국자련은 별로 활동과 조직에서 진전을 보여 주지 못했다. 제2회 대회 직전의《자유연합》제17호(1927년 10월)의 권두 논문 〈전국대회를 앞두고〉에서도 다음과 같이 솔직하게 그 정체 상태를 자기비판 하고 있을 정도였다.

"자유연합 결성 이래 1년여의 세월을 이른바 《자유연합주의》의 깃발 아래 싸워 온 우리는 지난번 운동의 궤적을 되돌아보고 결코 그 모든 것에 만족을 느낄 수 없다. 오히려 반성하고 장래의 운동에서 고쳐야 할 많은 사항을 찾아낼 수 있는 것이다.

그 하나의 예는 종래 우리의 운동은 항상 치열한 결사적 투쟁의 연속이었으며, 그사이 치렀던 희생도 상당한 것이었다. … 실제의 전적을 보면 실은 그 대부분이 방어적 투쟁이었다는 것을 알 수 있다. …

또한 일반적으로 전국노동조합 자유연합회는 1년 남짓 사이에 상당한 또는 대단한 질과 양의 확대를 보았다고 생각할 수 있을 것 같지만 이것도 실제로는 우리가 생각하는 것과 같지 않다. 또한 질적으로도 그렇다. 종래 얼마나 많은 아나키즘과 생디칼리즘이 노동 대중의 머리 위를 그대로 지나쳤던가."

이렇게 점점 혹독해지는 내외의 정치와 경제 정세 아래서 종래의 운동, 특히 사상적 관념성이 강했던 운동을 반성하고 운동의 회복과 확대를 도모하는 것을 목표로 전국자련 제2회 대회는 준비된 것이었다.

제2회 대회는 당초의 예상보다 상당히 늦게 1927년 11월 19일, 20

일 양일 도쿄 아사쿠사 혼간지本願寺 내 서측 별원 신코心光회관에서 개최되었다. 이 대회는 뜻밖의 파란을 불러일으켜 이후 아나키즘 운동의 방향성에 큰 혼란을 야기했다.

대회 1일째는 입추의 여지가 없는 출석자로 예상보다 1시간 늦게 밤 7시에 개회되었다. 의장에는 미즈누마 구마(도쿄일반노조), 부의장에는 스기무라 나오타로杉村直太郎(이즈미어업노조)가 선출되어 의사에 들어갔다.

그런데 본제의 의안 심의에 들어가기 전에, 오사카합성노조의 제명 문제가 틀어지면서 그 문제로 하루 반의 일정을 다 써 버렸다. 결국 시간 부족으로 의사 진행이 불능하다고 판단한 와다 에이타로에 의해 의사 미완인 채로 다음 해 속행대회를 열자는 동의가 승인되어 대회는 일단 폐회할 수밖에 없었다. 오사카합성노조의 문제란 대략 다음과 같은 것이었다.

"오사카합성은 일찍이 관서자련에 가맹(5월 5일)했는데 대회 전 운동방침의 상위를 이유로 동 연합회에서의 탈퇴를 발표하자, 관서자련도 역시 합성노동을 자련의 규약 강령에 저촉한 것으로서 제명했던 것이다. 그런데 합성노동은 관서자련에서는 탈퇴했지만 전국자련에서는 탈퇴하지 않겠다는 뜻을 발표하고 대회에는 대의원(야마나카 마나노스케山中正之助 및 나카무라 후사이치中村房一)을 보내왔다."(곤도 켄지의, 《내가 본 일본 아나키즘 운동사》)

이에 대해 오사카합성이 볼셰비즘을 용인하는 '불순분자'를 포함하고 있으며, '배반적 탈퇴'를 했다고 주장하는 관서자련은 오사카합성과 동석을 거부했던 것이다. 대회에서는 양 파 대표 및 관계자의 의견을 청취한 후 참가 조합의 의견을 구하니, 관서자련의 주장을 인정하는 쪽이 많아 결국 오사카합성의 제명이 결정되었다.

이처럼 불황 속에 노동운동이 급속하게 수세로 내몰리고 있을 때, 한 조합의 제명 문제로 이틀간의 일정이 소비된 것 자체가 이상했다. 아나키즘 운동이 본질 문제보다도 내부 대립에 농락당하기 시작하는 것을 엿볼 수 있게 하는 사건이었다고 할 수 있을 것이다.

2. 분열과 침체 *

순정아나키즘의
침투 //

               그런데 흑련이 활동을 시작하고 자련이 출발할 때쯤부터 순정아나키즘의 그림자가 아나키즘 진영을 감싸기 시작했다.

순정아나키즘의 싹, 또는 순정아나키즘과 아나르코 생디칼리즘과의 대립의 싹은 오스기의 생존 중에도 이미 보이기 시작했던 것처럼 상당히 이전부터 존재했던 것이라 생각해도 좋다. 그러나 이것이 극단적인 형태로 크게 대두된 배경에는 적극적인 운동을 전개할 수 없게 된 쇼와 초기의 아나키스트 진영의 쇠퇴 상황이 작용했다. 미래를 향해 전망을 펼칠 수 없을 정도의 열세에 몰리자, 점차적인 수단을 살펴볼 여유를 잃고 현실과 대극에 위치하는 이상을 직선적으로 추구하려는 움직임이 나타나는 것을 자주 볼 수 있었다.

이 시기에도 자본주의 사회의 현실로 인해 '순정적으로' 아나키즘의 이념을 기준으로 살고 행동하려는 비약이 생겨났다. 거기에는 변혁의 과정인 현실에서도, 이상사회를 표현하는 아나키즘에 반하는 것과 불순한 것을 모두 거부하려는 방향이 그려져 있었다. 더구나 그것은 조직이든 투쟁이든 자본주의 사회에서 통용하는 논리, 또는 노동조합이든 노동가치든 마르크시즘이 채용하는 이론에 대해서는 일체를 부인하는 편협한 것으로 되어 버렸다. 그 주창자는 핫타 슈조와 이와사 사쿠타로였다.

핫타는 1886년 미에켄三重県 쓰시津市에서 태어났다. 고베 상업학교 중퇴 후 상경하여 신문 배달, 선원, 우편국원을 경험하는 한편 기독교에 입신했다. 1905년에 메이지학원 보통부 5학년에 편입했으나 중퇴했다. 이어서 고베신학교에 들어가 졸업 후 목사가 되었다. 기후岐阜, 도요하시豊橋, 야마구치山口, 히로시마広島 등의 교회를 거치지만 히로시마 시절에 노동문제와 사상문제에 깊이 빠져 마을 및 교회와 대립하게 된다. 거기서 그는 1924년 9월 기독교와도 그리고 아내와도 결별하고 상경해 아나키즘 운동에 뛰어들었다. 그런 정열적인 인생을 보내온 만큼 그는 청년층을 강하게 끌어들이는 마력이 있었다.

그의 주장은 당시로서는 마르크시즘을 상당히 정확하게 이해한 뒤 마르크시즘뿐만 아니라 아나키즘 진영의 종래 이론도 비판하는 것이었다. 그 가운데 마르크시즘적인 것이라면 프롤레타리아 독재와 당 조직뿐만 아니라 노동가치론이나 계급투쟁설, 그리고 노동조합 모두 비판의 대상이 되었다. 예를 들면 노동조합의 족적인 노동운동사에 대해서는 역사 연구에 의한 교훈에서, '노동운동사는 실패사'로 받아들였다. 즉 노동운동은 ⑴ 지배자와의 타협을 배우는 참정운동이 되든가 ⑵ 자본가와의 타협을 배우는 경제적 직접행동론이 되든가 ⑶ 독재정치와 결합되는 혁명운동(강권적)이 되든가, 이 가운데 어느 하나라고 단정해(《사회문제강좌》), 노동운동과 또 거기에 입각하는 생디칼리즘도 부정했다.

여기까지 이르자, 그의 주장에는 종래의 사상과 운동에 대한 부정의 이론은 찾을 수는 있지만 그것에 대신하는 건설적인 변혁을 향한 전략과 전술은 찾아볼 수 없었다. 오스기 시절보다도 한층 더 관념적인 혁명이 주장되었을 뿐이었다고 할 수 있다.

그러나 그가 던진 문제에는 받아들이기에 따라서 중요한 점도 포함되어 있었다. 노동조합의 한계를 날카롭게 지적한 것이라든가, 자본주의를 현실에서 유명무실화하는 논리라든가, 또한 '계급투쟁과 혁명은 상반하는 두 개의 행동'이라고 했듯이, 아나키즘에서 계급투쟁의 의미에 대한 질문이나 오늘날에도 간과할 수 없는 문제가 포함되어 있었다. 이런 모든 것에 대해서도 그 후 아나키스트들에게서 명쾌한 대응이 이루어지지 않았다는 점이 문제를 애매하게 만들어 확대 해석을 낳을 여지를 남기고, 일부에 왜곡된 독선적인 주장마저 횡행케 하는 원천이 되었다고도 할 수 있다.

더구나 이 부정의 이론에다 역시 청년들에게 인기가 있었던 이와사에 의해 노동조합 산적론勞働組合山賊論과 '아나키스트 소수자'(《해방에 대한 아나키 운동의 역할》)의 역할을 중시하는 소수정예주의적 주장이 포함되었다.

이와사는 1879년 치바千葉현 난소하부南總埴生군 다나게棚毛에서 태어났다. 도쿄 법학원을 졸업한 후 1901년에 도미하여 알렉산더 바쿠만, 엠마 골드만 등 아나키스트와 교류했다. 대역사건이 발생하자 〈일본 천황 및 속료제경屬僚諸卿에게 보냄〉이라는 항의 공개장을 일본에 보냈다. 1914년 귀국하지만 감시를 당해 고향에 갇혀 지낼 수밖에 없었다. 1919년 사회운동이 고양하는 것을 보고 상경, 이후 아나키즘 운동의 선두에 섰다.

그의 주장은 이전에는 조합의혹설과 중앙집권반대론에 머물러, 오스기가 평론했듯이 마르크시즘과 대비하기 위해 조합론을 과장했을 정도로 별로 문제가 되지 않았던 것이었다. 조직론에서도 당초에는 모든 조직이 아니라 거대 조직만을 부정한 것이었다. 그러나 쇼와 초기 단계에 들어서자, 노동조합 반혁명론이나 소수정예주의가 한층 심해져 당초 그의 의도를 넘어 단순한 과장이나 문장의 수사로 넘길 수 없는 지경에까지 이르렀다. 거기에는 《빵의 쟁취》(1892년) 시대의 크로포트킨이 왜소화된 형태로 떠다니는 것을 엿볼 수 있으며, 또한 아나르코 생디칼리즘계가 비판했듯이 '소부르주아적 센티멘털리즘으로 타락'(야마구치 켄스케, 《눈보라를 넘어서》)한, 시대에 역행하는 모습도 엿볼 수 있었다.

이 같은 주장이 쇼와 초기에 인쇄공 등 많은 노동자에게 용인되었다. 흑련도 그 그룹에 장악될 정도였다. 전국자련 안에도 그런 시점에 있는 순정아나키즘과 거기에 부정적인 아나르코 생디칼리즘이 피할 수 없는 대립 관계를 형성해 갔다. 거기에 박차를 가한 것이 1927년 5월 중국의 한구漢口에서 개최된 프로핀테른[20]계의 제1회 범태평양노동조합회의에 관동자련의 대표가 출석해 대회 결의의 일부에 참여했다는 것에 대한 흑련의 개입과 비판이라는 행위였다. 그 대립이 정점에 달해 결국 전국자련의 분열로까지 이어진 것은 제2회 대회에 이은 속행대회에서였다.

전국자련의 분열 //

1928년에 들어서자 금융공황의 파도가 확대되면서 총동맹, 평의회 또는 그 외의 조합도 대응에 부심하고 있었다. 그럼에도 아나키즘계 이외의 많은 조합은 조직을 확대하고 있었다. 그런데 그해 3월 15일 공산당과 평의회에 대한 대탄압이 이루어졌다(3 · 15 사건).[21] 그 직후인 3월 17일, 18일 양일간 전국자련 제2회 속행대회가 도쿄 혼고의 도쿄대 불교회관에서 개최되었다.

당일의 의장에는 속행대회라고 해서 전회의 미즈누마 구마(관동자

---

20 프로핀테른Profintern: 적색노동조합 인터내셔널. 사회주의혁명을 지향하는 혁명적 노동조합의 국제조직으로서 1921년 코민테른의 지도하에 결성되었다. 본부는 모스크바였으며 37년 해산한다(역자 주).

21 1928년 3월 15일 실시된 일본의 사회주의자 및 공산당원에 대한 전국적으로 대대적인 검거사건으로, 일본공산당과 노동농민당의 관계자를 비롯한 1,652명이 체포되었다. 이후 동년 6월 26일 치안유지법이 개정되어 최고형에 사형과 무기징역이 추가되었다(역자 주).

련), 부의장에는 이쿠시마 시게루(관서자련)가 선출되어 의사에 들어 갔다.

이 속행대회에는 전 회에 심의하지 못한 의안이 다시 제출되었지만 그중 하나인 강령 개정 문제로 분규가 발생했다. 이미 진행 중이던 아나키즘 내부의 대립이 아나르코 생디칼리즘을 기반으로 하는 국제노동 자협회IWMA의 방침을 따른 창립대회 이래의 강령을 둘러싸고 폭발한 것이다.

이미 대회 전인 2월 19일 도쿄인쇄공조합은 제5회 대회에서 종래의 강령을 '아미앵 강령[22]을 기초로 하여 그 모방 답습을 벗어나지 않고'로 해서 한결같이 '자유연합주의'를 표방하는 신강령으로 바꾸었다. 이에 따라서 우선 도쿄인쇄공조합은 창립 이래의 강령을 바꾸어 '우리는 자 유연합주의를 노동자 농민 해방운동의 기조로 한다.'는 추상적인 한 항 목으로 압축한 개정안을 제출했다. 이에 대해 도쿄자유노동자조합은 거의 기존 강령에 따라,

---

22 1895년에 창립된 프랑스노동총동맹(Confédération Générale du Travail; CGT)은 1906년 대회에서 생디칼리즘의 원칙을 밝힌 다음과 같은 '아미앵강령'을 확립했다.① 생 디칼리즘은 일상투쟁으로는 노동조건의 개선향상과 조합활동의 연락과 통일을 기도하 지만 그 궁극적 목적은 자본가 계급의 타도, 사회주의 사회의 실현이다.② 사회주의 실 현의 방법은 노동조합에 의한 경제적 직접행동 특히 파업이다.③ 지금에 있어서의 반항 단체 산디카는 장래에는 생산과 분배의 단체이며, 사회개조의 기초가 되는 것이다.④ 정당에 대한 개인의 참가는 자유지만 조합 밖에서 갖고 있는 사상, 견해를 조합 안에 도 입하면 안 된다.

하나, 우리는 계급투쟁을 노동자 농민 해방운동의 기조로 한다.

둘, 우리는 정당 정파에 의하지 않고 모든 권력에 대해 노동자 농민 스스로의 힘으로 항쟁한다.

셋, 우리는 자유연합조직을 강조하고 중앙집권조직을 배격한다.

넷, 우리는 제국주의에 반대하고 노동자계급의 국제적 단결을 촉진한다.

라고 하는 4항의 개정안을 제출했다. 전자가 계급투쟁 등의 문자를 모두 삭제해 단순화한 것에 대해 후자는 '모든 정치활동'을 '모든 권력'으로, '산업별 조직'을 '자유연합조직'으로 고치거나, 또는 '국제적 단결을 표방한다'를 '촉진한다'로 적극적으로 표현화한 것이었다.

이 문제는 첫째 날만으로는 결론이 나지 않아 둘째 날로 넘겨졌지만, 둘째 날 심의 때는 이미 토론이나 대화가 허용되지 않는 험악한 분위기가 회의장에 가득했다. 본래 방청석에 있어야 할 조합 대의원 이외의 순정 아나키스트와 흑련의 회원은 흑색자유노동자조합의 대의원석에 들어와 도쿄자유노동계의 발언에 대해 가열한 야유와 욕설을 퍼부으며 발언을 막아 버릴 정도였다. 전국자련(잔류파) 자신들이 기록한 것을 보더라도 사이토 코斎藤礼 등의 취지 설명에 대해 "회의장은 솥에서 물이 끓는 것처럼 노호와 절규가 일어나 '강권맹신자! 즉각 볼셰비키로 떠나나!' 등과 같은 분격과 비방의 목소리가 회의장을 점령해 등단자의 설명도 거의 청취 불능에 이르렀다."(《자유연합》제23호)고 하는 상태였다.

권력 관계에서 양 파는 거의 균형을 이루고 있었지만 그런 분위기를 보고 결국 도쿄자유노동자조합, 도쿄식량노동조합 및 도쿄일반노동조합의 강동(다카하시 고키치, 에니시 가즈미江西一三 등)과 난카쓰(南葛 야마모토 간스케 山本勘助 등) 양 지부는 함성을 올리고 흑기를 휘날리며 퇴장했다. 그에 대한 노호와 욕지거리가 또 엄청나 그 자리에서 해산을 명령한 임검 경관들도 손을 쓸 수 없을 정도였으며, 오히려 경관들이 퇴장하는 형편이었다. 그런 분위기 속에서 잔류파만의 대회가 속행되어 강령으로는 도쿄인쇄공조합의 안을 결정하고 퇴장한 조합과 지부에 대해서는 만장일치로 제명처분을 결정했다. 마지막으로 많은 우의단체의 축사 연설이 있었지만, 특히 핫타八太의 연설을 환호성으로 맞이하면서 대회를 마쳤다.

이것이 당시 아나키즘 진영의 실태였다. 냉정한 토론이나 확실한 이론투쟁도 충분히 이루어지지 않은 상태에서 이미 아나키즘 운동의 위기가 상당히 깊은 구렁으로 빠져들었다는 것을 여실히 보여 줬다. 그렇지 않아도 당국의 탄압이 격심해지고 또 아나키즘계가 소수파로 전락했을 때, 거기에 전국자련마저 분열을 맞이한 것은 아나키즘 노동운동뿐만 아니라 아나키즘 운동 전체에서도 치명적이었으며, 쇠퇴의 속도를 그 이후 급속히 앞당겨졌다.

자협自協의 성립과
아나키즘 운동의 후퇴 //

　　　　　　　　　그 후 전국자련을 떠난 모든 조합은 1929년 4월 '일본노동조합 자유연합협의회'(약칭 일본자협日本自協 또는 자협自協) 제1회 준비회를 열었다. 그 전후로 관동과 관서의 각 자유연합협의회도 결성되고, 도쿄인쇄공조합에서부터 도쿄인쇄공연합회의 분열(1929년 4월)과 관동일반노동자조합의 설립(1929년 7월)에서 볼 수 있는 것처럼, 전국자련 잔류파에서 분리와 독립도 진행되었다. 거기서 동년 6월 일본자협도 정식으로 발족하기에 이르렀다.

　여기에 아나키즘 노동운동은 연합조직이나 단위조합에서도 완전히 두 개로 분열하기에 이르렀다. 그 후 일본자협은 일단 노동조합 이외의 모든 단체를 포함하는 '자유연합단체전국회의'(1930년 6월)로 흡수된 후, 그것이 본질을 잃는 1931년 12월에 또다시 단독의 일본자협으로 되돌아왔다. 기관지로서는 자협준비회 시절에 《자유연합운동自由連合運動》(1928년~1929년 5월), 이어서 관동자협의 손으로 《흑색노농신문黑色勞農新聞》(1930년 7월~1932년)이 나왔다. 그것은 1932년 6월 이후 자협 기관지로서 《노동자신문勞働者新聞》으로 개제되었다.

　이외에도 다카하시 고키치高橋光吉, 시라이 신페이白井新平, 미즈누마 코水沼浩, 모리 다쓰노스케森辰之介, 시오 초고로鹽長五郎, 노부시마 에이치延島英一, 야마다 겐스케山田健介, 나카무라 기치지로中村吉次郎, 이와다테 사키치岩楯佐吉, 다도코로 시게오田所茂雄 등은 《흑기 아래로

黑旗の下に》(1932년 9월)를 발행해 자련의 《자유연합신문》과 《흑기》에 대항했다. 이시카와 산시로, 곤도 켄지, 야리타 겐이치鑓田研一, 오쿠타니 마쓰지奥谷松治 등이 그 운동에 협력했다.

이 분열을 계기로 순정아나키즘을 바탕으로 하는 자련계의 노동조합 비판과 계급투쟁 비판은 거세지기만 하고, 아나르코 생디칼리즘을 바탕으로 하는 자협과의 관계는 극도로 악화되었다. 기관지 《자유연합》도 《자유연합신문》으로 개제해 조합원뿐만 아니라 핫타八太와 이와사岩佐와 같은 순정아나키즘 이론가에게도 지면을 제공했다. 그 결과 자련 자체가 조합이라기보다는 사상단체의 성격을 급속히 강화해 갔다. 또 그 무렵부터 소집단화한 흑련의 폭력행위도 발호하기 시작했다. 특별한 이유도 없이 아나르코 생디칼리즘파라고 해서, 또는 전향을 저지하기 위해서라고 하면서 안이하게 폭력이 행해졌다.

그런 추이에 따라 '자련'뿐만 아니라 '자협'계의 활동도 어쩔 수 없이 후퇴했다. 활동다운 활동도 하지 못하고 기껏해야 쟁의지원이나 각 조합에서의 협의회(위원회)를 열 정도로 위축되었다. 나아가 자협계에서마저 이탈해 아나키즘 그것과도 결별하는 조합이나 아나키스트(야마모토 간스케山本勘助, 나카무라 후사이치中村房一, 야마나카 다다시山中正 등)도 나오게 되었다.

이 같은 '아나키즘=자유연합주의' 노동운동에서의 후퇴에 관해 주의해도 좋을 점은, 자련계가 노동조합을 무시하는 주장이 생겨난 배경에는 순수한 이론적 시점과는 별도로 한편으로는 탄압과 반동의 행진이라는 사태, 또 다른 한편으로는 그들이 비판한 총동맹 등 우파 계열의 안정화와 〈27년 테제〉[23]를 발표하거나 적극적인 투쟁을 이어 나가는 공산당의 확대에서 볼 수 있는 추이에 대해, 자련이 초조감과 대결 자세를 강화할 수밖에 없었던 상황과 요인도 있었던 것이다.

게다가 노동조합 무시의 주장에는 본질적으로 조합을 부인하는 일면과 동시에 실제로는 아나키즘 진영의 노동조합에서의 영향력 후퇴를 정당화하기 위한 이론에 무의식적으로 사용된 측면이 있었던 점도 빼놓을 수 없다. 노동조합운동의 약체화를 만회하기보다는 오히려 그 중요성을 무시하는 이론을 내세움으로써 결과적으로 노동운동에 대한 노력을 게을리한 것을 자기변호 했다고도 생각할 수 있는 일면이 있다.

이 같은 귀결은 아나키즘 진영, 특히 순정아나키즘을 기반으로 하는 자련의 노동조합운동에서 결정적인 지지기반의 상실이었으며 후퇴였다. 또한 그것이 분열 이후 1933년까지 5년간이나 전국자련이 대회를 열지 못하고 경과했던 흐름을 초래한 것이기도 했다.

---

23 1927년 코민테른이 결정한 '일본 문제에 관한 테제'의 통칭으로 1926년 11월~12월 코민테른 제7차 확대 집행위원회에서는 부하린의 보고에 따라 일본 공산당 재건대회를 둘러싼 분규의 수습이 이루어졌다. 그 결과, 야마카와 히토시山川均 등을 해당주의로 비난하는 한편, 후쿠모토 카즈오福本和夫 등의 일본 자본주의 급격 몰락론과 분리결합론을 비판하고 일본의 자본주의 및 혁명에 대해 구체적 분석을 시도하고 혁명의 성격을 규정했다(역자 주).

문화운동과
《디나미크》[24] //

　　　　　　　　노동운동 진영에서 분열과 혼란은 노동조합뿐만 아니라 사상, 문화, 예술 영역에도 파급되었다. 거기에서도 소그룹으로 갈라져 자련과 자협, 즉 순정아나키즘과 아나르코 생디칼리즘의 노선으로 갈라져 논진이 펼쳐졌다.

　　그러나 쇼와 초기에는 1926년 《문예전선文藝戰線》에서 '볼'계와의 공동전선을, 〈정치주의 문학〉에 대한 비판으로 아나키스트가 단념한 직후이기도 해서 노동운동의 후퇴에 비해 아나키즘 문화와 문예운동은 표면적으로는 왕성했다. 그것은 쇼와 초기의 프롤레타리아 문학과 예술운동의 전반적 고양을 반영하는 것이기도 했다.

　　그 전후로 《문예해방文藝解放》, 《단기單騎》, 《흑기는 전진한다黑旗は進む》, 《모순矛盾》, 《흑색전선黑色戰線》, 《흑전黑戰》, 《아나키즘 문학アナーキズム文學》을 비롯해 그 외 수많은 기관지가 간행되었다. 주된 참가자는 니 이타루新居格, 이다 도요지飯田豊二, 이다 도쿠타로飯田德太郎, 쓰보이 시게지壺井繁治, 하기와라 교지로萩原恭次郎, 미야지마 스케오宮嶋資夫 오가와 미메이小川未明, 아소 요시麻生義, 오카모토 준岡本潤, 오노 도자부로小野十三郎, 우에무라 타이植村諦, 아키야마 기요시秋山清,

---

24 프랑스어 'dynamique'로 이시카와 산시로의 개인 월간지. 1919년 11월 1호에서 1934년 10월 59호까지 이어졌다.

가와이 야스시川合仁, 호시노 준지星野準二, 시오 초고로鹽長五郎, 모리 다쓰노스케森辰之助, 다도 마사하루田戸正春, 야바시 조키치矢橋丈吉 등이었다. 이런 과정에서 하기와라 교지로는 다음과 같이 아나키스트의 문학관을 주장했다.

> "아나키즘 문학의 선양은 순수한 아나키즘 사조의 명확한 선양에서 시작된다. 우선, 아나키즘 문학의 문학적 출발은 그 자신 가장 문학일 수 있는 것을, 무엇보다도 가장 먼저 선양하자. 나아가 부르주아 문학과 볼셰비키 문학에 대해 진실로 인간의 근본에 입각하려는 문학을 지향하는 문학이라는 점을 선양하자. 문학의 제작은 개인의 문학적 재능의 절정에 의해 발생되는 것 이외 아무것도 아니다."(《아나키즘 문학의 일 단면》).

또한 《문예해방》(1919년 1월 창간)은 다음과 같이 자신들의 시점을 선언했다.

> 하나, 우리는 과거 모든 역사와 절연하고 새로운 우리의 역사를 창조한다.
> 둘, 우리는 모든 굴종적 정신을 배격하고 자유합의에 의한 연대사회를 창조한다.
> 셋, 우리는 사기적 정치운동으로부터 문예를 해방한다.
> 넷, 우리의 문예는 자연 발생에 의한 목적의식을 강조한다.

그 무렵 메이지 이래의 사회주의자이자 아나키스트였던 이시카와 산 시로도 독자의 문화적, 사상적 활동에 뛰어들었다.

이시카와는 1876년 사이타마현埼玉県 고다마군兒玉郡 산노도무라山 王堂村에서 태어났다. 도쿄 법학원(현 추오대학中央大學) 졸업 후 요로즈초 호萬朝報를 거쳐 고토쿠幸德 등의 평민사에 참가, 반전론과 기독교적 사 회주의를 제창했다. 1913년 탄압이 극심한 일본을 탈출해 1920년까지 유럽을 방랑하며 아나키스트들과 교류했다.

귀국 후에는 아나키즘의 입장에서 "토민생활土民生活(데모크라시)"의 주장 등 독자 활동을 이어 갔다. 쇼와 시대에 들어와서는 아나르코 생 디칼리즘을 지지하면서 아나키스트들이 분열 대립하고 있는 것에 마음 아파했다. 그는 끊임없이 양 파의 협력을 호소했다.

> "무정부주의자는 사정이 허락하는 한 거침없이 노동조합 안으로
> 들어와 내외 상응해 개량적 조합을 혁명적으로 하고, 혁명적 조합
> 을 무정부주의적으로 개혁해야 한다고 생각한다. … 나는 생디칼
> 리즘과 무정부주의의 공통점을 헤아려 이 양자가 서로 도와야 한
> 다는 점을 주장하고 싶다.
> 생디칼리즘도 무정부주의도 모두 자치와 자유연합을 기본으로 한
> 다. 이것은 생디칼리즘의 전통적 원칙이며 오늘날 개량파라고 불
> 리는 프랑스 C · G · T와 같은 것도 역시 이것을 엄수하고 있다. …
> 자본과 노동과의 계급투쟁이 존재한다는 것은 무정부주의자도 생

디칼리즘도 이를 인정한다. …

강권을 부정하는 점에서도 생디칼리즘과 무정부주의 역시 일치한다. … 프랑스에서 무정부주의 운동의 경험에 따르면, 노동단체에서 격리하자 무정부주의 운동은 고갈되어 버렸다. 그리고 프랑스의 역사가는 생디칼리즘에 의해 무정부주의 운동이 부활했다고까지 말했다."(《무정부주의와 생디칼리즘》).

그리고 그는 아나르코 생디칼리즘계의 기관지를 응원하는 한편, 도쿄 치토세무라千歲村 하치만야마八幡山에서 모치즈키 유리코望月百合子와《디나미크》(1929년 11월~1934년 10월)도 간행했다. 거기서 유럽에서 체득한〈토민생활土民生活〉, 사회과학을 재구성하고자 한〈사회미학社會美學〉또는〈미의 철학美の哲學〉등을 계몽, 선전했다. 교육과 계몽을 중시하고 공격적 폭력을 부정해 온 평화주의자로서 탄압과 분열 속에서도 운동만큼은 지속하고자 했던 자세의 결과였다. 그 후에도 동양문화 등 독자적인 관심도 깊어 가지만, 탄압과 군국화가 착실히 진행되면서 그의 활동도 점점 쇠퇴해 가고, 결국에는 모든 조직적인 대외 활동이 막혀 버렸다.

농촌청년운동 //

　　　　　　　　　　　　이와 같은 쇼와 초기에, 한편으로

는 "섹터화한 상황에서 도시 아나키즘 운동의 쇠퇴는 비참하다고 할 수밖에 없고 자유연합계 노동조합 운동 역시 대부분 소멸의 길을 걸어갔다."(동서간행회《자료 농촌청년사 운동사》)고 생각하는 동시에 농촌의 궁핍한 상황에 상당히 가슴 아파하면서 농민 해방의 급무를 통감하던 아나키스트들이 등장했다.

그들은 모두 소에다 신添田晉의 〈농민에게 호소함農民に訴う〉(1931년)에 공감하고 그것을 지침으로 운동 방법에 대해서도 의견 일치를 볼 수 있었다. 거기서 1931년 2월 농촌청년운동을 목표로 도쿄에서 '농촌청년사'를 설립했다. 참가자는 벳쇼 고조別所孝三, 후나키 노보루船木上, 히라마쓰 히데오平松秀雄, 호시노 준지星野準二, 구사무라 긴지草村欽二, 가네코 히로타다金子廣只, 모치즈키 지로望月治郎, 미야자키 아키라宮崎晃, 오히나타 모리헤이大日方盛平, 오노 초고로小野長五郎, 스즈키 야스유키鈴木靖之, 다시로 기사브로田代儀三郎, 와사다 요시오和佐田芳雄, 야기 아키코八木秋子 등 14명이었다. 기관지로《농촌청년》이 3월부터 간행되었다.

아나키스트들은 이때까지도 후루타 다이지로, 와타나베 젠주, 나가시마 신長島新, 기노시타 시게루木下茂, 모치즈키 카쓰라 등이 '소작인사'와 '농촌운동동맹'을 통해 농촌운동에 매달린 적이 있었다. 또한 자련 그룹도 이에 함께하거나《자유연합신문》의 지면을 농민 해방을 위해 할애하기도 했다. 그러나 농촌의 현실과 그들의 이론적 주장 사이에서 일부는 간극을 느꼈다. 이로 인해 농촌청년운동이 시작되었다.

농촌그룹은 조직으로서는 '결성주의를 부정하고 중앙적 조직을 거부했으며, 자주적 분산 활동에 투철한 농청운동'(전게 《자료 농촌청년사 운동사》)을 제창했다. 방법으로서는 '자급자족을 중심으로 하는 경제적 직접행동에 의한 전촌운동全村運動의 실천을 제창'했다. 거기서는 '당연한 일이지만 소수자의 창조적 폭력이 아니라 민중의 창조적 활동을 주장했다. 그리고 코뮌의 수립, 방어를 위해 민중의 창조적 폭력이 기대되었다. 그리고 개인이나 소수자가 아니라 전촌협의회에 의한 전촌운동, 그 종점으로 지리 구획의 의식적 수립을 제창했다'(동서).

이런 시점에서 그들의 농촌청년운동은 《농촌청년》과 팸플릿을 통해 모든 사람과 각 지역의 자발적, 창조적 운동을 호소했다. 그 무렵 '밑에서 위로', '주변에서 중심으로'라고 하는 자유연합조직을 비판하고 '다음에서 다음으로'라고 하는 코뮌 조직론이 일부에서 힘을 얻고 있었지만, 농청운동에서도 중앙주의와 집합주의 그리고 결합주의를 비판했다. '현의 일은 현에서', '마을의 일은 마을에서'라는 자주 분산을 주장했다. 거기에서 흑련과 자련의 해산을 요구하는 주장이 생겨났다. 또한 '농민 속으로'가 아니라 '농민 속에서부터'를 주장했다.

이런 주장은 나가노長野를 중심으로 각지에서 많은 농민의 지지를 얻을 수 있었다. 니시히로西廣 나가노 경찰부장도 "농촌이즘은 아나키즘으로서도 극히 특이한 이론적 존재로… 마르크스주의 운동의 고양기에 이 정도의 지지자를 획득한 것이므로, 그 동향은 중시해야 할 것이다."(전게 《자료 농촌청년사 운동사》)라며 놀라움을 나타냈을 정도였다.

도쿄의 농촌청년사는 스즈키 야스유키鈴木靖之의 독단으로 1932년 9월 해산되었지만 그런 주축이 되는 조직의 유무에 관계없이, 그리고 탄압에도 불구하고 그 후에도 농청운동은 각지에서 뿌리 깊게 이어졌다.

3. 합동 기운의 양성釀成   *

아나키즘 진영의
자기비판 //

　　　　　　　　　　　　　　　1930년, 1931년을 거치면서 세계
공황의 거친 파도와 합리화의 공세 앞에, 가네보鐘紡[25], 동양 모슬린, 후
지보富士紡, 시바우라芝浦 제작소 등 대기업을 중심으로 전전 최후의 격
렬한 투쟁이 전개되었다. 하지만 만주사변 발발(1931년 9월)을 경계로
일본 전체는 급격히 군국화와 우경화의 양상을 강화해 갔다. 그에 따라
서 노동운동과 사회주의 운동도 그 영향을 피할 수 없었다. 총동맹과
일본해운조합을 중심으로 한 우익진영의 발전과, 전협(일본노동조합전
국협의회)과 합법 좌익의 고투와 후퇴가 특징적인 추세로 자리 잡았다.
아나키즘 진영의 자련이나 자협도 그런 좌익 진영의 후퇴의 파도에 한
동안은 농락당했다.
　　그러나 자련도 자협도 언제까지나 그런 후퇴의 파도에 몸을 내맡긴

---

25 1887년부터 2008년까지 섬유, 화장품, 식품, 약품, 일용품 등의 사업을 하던 일본의 명
　　문 섬유회사(역자 주).

것은 아니었다. 만주사변 이후 급속히 군국화하는 모든 양상이 아나키스트에게서도 어두운 그림자가 되어 슬그머니 다가오는 것을 확실히 느낄 수 있었다. 그렇지 않더라도 자련도 자협도 노동운동과 사회주의 진영 속에서 고립화와 소수정예화가 깊어지면서 열세를 만회하기 위해 어떤 새로운 대응이 이루어지지 않는 한 압살되기 직전의 상황에 놓였다.

거기에 대응해 자련은 순정아나키즘의 입장에서 생디칼리즘과 노동조합 운동의 경시 그리고 사상단체화로 나아갔던 것을, 자협 역시 노동조합 일변도의 투쟁 그것도 조직적인 투쟁이라기보다도 총동맹과 전협계 지도자에 대한 비방이라든가 활동 방해와 같은, 어떤 경우에는 독선적인 자세를 되풀이했던 점을 각각 반성하기 시작했다. 이미 1931년의 합리화 반대 대쟁의의 패배로 인해 시바우라노조가 괴멸한 것처럼 아나키즘은 군사공업 중심으로 회복하고 있었던 일본 경제의 기간 부분에서 그 발판을 급속히 빼앗기고 있었다. 직장에 뿌리를 내린 실체가 있는 조합이라면 인쇄공 정도로, 기계공이라 하더라도 직장 안에 있는 활동가는 손꼽을 정도밖에 없었다.

활동이라 하더라도 자협 쪽은 그런대로 괜찮았지만, 자련 쪽은 거의 실체가 없는 활동밖에 할 수 없었다. 자협은 그래도 1931년부터 1933년까지 상당한 쟁의와 조합활동을 기록하고 있었으며 연구회, 위원회, 대회 등도 자련에 비해 활발하게 이루어졌다. 거기에 비해 자련 쪽은 특히 1932년 이후가 되자 눈에 띄는 활동은 거의 전개하지 않았다. 아이자와 히사오相沢尚夫 등 일부가 공장에 삐라를 뿌리는 등의 조직적

인 활동을 해도 다른 자들은 아무런 응원의 손을 내밀려 하지 않는 실
정이었다. 집회가 열려도 일부가 장난삼아 과격한 언사를 지껄이고,
진지한 활동을 생각하는 사람은 더 이상 집회에 얼굴을 내밀지 않는
상황이었다.

하지만 갈 데까지 가 버리고 나니 자련이나 자협도 지금까지의 방식
이 잘못되었다는 것을 깨닫고 깊이 반성하는 자세를 보이기 시작했다.
우선 거의 실체가 없는 조합이나 사상단체가 다음과 같은 양 파로 나뉘
어 존재하고 있는 상황을 벗어나기 위해 양 파의 공동투쟁이 일부이긴
하지만 싹트게 되었다.

> [아나키즘계] 전국자련, 조선동흥노동동맹, 농촌문제연구소, 아나키즘 연구
> 회, 민중의 해방사, 난카이南海자유인사.
> [아나르코 생디칼리즘계] 일본자협, 오시마공동사大島共働社, 제2북부소비
> 조합, 네리마練馬소비조합, 흑기사, 공학사共學社 외. 《문학통신》제1호)

이들이 자신들의 자세를 각 파별로 반성하거나 하나의 쟁의에 양 파
가 함께 응원하던 움직임은 1932년 이전에도 볼 수 있었다. 그러나 양
파가 당시의 상황을 고려하고 사전에 동석을 알고도 공동투쟁에 들어
간 그 첫 번째는 1932년 5월의 제13회 메이데이 때였다고 할 수 있다.

1932년의 메이데이는 한편으로는 혈맹단사건[26] 등에서 볼 수 있는
파시즘의 대두와 다른 한편으로는 노동조합 내부의 대립, 주로 '대우익

大右翼'의 결집체인 일본노동클럽파와 반노동클럽파의 대립이 격화되는 가운데 개최되었다. 메이데이 전의 실행위원회를 앞두고 자련이 자협에게 통일행동을 취할 것을 제의하자 자협 측도 그것을 받아들였다. 그리고 결국은 관동노동조합통일협의회파의 맹반대에 부딪치기는 했지만 '노동자의 해방은 자유연합주의가 아니면 안 된다.'는 슬로건을 채택하도록 제안하기도 했다.

이를 계기로 양 파 모두 공동투쟁과 통일행동의 필요를 통감했을 뿐만 아니라 그것을 구체화하는 노력도 했다.

합동 기운의
고조 //

위와 같은 추이 속에서 우선 볼 수 있는 것이 1933년 자협관동지협自協關東地協 제3회 대회의 개최와 그 대회에 자련 대표(아키모토 요시카쓰秋本義勝, 우메모토 에이조梅本英三, 홋타 코이치堀田幸一 등)의 출석이었다.

---

26 1932년 민간 우익단체 혈맹단에 의한 암살사건. 혈맹단은 국가혁신주의자인 일련종 승려 이노우에 닛쇼井上日召를 중심으로 조직된 우익 민간단체로 그들은 '쇼와유신昭和維新'을 실현하기 위해 일인일살주의一人一殺主義를 강조했다. 1932년 2월 9일 이노우에 준노스케井上準之助 전 장상藏相을, 이어서 3월 5일에는 미쓰이三井합명회사 이사장인 단타쿠마団琢磨를 암살하고 이외에도 이누카이 쓰요시犬養毅 등 10여 명을 암살할 계획을 갖고 있었다(역자 주).

일본의 아나키즘 운동사

자협관동지협 제3회 대회는 3월 5일 도쿄 교바시에서 개최되었다. 거기서 자협은 자유연합주의 운동의 후퇴를 인정하고 자기비판을 함과 동시에 자련 및 타 파와의 합동과 공동투쟁의 방향을 확실히 했다. 동시에 자련의 대표로 출석한 아키모토 요시카쓰 등도 공동투쟁의 메시지를 전달했다. 이에 대답한 것이 자련 제3회 대회에서 종래의 노동운동 경시의 반성과 자협 대표의 출석 및 메시지 전달이었다.

자련 제3회 대회는 제2회 속행대회 이후 5년 만인 1933년 4월 2일 도쿄 우시고메 야라이초矢來町 시타조사이下城西 불교회관에서 개최되었다. 대회는 1932년에도 개최하려 노력했지만 그해에는 실현되지 못하고 넘겨졌다.

이날 출석 대위원은 대략 150명. 그것을 50명 정도의 경관이 엄중 경계하는 가운데 아키모토 리이치秋本利一가 개회사(중지)를 한 후, 의장에 오쓰카 테이자브로大塚貞三郎, 부의장에 아키모토 토시카즈가 선출되어 의사에 들어갔다. 우선 대회준비위원회의 보고가 있었고, 이어서 우의단체의 축사와 축전 소개, 내빈 축사가 있었다. 이와사 사쿠타로, 나카오 마사요시中尾正義의 인사가 모두 경관에 의해 중지된 후 자협을 대표하는 다카하시 코키치高橋光吉가 인사를 했다.

그는 "아나키즘 노동운동의 자기비판을 하고 과거의 오진을 지적하였으며, 지금의 사회 정세에 당면해 더욱더 '자협'과 '자련' 양자의 통일 합동의 필요를 주장"(협조회《전국노동조합 자유연합 제3회 대회−특별 자료》)하던 중 변사 중지 명령을 받았다. 그와 동시에 대회 자체도 해산 명

령을 받아 12시 10분 개회 이후 겨우 30분 만에 의안 심의에 들어가기
전에 강제 해산을 당했다.

그러나 자협의 다카하시에 의한 통일 합동의 호소는 자련의 대의원
에게도 적지 않은 공감을 불렀으며, 또한 강령 등은 당국의 해산명령에
대비해 대회 2개월 전부터 10여 회에 걸쳐 준비위원회에서 검토, 확인
되었다.

[강령]

1. 우리들은 자주적 단결에 의한 일상 일체의 투쟁을 통해 노동자 농민의 해
   방에 매진한다.
1. 우리들은 자유연합사회의 건설 없이는 노동자 농민의 완전한 해방을 기
   할 수 없다는 것을 확신한다.

내부적으로는 여전히 인쇄공의 일부를 중심으로 노동운동에 대한 소
극적 태도가 뿌리 깊이 남아 있었기 때문에 애매함도 남아 있었지만,
이 대회에서 나타난 자련의 자기비판과 금후의 방침은 '노동운동=일상
투쟁'으로의 회귀를 명확히 한 '강령', '행동강령' 그리고 '운동방침'으로
집약되었다. 강령에서 '일상 일체의 투쟁을 통해'라는 것과 행동강령에
서 직장에서의 일상투쟁을 중시한 것도, 그리고 제출의안이 구체적인
방법으로까지 개입되어 검토된 것도 그 점을 잘 나타내고 있다.

이러한 동향은 독일에서 히틀러가 이끄는 나치스가 정권을 장악하

거나 일본에서도 고바야시 타키지小林多喜二[27] 등이 학살당하거나, 일본 정부가 국제연맹을 탈퇴한다거나 하는 세계적인 파시즘 위협의 증대에 대해서 전국적으로 좌익진영이 통일의 움직임을 드러낸 것과 일치하는 것이었다. 그런 만큼 자련 제3회 대회 직후인 5월, 중간파 및 좌파의 모든 조합에 의해 결성된 '관동노동조합회의'에도, 그리고 6월에 우선 관동에서 노동조합과 문화단체로 결성된 '반나치스 · 파쇼분쇄동맹'에도, 이어서 관서에서 7월에 결성된 '폭압반대 · 파쇼분쇄동맹'에도 자련과 자협 모두 참가했던 것이다.

특히 '반나치스 · 파쇼 분쇄동맹'에는 자련과 자협이 통일행동을 취했으며 그런 가운데 양 파는 조선동흥노동동맹朝鮮東興勞働同盟 그리고 해방문화연맹과 함께 '파쇼분쇄 자유연합단체 협의회'를 조직하기도 했다. 관동에서는 우메모토 에이조, 야마다 켄스케, 이토 에쓰타로伊藤悅太郎, 야마구치 야스지山口安二 다카하시 코키치, 아이자와 히사오, 다도코로 시게오, 미쓰다 코조滿田弘三 등이, 관서에서는 헨미 키치조, 엔도 키이치遠藤喜一 등이 이런 활동에 적극적으로 참가했다.

---

27 고바야시 타키지小林多喜二(1903~1933) 일본의 소설가. 1924년 오타루小樽 고등상업학교 졸업. 은행에 근무하면서 점차 공산주의 운동에 접근. 특고경찰의 고문과 이를 견디는 당원 노동자의 인간상을 그린 《1928년 3월 15일》(1928)로 인정받고 이어 1929년 《게공선蟹工船》, 《부재지주不在地主》 그리고 1930년에는 《공장세포工場細胞》등을 발표. 1929년 은행에서 해고되고 1930년에는 불경죄로 투옥. 일본 프롤레타리아 작가동맹의 서기장에 선출되었다. 1931년 공산당에 입당. 1933년에는 당 활동 중 다시 체포되어 특고에 의해 고문 학살되었다. 최후까지 사상을 버리지 않았던 프롤레타리아문학운동의 상징적 존재라고 할 수 있다(역자 주).

이 '반나치스 · 파쇼분쇄동맹'의 결성(6월 10일) 직후인 6월 17일부터 20일에 걸쳐, 1931년 12월에 제1회 회의가 열린 이래 오랜만에 오사카에서 제2회 전국대표자회의라는 이름 아래 자협의 1933년도 대회가 개최되었다. 거기에서도 자신들의 종래의 자세를 반성하고 동시에 자련과의 합동방침도 정식으로 결정했다. 대회의안의 하나에 '전국자련과의 합동에 관한 건'이 있었지만 이것은 다음과 같은 방법을 채택하는 것을 내용으로 가결되었다.

> (1) 양 지방협의회는 파업투쟁, 캄파투쟁[28]을 강력하게 협력하기 위해 항상적 협의회를 가질 것. 그리하여 양 지방협의회 가맹의 각 조합은 지역적으로 조직활동에 협력할 것.
> (2) 조합운동 이론지의 발행을 양 단체 유지가 출판할 것.
> (3) 이상의 협동투쟁, 이론지 발행 등 실질적 협력 속에 "아나키스트는 노동운동을 어떻게 싸울까"를 중심논제로 하는 연구회를 두고 이 관점에서 "생디칼리즘의 재음미"를 함으로서 합동을 강고한 것으로 고조시킬 것.

이 밖에도 자련과 마찬가지로 현실적인 소비조합운동과 직장에서의 투쟁, 또는 좌익계 조합과의 제휴 추진과 같은 방침에서 볼 수 있듯이

---

28 "캄파"는 러시아어 "kampanya"의 준말로 대중에게 호소해 정치자금들을 모으는 활동 또는 그 자금을 말함(역자 주).

일본의 아나키즘 운동사

종래의 단순한 관념성을 벗어나 현실의 문제에도 적극적으로 대처하려는 자세를 볼 수 있었다. 이 같은 자협의 자세는 채택된 '대회선언'을 보면 더욱 명료하며, 아나키스트계 두 파의 자세가 접근해 합동이 한 걸음 한 걸음 전진하고 있다는 것을 알 수 있게 해 준다. 그 일부를 인용하면 다음과 같다.

> "…아무리 자주적 투쟁으로 과감하게 싸운다 하더라도 사분오열의 상태로는 자본가 계급의 조직적 공세에 대해 승리를 얻을 수 없다. … 이처럼 계급전선의 분열 속에 모든 자유연합전선을 두 개의 분파 그대로 밀고 나가는 것은, 당초에 어떤 이유가 있었든 간에 잘못이다. 이제 오늘에 있어서 이론적 일치와 실천을 통해 모든 자유연합전선의 합동에 의한 정비와 함께 운동의 전면적 총합적 투쟁의 전개를 정력적으로 수행하는 것이야말로 당장의 급무여야 한다."

이처럼 여기서도 군국화의 진행과 점점 더 운동이 어려워지는 사태에, 아나키즘 진영의 합동이 강하게 요구되고 있었다. 드디어 아나키즘계 두 파의 합동이 목전에 다가왔음을 알 수 있게 하는 것이었다.

VIII

아나키즘 운동의
합동과 종언

Anarchism in
Japan history

1. 합동과 무정부공산당無政府共產黨 　　　*

해방문화연맹의
결성 //

　　　　　　　　　　1931년, 1933년으로 진행됨에 따라 노동조합의 우경화는 더욱 심해졌다. 총동맹은 여전히 자주성을 견지하고 있었지만, 1932년 대회에서 1922년 이래의 투쟁적 강령을 개정해 파업 최소화와 노동조합주의의 확립도 내세웠다. 그 총동맹 등에 의해 '일본노동조합회의日本労働組合会議'(일본노동클럽의 후신)도 '대우익大右翼'의 연합으로 성립했다. 나아가 일본주의, 애국주의적인 노동운동도 생겨나기 시작했다. 이에 대해 전협全協은 대탄압을 당하면서 더욱더 후퇴했고, 합법 좌익도 한 걸음 한 걸음 궁지로 내몰렸다. 그런 중에서도 소수파였던 아나키즘계도 점점 더 후퇴의 색이 짙어졌다. 그럼에도 아나키즘 진영은 그 무렵 분열을 극복하고 재건에 착수하기 위해 움직이기 시작했다.

　이처럼 후퇴와 분열을 계속하던 아나키즘 두 파가 재합동을 향한 기운이 고조될 무렵 가장 먼저 1933년 소수파로 갈려져 있었던 작가, 시인, 평론가 등의 문화운동그룹이 '해방문화연맹解放文化連盟'을 결성했

다. 아나키즘 문화단체의 전국조직 확립을 목표로 《해방문화解放文化》, 《아나키즘 문학アナーキズム文學》, 《농민農民》의 유지가 여러 차례 절충해 의견 일치를 본 결과 결집한 것이었다. 초기의 주요 참가자는 다음과 같다.

> 우에무라 타이, 아키야마 키요시, 오카모토 준, 기하라 미노루木原實, 오구라 사부로小倉三朗, 야마시타 카즈오山下一夫, 아오야기 유靑柳優, 모리 타쓰노스케, 시오 초고로, 야스우라 세이로쿠保浦淸六, 니 이타루(도쿄), 하기와라 쿄지로, 고바야시 사다지小林定治(군마현), 오노 토자부로, 호리에 스에오堀江末男, 나카모토 야사브로中本弥三郎(오사카), 아사노 키미오浅野紀美夫(나고야), 이토 야와라伊藤和, 쓰치야 코헤이土屋公平(치바현), 오카자키 타쓰오岡崎竜夫(이와테현), 미타라이 한御手洗凡, 사토 초키치佐藤長吉(도요하시), 구라모치 준이치로倉持潤一郎(이바라기현), 하세가와 이사오長谷川功(요코하마), 스나오카 나미조砂丘浪三(오이타)
>
> (아키야마 키요시, 《일본의 반역사상日本の反逆思想》)

이외에 전국 각지에서 참가자가 모여 아나키스트문화운동의 전국적 조직의 실체를 갖게 되었다. 기관지도 1933년 8월 《문학통신文學通信》(우에무라 타이, 아키야마 키요시 편집)을 창간했다.

이것은 무정부공산당사건의 여파로 탄압을 당하는 1935년 10월 제

18호까지 이어진다. 제1호의 권두에서 우에무라는 "소수의 자들은 과거의 악몽을 떨쳐 버리지 못하고, 여전히 의연하게 예술십자군이라는 우스꽝스러운 명예를 위해 이미 생명과 감격을 잃고 형해화한 예술을 지키려 하지만, 순결하고 양심적인 많은 청년은 그것을 자신의 생활 속에 재수립하려는 길을 채택하기에 이르렀다. … 오늘 일반 자유주의적인 많은 시인과, 농촌과 공장의 청년들이 우리의 예술관과 시, 그것에 열렬한 지지를 보내고, 절박한 사회 정세와 함께 계속해서 우리의 진영으로 옮기는 것은 민중의 생활 본능과 예술적 본능이 완전히 일치하는 사회는 자유연합 외에는 있을 수 없다는 민중적 자각에 근거한 바로 그것이다."(《상인적 시인의 멸망》)라고 호소했다.

오카모토 준岡本潤도 〈강권과 맹신과 종파의 문학 – 마르크스주의 문학의 비과학성〉을 비난했다. 이 밖에도 니 이타루, 하기와라 쿄지로, 오노 토자브로 등도 그 어떤 것에도 굴종하지 않는 창조적인 문학운동을 주장하며 아나키즘을 옹호했다. 원래 오스기 등의 《근대사상》이후 문학과 예술운동 영역에서는 아나키스트의 활동은 현저했으며 실적도 뛰어났다.

다이쇼 기간에는 오스기와 아라하타 외에 미야지마 스케오, 와다 큐타로, 쓰보이 시게지, 니 이타루, 오가와 미메이, 나카하마 테쓰 등의 활동이 있었다. 이 무렵에도 아나키즘 운동은 모든 영역에서 후퇴하고 있었지만 그중에서도 문학운동만큼은 활기를 띠고 있었다. 조직적인 노동조합 등에서는 침체하면서도 개인 차원의 창조적 활동을 중심으로 하는 문학 활동 등에서는 타 파에 뒤지지 않는 활동을 전개했다는 것은 아나키즘의 성격을 잘 보여 주는 것이다.

그런데 해방문화연맹의 결성은 '조직'을 일체 부정해 온 순정아나키즘의 방침을 부정하는 것이며 자련과 자협의 합동추진파를 고무하는 것이었다. 그 무렵 자협계의《흑기 아래로》등도 섹터적 색채를 벗어나 널리 아나키즘 운동의 모든 분야와 단체에 지면을 제공했다. 아나키즘 진영도 드디어 재통일을 향해 나아갔던 것이다.

무정부공산당의
성립 //

해방문화연맹에 자극받아 1933년 12월 초에 후타미 토시오二見敏雄, 아이자와 히사오, 이리에 히로시入江汎, 우에무라 타이, 데라오 미노루寺尾実에 의해 일본무정부공산당의 전신인 일본무정부공산주의자연맹日本無政府共産主義者連盟이 결성되었다. 그 무렵 국가독점자본주의 밑에서의 중압에 초조감 없이는 운동에 몰두할 수 없었을 때였던 만큼 그 전도에 대해 결코 평탄한 것을 예상할 수 없었다.

당초의 연맹은 종래 아나키즘 진영의 조직 경시를 반성해 한편으로는 평시에는 아나키즘 운동의 중핵이 될 것, 그것을 위해 노동운동은 물론 사상과 문예운동 영역에도 발판을 쌓아 대중과의 결합을 강화하는 것을 목표로 했다. 또한 다른 한편으로는 혁명 시에는 마르크시즘에서 말하는 과도기의 프롤레타리아 독재의 역할을 담당할, 말하자면 비밀결사의 혁명단체를 지향할 것을 목표로 했다.

1932년 이래 아나키즘 진영의 반성도 이 두 가지에 집중되었다. 이에 따라 연맹도 출발점에서는 양쪽에 힘을 쏟을 임무를 느끼고 있었다. 실제로 연맹의 첫 작업은 전자에 해당하는 견실한 조직 활동을 지향하는 노동운동에 관한 것이었다. 즉, 노동운동이 대중운동이라고 하는 공통 인식을 확립한 후에 자련과 자협의 합동을 추진한 것이었다. 그 무렵에도 자련 내에는 여전히 합동 비판파가 있었지만 합동이 자협의 자련으로 복귀라는 형태로 진행되는 것처럼, 우선 자련의 자세를 합동으로 향하게 할 필요가 있었다. 그 수고를 한 것이 연맹 및 그 주변의 활동가였다.

이런 노동운동의 노력을 그 후에도 지속했더라면 연맹 그리고 그 후신인 무정부공산당이 걸었던 길은 상당히 다른 전망으로 펼쳐지지 않았을까 하는 생각도 할 수 있다. 그러나 연맹의 그 후 노력은 오로지 또 다른 하나의 측면인 혁명단체 활동 쪽으로 집중되었다. 여기에 이 연맹-당에도 변함없이 냉철한 현상분석에 대한 결여가 늘 따라다녔으며, "혁명이 다가왔다."고 하는 비현실성과 로맨티시즘이 선행됐음을 알 수 있다.

그 후 1934년 1월 30일의 제7회 중앙위원회에서 연맹은 일본무정부공산당日本無政府共産黨으로 개칭되었다. "연맹이라는 명칭은 우리가 채용한 중앙집권 조직에 어울리지 않기 때문에 보다 걸맞은 명칭으로 바꾸려고 한"(아이자와 히사오《일본무정부공산당 -나의 회상-》) 이유 때문이었다. 나아가 1934년 8월 20일의 제14회 중앙집행위원회(종래의 중앙위원회를 당의 발족과 동시에 개칭)에서 궁극의 무정부공산사회의 도식을 그린 강령과 당면의 과제인 잠정 테제도 결정되었다.

[강령]

(1) 권력정치 및 자본제의 폐지

(2) 완전한 지방자치제의 확립

(3) 사유제의 폐지

(4) 생산수단 및 토지의 공유

(5) 임금제도의 철폐

(6) 노동자 농민에 의한 생산관리

(7) 교육, 문화의 향유

(8) 인위적 국경의 철폐

[잠정 테제]

(1) 자본제의 폐지

(2) 의회의 해산

(3) 18세 이상 남녀에게 선거권 획득

(4) 언론, 출판, 집회, 결사의 자유

(5) 일체의 노동자 농민 폭압 제법령의 철폐

(6) 임금 저하가 따르지 않는 노동시간의 단축

(7) 정부 자본가 부담의 실업보험

(8) 경지의 무상 획득과 생산비 및 식량의 국고 부담

(9) 모든 조세의 자본가 지주의 부담

(10) 자본주의 교육의 철폐

(11) 전쟁 위기에 대한 투쟁

여기서 무정부공산당은 그 이상과 당면하는 방침을 확립해 외곽과 동시에 조직의 성격과 목표도 명확히 했다. 아나키즘 운동사에서 노동조합과 일부의 단체를 제외하면, 이렇게 면밀한 강령과 테제를 준비하고 명확한 목적의식이 뒷받침된 사상단체는 이외에는 별로 눈에 띄지 않을 것이다. 다만 이 당이 그런 방침에 따라 냉철하고 착실하게 나아가기에는 시대가 너무나 역행해 있었다. 그들은 그 역류 속에서 발버둥치고 고투했지만 결국에는 거기에 휩쓸려 버리고 말았다.

무정부공산당의
논리 //

여기서 무정부공산당의 주장을 보면, 강령 (1), (2), (8)처럼 아나키즘의 전통을 따른 것도 보이지만, 테제

⑶ 선거권 획득 등과 같이 오히려 아나키즘이 부정해 온 것도 볼 수 있다.

그렇다면 무정부공산당이 아나키즘의 흔적도 없이 완전히 마르크시즘에 동화된 것인가 하면 반드시 그렇지는 않았다. 그 근저에는 역시 아나키즘의 전통이 사라지지 않고 가라앉아 있었다. 예를 들면 비밀결사의 형태로 출발했기 때문에 연맹과 그 후의 당은 종으로 맺어진 중앙집권 조직을 취하면서도 종래의 아나키즘 운동을 근본적으로 재검토할 필요도 있었기에 내부에서는 자유스러운 발언을 허용했다. 더구나 중앙집행위원회에서의 결정은 만장일치를 원칙으로 하고, 그런 결정을 타 단체에는 강제하지 않는다는 자율원칙도 내세웠다.

이처럼 한편으로는 중앙집권을 노래하면서도 다른 한편으로는 그것과 양립할 수 없는 자유발의, 만장일치 원칙 또는 자율원칙을 인정한다는 등 내부 모순을 안고 있었기에 이윽고 이 당이 드러내는 취약성도 떠안게 되었다. 또한 이는 동시에 이 당이 아나키즘의 자유연합과 자유발의의 원칙과 전혀 관계가 없는 것이 아니라는 의미를 갖는 것이기도 했다.

더구나 그런 구체적인 운용과 기능 면뿐만 아니라 당의 가장 큰 특징의 하나인 혁명론과 국가론에 관련해 혁명의 과도기에 헤게모니 장악을 목표로 하는 '근본주의'와 같은 원칙을 둘러싼 인식에서도 이 당은 아나키즘의 전통과 완전히 동떨어진 것은 아니었다.

즉, 무정부공산당은 지금까지의 아나키스트 단체에는 없는, 혁명이 발발해 성공했을 경우 그것을 어떻게 해서 유지할까 하는 문제를 바로 정면에서 다루고 있다. 그것을 일컬어 그들은 헤게모니의 장악이며 근본주의라고 했다. 그때 주의해야 할 점은 반드시 프롤레타리아 국가와 독재 권력의 용인을 생각했다는 것은 아니었다는 것이었다. 오히려 그들이 의도한 것은 프롤레타리아 국가의 수립을 막고, 혁명코뮌을 지키는 것이었다. 특히 과도기로서 프롤레타리아 국가라는 독재 권력을 수립하려는 의도를 저지하기 위해서만 아나키스트가 헤게모니를 장악할 필요를 느끼는 것이었다. 그런 만큼 무정부공산당의 기본자세는 종래의 아나키즘과 원칙적으로는 다른 것이 아니었다는 것을 알 수 있다.

하지만 헤게모니 문제를 자세히 살펴보면 당 관계자가 예상하지 않았던 다른 문제가 나온다. 즉, 헤게모니의 장악은 결국 아나키즘이 부정하는 권력의 행사가 될 수밖에 없지 않은가 하는 점이다. 그렇다고 한다면 그들의 의도를 넘는 예상하지 않는 형태로 아나키스트에 의한 독재가 발생할 수 있다는 것이 된다. 거기에 이르자 근본주의는 당초의 의도를 넘어 아나키즘의 원칙과 대립하게 된다.

그리고 무정부공산당이 원리와 원칙에서도 그리고 구체적 전술에서도 충분히 이론을 심화하지 않고 안이하게 아나키즘에 중앙집권론과 전위당 이론을 결부시켰다는 것을 알 수 있는 것이다. 더구나 덮쳐 오는 탄압과 그에 의한 초조감 속에서 활동을 진행해 가면서 그들은 당초의 의도나 아나키즘이 중시하는 목적과 수단의 일치를 되돌아볼 여유를 잃어 간다. 그 결과 당은 좋든 싫든 비밀주의에 빠지고 독선과 비합법의 방향으로 기울어 간다. 그리고 한순간에 붕괴를 맞이하게 되는 것이다.

자련自連과
자협自協의 합동 //

1933년이 되자 노동조합의 우경화는 갑자기 속도를 냈다. 전협도 거의 붕괴 상태였고, 합법 좌익을 포함하는 진보적 진영의 후퇴는 결정적이었다. 총동맹 등 우익과 중간파 역시 자신들의 주체성을 유지하기에 급급했다. 단 하나 일본주의와 애국주의를 바탕으로 하는 조합만이 시대의 흐름을 타고 활발하게 움직였다.

1934년에 들어서자 동북지방 중심의 흉작으로 농촌 위기가 심각해지는 한편, 군사공업 중심으로 생산도 수출도 늘어나고 있었지만 생산 활동과 노동운동에 대한 군부의 개입도 점점 더 증대하고 있었다.

그런 상황에 놓인 1934년 3월 18일 도쿄 시바우라회관에서 5년에 걸친 분열을 극복하고 자련과 자협의 합동대회(자련 제14회 대회)가 개최되었다. 당일의 출석 대의원은 70여 명. 의장에는 오쓰카 테이자브로, 부의장에는 헨미 키치조를 선출하고 의사에 들어갔다. 우선 대회 슬로건은 다음과 같았다.

하나, 폭풍우 시대, 전선의 집결 강화.

둘, 해고, 임금삭감, 임시휴업 절대 반대.

셋, 자본가의 앞잡이 파쇼를 타도하라.

넷, 자유연합전선 통일합동 완성 만세.

다섯, 전국자련 확대 강화, 대회를 지키자, 대담하고 세심하게.

행동강령은 '해고, 임금삭감, 공장폐쇄, 임시휴업 반대를 위한 투쟁', '감수減收가 따르지 않는 1일 8시간의 노동제 실시 획득을 위한 투쟁', '해고, 근속, 퇴직수당제 획득을 위한 투쟁'에서 볼 수 있는 직장투쟁 등 현실적 투쟁 중심으로 22항목의 목표가 설정되었다. '선언'도 "우리는 지금 이에 재건의 도상에서 과거 우리가 저지른 일체의 오진을 내던지고 새로운 전환기에 서 있다. … 대중적 노동조합으로서 대중의 지지가 없는 단체는 아무런 가치를 찾을 수 없다."며, 노동운동에 대한 대처 방식을 반성하고 운동 재건을 향한 전향의 자세를 확실히 하는 것이었다.

합동을 이룬 자련은 선언 속의 '대중적 노동조합', '일상 투쟁'과 같은 용어와 직장에서의 투쟁 중시에서 볼 수 있는 것처럼, 단순한 관념적인 전투성과 소수 정예적인 혁명단체로부터의 탈각, 또는 이미 전년의 자협대회에서도 지적된 대기업 진출 등을 통해 재건을 향한 거점을 마련하려 했던 것이다. 무산정당, ILO, 범태평양노조회의의 배격은 변함없이 일관되어 있었지만, 공제조합과 소비조합 공장위원회 또는 아나키즘계 이외의 좌익조합에 대해서도 철저한 배격이라는 자세만을 취하는 것이 아니라 그들의 내부에서부터 전투화, 자주화를 도모하려는 자세를 나타낸 것도 그러한 새로운 경향을 알 수 있게 했다. 그렇게 할 수밖에 없을 만큼 아나키즘 노동운동이 쇠퇴했다고도 할 수 있지만, 여기에 이르러 비로소 유연한 자세를 볼 수 있게 된 것이다.

이 합동이 자협의 자련으로의 복귀라는 형태를 취한 것은 자련 쪽이 양적으로 우세했기 때문이 아니라 '모 조합으로 돌아간다.'(야마구치 켄스케, 《눈보라를 넘어서風雪を越えて》)는 형식으로 조화를 이루게 한 것에 지나지 않았다. 양 파의 중심이었던 도쿄인쇄공조합(자련)과 관동출판산업노조(자협) 두 개의 인쇄공조합의 경우가 모 조합에 해당하는 도쿄인쇄공조합으로 관동출판이 복귀하는 형식을 취한 것으로, 자련과 자협도 거기에 따른 것이었다.

합동 달성 당시 자련의 조합원은 약 1,000명이라고 했지만 합동대회에서 결정된 '3만 명 획득 캄파' 운동과 강연회 등의 교육과 선전 활동의 결과 1934년을 지나면서 조합원은 증대했다고 한다. 거기에는 분열과 대립 상태에서 해방되어 노동조합 활동 중시의 경향을 회복하거나 직장투쟁에서 구체적인 요구를 내걸거나 그리고 종래 부정해 온 단체협약도 협조라는 시점에서가 아니라 권리라는 시점에서였다고는 하지만, 용인하기도 했던 것들이 큰 도움이 되었다.

그렇게 재건 태세 속에서 동년(1934년) 11월 3, 4 양일 실질적으로는 대회에 상당하는 제1회 전국위원회가 개최되었다. 회의장은 도쿄 간다의 킹구락부, 출석 대의원은 20여 명. 의장에는 우메모토 에이조가 선출되어 다음의 슬로건 아래 의사가 진행되었다.

> 하나, 폭풍우 시대, 신체제 수립에 의한 전국 자련의 강력 약진
> 둘, 섹터 주의의 청산.
> 셋, 대중운동의 결합 강화.
> 넷, 반파쇼적 노동자 전선의 통일.
> 다섯, 전국위원회의 획기적 수행 만세.

　이 전국위원회는 3월의 합동대회 후의 정제보고, 합동대회 운동방침의 검토와 수정, 거기에 제5회 대회 준비를 하기 위해 개최된 것이었다. 거기서는 자주적인, 또는 전투적인 노동운동 진영이 점점 후퇴하는 정세에 직면해 종래에 이어서 타파와의 전선통일에 열의를 나타내는 자세가 채택되었다는 점과 정치적 주장도 받아들여졌다는 점이 주목된다. 그러나 전국위원회의 중심 의안이었던 '신체제 대강'은 위원회 개최 직전에 원안이 당국에 압수되어 상당 부분이 주의 또는 삭제 처분을 받아 심의불능이 되었다. 그로 인해 이 문제는 제5회 대회에서 새롭게 다루기로 하면서 실질적인 심의는 보류해야만 했다.
　이렇게 해서 합동을 실현하고 재건을 향하던 자련이 새롭게 전진하기에는 시대가 너무나 역행해 있었다. 당시의 활동가가 "혁명적 전설을 고수하려는 전국자련은 바람 앞에 흔들리는 등불과 같은 것이었으며 그 앞길은 추풍삭막秋風索莫했다. … 통일은 됐지만 전국자련의 조직은

실질적으로 1,000명 이하가 되어 정말로 한 줌의 집단에 지나지 않았다."(야마구치 켄스케 《눈보라를 넘어서》)고 회상했듯이, 대중적인 기반을 갖기에는 파쇼의 중압이 이미 너무 깊이 깔려 있었다. 아나키즘계뿐만 아니라 좌파계 조합의 활동은 실질적으로는 거의 불가능한 위기에 몰려 있었다. 거기에 합동의 초지에 따라 착실하게 조합활동에 전념하고자 하는 그룹에 대해서, 그 한계를 곧바로 확인하고 또다시 과격한 비합법의 방향으로 달려가고자 하는 그룹이 대두하는 계기도 있었다.

이렇게 달성된 합동이고 재건의 움직임이었지만 이미 때는 늦어 다음 대회를 개회할 기회조차 가질 수 없었고, 군국화되어 가는 시류에 일순간 압도되는 사태가 발생했다. 말할 것도 없이 무정부공산당 사건에 의한 탄압이었다. 그 결과 노동자 대중과의 연결을 잃어 가던 아나키즘 운동은 종언을 맞이했다.

2. 아나키즘 운동의 종식   *

무정부공산당

사건의 발각 //

       자련이 재건에 고심하던 무렵, 갑자기 아나키스트들에 대한 전국적 검거의 폭풍우가 휘몰아쳤다. 1935년 11월의 일이었다. 1935년은 합법좌익계 조합의 조직화와 인민전선의 움직임이 보이기는 했지만, 반동 공세도 더욱 거세졌다. 일본노동조합총연합 등의 일본주의로의 전향과 그런 시점에 선 조합과 단체의 조직화도 진행되었다. 더구나 노동운동과 사회주의 운동뿐만 아니라 미노베 타쓰키치美濃部達吉에 대한 공격(천황기관설 사건)[29]에서 볼 수 있는 것처럼 자유주의자에 대한 공세도 강화되었다.

---

29 미노베 타쓰키치美濃部達吉(1873~1948)의 학설로 통치권(주권)은 법인인 국가에 있으며, 일본 천황은 그런 국가의 최고기관으로서 다른 기관의 도움을 얻어 통치권을 행사한다는 논리. 우에스기 신키치上杉慎吉 등의 천황주권설에 대해, 다이쇼 데모크라시 이후 학계와 정계에서 한때는 지배적이었다. 하지만 만주사변 이후 군국주의의 진행과 함께 군부, 관료, 우익단체는 천황기관설을 국체에 반하는 반역사상이라고 공격했기 때문에 정치문제화했다. 이에 당시 귀족원 위원이었던 미노베는 불경죄로 고소당하고 일제 당국도 그의 저서인《헌법촬요憲法撮要》등을 발매금지 조치했다. 결국 미노베 자신은 귀족원 위원을 사임하고 이후 천황기관설은 사멸하게 되었다(역자 주).

이런 상황 속에서 실천운동에 뛰어든 무정부공산당은 세계적으로 파쇼의 폭풍우가 확대되고 있는 상황을 보고 합법 활동을 하기에는 꼼짝달싹도 못 하는 상황이라는 것을 뼈저리게 느꼈다. 거기에서 당 중앙의 일부는 초조감과 위기감에 사로잡혀 당 중앙과는 별개로 그 하나의 기관으로서, 테러 활동 등을 목적으로 설치된 후타미 토시오 등의 특무기관에 의해 자금 활동을 주된 목적으로 하는 비합법 활동을 진행시킬 결의를 굳혀 간다.

그 이전에, 이 비합법 활동에 근거를 부여하는 '조직행동계획서(안)'라는 당 활동에 대한 후타미의 안이 제기되어 심의되었다. 후타미의 안에 따르면 〈무정부공산주의 운동의 실천론〉으로 '합법운동'과 '비합법운동'의 두 기둥이 있으며, 전자로는 조합 활동, 문화운동, 사상운동, 자금운동을, 후자로는 선전운동, 직접행동운동(무력운동), 자금운동을 생각할 수 있다. 이에 관해서 시인이자 당 위원장인 우에무라 타이는 아나키즘의 원리에 비교적 충실하고 더구나 장기적인 시점에서 목적과 수단의 일치와 장래에 화근을 남기지 않을 활동을 주장했다. 하지만 후타미 등은 나중의 일보다도 당면의 일이 중요하다고 해서 자금 획득을 최우선으로 하는 비합법 활동의 선행을 주장했다. 토의 결과 당초 후타미의 계획서는 승인되지 않고 합법적인 조직 활동과 자금 활동을 병행해 진행하기로 했다.

게다가 특무기관도 처음부터 존재했던 것은 아니다. 제16회 중앙집행위원회(1934년 9월 8일)에 이르러 아나키즘의 이념을 지키려는 우에무라 타이의 반대를 무릅쓰고 설치된 것이었다. 이 점에 대해서는 우에무라 자신이 "이때가 무정부공산당이 유기적인 연락을 갖춘 마지막 활동이었다. 후타미는 그 후 중앙위원회에서도 특무기관에 보고를 하지 않고 … 특무기관 이외의 사람이 그 행동의 전모를 안 것은 특무기관의 파탄으로 인한 일제 검거 후의 공판정에서였다."(아키야마 키요시 〈무정부공산당 사건〉)라고 했던 것처럼, 특무기관의 설치는 당이 하나의 유기적인 조직임을 포기하고 두 개의 혼을 가진 조직으로 분해했다는 것을 의미했을 뿐이다.

이런 움직임 후에 1935년에 들어서 급속하게 당의 일부가 후타미의 페이스에 말려들어 강탈과 테러리즘과 같은 수단을 가리지 않는 비합법 직접행동에 뛰어들었다. 더구나 그들이 취한 직접행동은 일찍이 고토쿠 슈스이 등이 의도한 의회를 통하지 않는다고 하는 의미에서의 그것이 아니라, 비합법 활동이나 무력행동과 같은 뜻으로 폭력과 강탈이 그 내용을 이루고 있었다.

여기에 이르자 출발 당초의 전향적인 자세는 어디로 가 버렸는지, 결국 이 당도 강령과 테제의 존재에도 불구하고 그에 대한 대응이 애매한 채 단지 관념적으로 운동을 추구한 것에 지나지 않았다는 것을 드러내었다. 목적과 수단의 일치와 전체와 개의 문제처럼 아나키즘의 원칙조차 마지막엔 무시하게 된 점에서는, 이 당은 어느 시점 이후에는 오히려 종래보다도 한층 더 관념적이었다고까지 말할 수 있다. 현상 분석이나 이론 활동도 충분히 이루어지지 않고 단지 의욕과 초조감에 사로잡혀 뛰어들었던 데 대한 당연한 도달점이었다고 할 수 있을 것이다.

그 결과 계획 또는 실행된 것이 고베의 고마가바야시駒ヶ林우체국과 어느 중국인 집(계획뿐), 도쿄 마바시馬橋우체국(실행 도중 중지), 다카다 농상은행(실행, 실패) 등을 습격하는 것이었으며, 그 파생으로 야기된 것이 동지(아사쿠라 토쿠노淺倉トクノ)의 인신매매, 또는 동지(시바하라 준조芝原淳三)를 사살한 마야산麻耶山사건 등이었다.

다카다 농상은행 습격 실패 후, 후타미와 아이자와는 지하로 잠행하기 위해 상해로 도망을 계획하지만, 후타미의 뜻밖의 실수로 1935년 11월 10일 고베 스이조 경찰서神戸水上署에서 아이자와가 체포되었다. 그와 동시에 후타미도 쫓기는 몸이 되면서 이미 조직도 기능도 해체 상태에 있었던 무정부공산당은 그 존속도 불가능해졌다.

더구나 아이자와의 체포를 계기로 다음 11월부터 전국의 아나키스트들, 그것도 당과 관계가 있는 자뿐만 아니라 당이나 사건에는 관계가 없는 노동자와 학생, 더구나 아나키스트와 생디칼리스트도 잇달아 체포의 광풍에 휘말리게 되었다.

최종적으로는 약 400명의 아나키스트와 그 동조자가 체포된 후, 결국 당원 및 그 주변에 있었던 19명(우에무라, 후타미, 아이자와, 이리에, 데라오, 이토 에쓰타로, 다도코로 시게오, 우메모토 에이조, 오니시 마사오大西正雄 등)이 기소되었다. 더구나 그 반향은 예상 이상으로 특히 신문이 '무정부공산당 사건', '흑색 갱 사건', '비상시하의 테러계획'이라고 센세이셔널하게 보도했기 때문에 실태 이상으로 확대되어 세간에 관심을 불러일으켰다. 그것으로 인해 군국화가 진행되는 암흑의 세상 속에서 유달리 음침한 사건으로 전국에 아나키즘의 비합법성과 어두운 인상을 갖게 했다.

그 결과 연맹–당이 시대의 반동화와 파시즘의 진출을 우려해 노동운동과 혁명운동의 양면에서 아나키즘 운동의 재건을 도모하려 한 당초의 의도도, 그리고 그것을 위해 토의하고 분석한 혁명의 프로그램도, 당이 실제로 준비한 조직과 선전 활동도 모두 한쪽 구석으로 조그맣게 도태되었다.

일반인들로부터 은행갱이나 테러분자 정도로밖에 인식되지 않았던 것은 당연하다 하더라도, 당이 동지들에게조차 비밀주의를 취한 일도 있었기 때문에 거기에 관여하지 않았던 아나키스트, 특히 노동조합에 입각한 아나르코 생디칼리스트로부터도 무의미한 일탈 행위, 모험주의로 격렬하게 비난받게 되었다.

무정부공산당이 남긴 족적은 확실히 그들이 비판하던 그대로였다고 하더라도, 여기에 당의 출발점에 있었던 운동 재건을 향한 적극적인 자세도, 2년 가까운 노력도, 아무런 성과도 남기지 못한 채 비난과 비방 속에서 물거품이 되고 말았다.

농촌청년사 사건과
아나키즘 운동의 종언 //

　　　　　　　　　그런 빈사 상태에 있던 아나키즘 진영에 1935년 11월 이후 세 번에 걸쳐 '농촌청년사 사건'이 몰아닥쳤다. 우선 1935년 11월 27일 미명, 나가노현長野県에서 아나키즘 농촌청년운동에 참가하고 있던 농민 57여 명이 검거되었다. 뒤이어 동년 12월 25일부터 다음 해 1월에 걸쳐 옥중에 있던 히라마쓰 히데오를 제외한 도쿄의 구 농촌청년사원 전원이 검거되었다. 더구나 1936년 5월 4일 전국의 신문기사가 금지된 상태에서 1도 3부 41현에 걸쳐서 300여 명의 농청운동 관계자가 검거되었다. 최종적으로 기소된 사람은 호시노 준지, 미야자키 아키라, 스즈키 야스유키, 다시로 기사브로, 야기 아키코, 오노 초고로 등 36명이었다.

　이것은 이미 조직이 없는 농촌청년사(도쿄)를, "일정한 강령을 갖고 있는 전국적 비합법 결사"(전게《자료 농촌청년사 운동사》)라 하고, 게다가 "신슈信州 지방의 폭동으로 일본 전국을 흑색혁명의 선풍으로 휩쓸게 하려는 대음모"(《요미우리 신문》 호외, 1937년 1월 11일)를 꾸몄다고 날조함으로써 아나키즘 운동의 완전 박멸을 도모하려 했다. 무정부공산당 사건으로 아나키즘 운동은 거의 궤멸에 가까운 타격을 받았지만, 이것으로 농촌에 뿌리를 내렸던 농촌운동도 어쩔 수 없이 종식을 맞이했다.

　어쨌든 이미 아나키즘 진영의 쇠퇴는 어떻게 할 방도가 없었으며, 이 농촌청년사 사건은 단지 무정부공산당 사건에 의한 아나키즘 운동의 종식을 향한 발걸음을 한층 확실히 한 것에 지나지 않았다.

이런 사건의 충격으로 겨우 숨 쉬고 있던 아나키스트 단체는 무참히 뭉개지고 아나키즘 운동 전반 역시 괴멸에 가까운 타격을 입었다. 우선 자련의 중핵이었던 도쿄인쇄공조합이 해산했다. 이어서 합동에 앞장섰던 해방문화연맹도 해산했다. 이듬해인 1936년 초에는 아나키즘 운동의 최후 거점이었던 자련도 결국 해산에 몰렸다. 그 중핵에 우메모토 에이조 등 무정부공산당원 또는 그 동지들이 관여했다는 사실에 의한 당연한 결과였다. 더구나 그 해산이 해산 성명을 발표했다든가 명확한 수속을 밟아 이루어진 것이 아니라 자연 소멸의 형태를 취했다는 사실이, 극심한 탄압과 아나키즘 진영의 냉혹한 후퇴를 잘 보여 준다.

이렇게 해서 1932년경부터 싹튼 아나키즘 운동 재건의 기회는 무정부공산당 사건과 그것에 뒤이은 가차 없는 탄압 속에서 또다시 뭉개져 버리고 말았다. 노동운동을 바르게 자리매김하지 못하고 그것을 뛰어넘어 단숨에 혁명운동으로 돌진하려 했던 오진은 지금까지도 아나키스트가 되풀이해서 발을 들여놓는 함정이었다. 거기에 설상가상으로 노동운동의 필요를 인정하면서도 실제로는 그것을 무시하고, 그뿐만 아니라 아나키즘과도 관계없는 사건을 연이어 일으킨 것, 그로 인해 당초의 의도가 일반인이나 아나키스트들이 고려할 여지도 없이 아나키즘 운동 전체가 노동자와 대중과의 연결이 완전히 끊긴 상태에서 종언을 맞이하기에 이르렀다는 것, 바로 거기에서 전전 아나키즘 운동의 마지막 비극을 읽을 수 있다.

그래도 자련의 해산 후, 무정부공산당의 모험주의를 비판하는 노동
조합주의 아나키스트들은 악화되는 정세 속에서도 재흥의 기회를 포기
하지 않았다. 그러나 무정부공산당 사건에 뒤이은 탄압으로 많은 활동
가가 감옥에 갇히거나, 아나키즘 진영으로부터 이반하면서 전망이 어
두웠다. 마침 그 무렵 세계적인 파시즘의 조류 속에서 아나키스트에 대
한 희미한 광명으로서 스페인에서의 아나키스트 투쟁이 주목받았다.
인민전선 정부에 대한 파시스트의 반란을 계기로 아나키스트를 비롯한
노동자의 힘든 싸움이 시작된 것이다. 거기에 촉발하듯이 스페인 내란
발발 직후인 1936년 8월부터 9월에 걸쳐 인쇄공에 의해 아나르코 생디
칼리즘의 깃발을 내건 도쿄인쇄공조합이 재건되었다.

그러나 2 · 26사건과 중 · 일 전쟁으로 반동화가 한층 더 진행되는 속
에서의 결성과 재건이었으며, 더욱이 겨우 10여 명의 동지적 결합으로
는 조합으로서의, 또는 아나키스트 단체로서의 활동은 거의 불가능했
다고 해도 좋다. 대외적으로는 1937년 2월에 전국평의회계의 도쿄출
판노조(다카쓰 세이도, 다카노 미노루高野實 등)와 전시全市인쇄공생활옹호
동맹을 결성한 것이 주목받은 정도였다.

그리고 2년간 존속한 후 거의 모든 조합이 소멸하거나 산보産報[30] 조
직으로 해체되려 했던 1938년에 아나키즘계 최후의 조합인 도쿄인쇄

---

30 1940년 11월 23일에 결성된 산업보국회의 전국연합조직인 대일본산업보국회의 약칭(역
자 주).

공조합도 부득이 해산할 수밖에 없었다. 나중에는 후루카와 케이, 후루카와 신, 와타비키 쿠니노부 등 인쇄공에 의한 공제단체와 같은 상호회相互會와, 일부가 스페인 혁명에 의용군으로 뛰어들려 했던 기도가 있었을 뿐 도쿄인쇄공조합을 마지막으로 전전의 조직적인 아나키즘 운동은 기나긴 잠 속에 빠져들었다.

아나키즘 운동의 종언과 전후의 재건

이상과 같이 군국화가 진행되던 1938년을 마지막으로 전전戰前의 아나키즘 운동은 조직적인 틀을 갖춘 것으로는 종식했다.

그래도 전전을 통해서 아나키스트는 '인간=개'의 존엄, 자주자치의 정신, 또는 자유연합주의를 고창했다. 개의 자립과 인간성의 회복이라는 명제에 대해 그들만큼 정열을 불태운 자는 달리 없었다고 해도 과언이 아니다. 한때는 노동운동과 사회주의 운동을 양분할 정도의 열광을 보여 주었다.

그러나 그런 반면에 이론적으로는 끊임없이 불충분함과 미완성인 측면을 남겼다. 경제 분석과 경제론의 불비, 그리고 '인간=개'의 존중과 자립을 말하면서도 그것이 의미하는 것, 또는 그것이 현실의 운동에서 어떻게 활용될까 등 많은 점에서 불분명한 부분이 적지 않았다. 각 시기의 대표적 인물의 주장을 예로 들어도 그렇다고 할 수 있다. 전전 최고의 아나키스트라고 할 수 있는 오스기만 하더라도 뛰어난 아나키즘 이론과 깊은 인간적 매력에도 불구하고 노동조합과 노동운동론 등에서 마지막까지 취약한 측면을 남겼다.

이런 이론적 미비가 원인이 되어 일반적으로 기존의 기구, 즉 자본주의 체제의 현상과 그 위에 위치한 자기 진영에 대한 충분한 분석을 종종 잊고 있었다. 그에 따라 객관적인 증거도 없이 '혁명이 다가왔다', '혁명은 눈앞에 있다'는 낙관적인 전망에 의지해 격렬한 투쟁에 빠져들었다. 개개의 사례에서도 길로딘사 사건이나, 순정아나키스트의 일부나, 무정부공산당 등이 많은 오진과 일탈을 되풀이했다. 아나키즘에서는 '개=자아'가 사상을 창조하고 발전시켜 가야 하는 것임에도 거꾸로 사상이 '개=자아'를 맘대로 농락하는 듯한 사태도 잦았다. 그런 상태는 사상의 고정화와 노예사상으로의 전락이라 해도 좋을 것이다. 또한 창조적이고 주체적 자아의 미확립의 결과라 해도 좋을 것이다. 그런 만큼 단기간의 약진을 제외하면 전전을 통해서 아나키즘은 노동자와 대중에게 넓고 깊게 뿌리를 내렸다고 할 수 있는 것은 아니었다.

그런 이론적 취약성과 많은 오진이 태평양 전쟁의 전야에 아나키즘 진영에 노동자와 농민 조직과의 연결을 잃게 하고 결국에는 그 운동이 종언을 맞이하게 하기에 이른 것이다. 더구나 그 종언의 실정, 즉 이론적 미비에서 노동자와 대중의 연결이 끊어진 채 강제로 운동을 중단하게 된 사정이 전후에까지 영향을 미쳐 아나키즘 재생에 어두운 그림자를 드리웠다.

패전 후 사회운동과 노동운동은 봇물이 터지듯 격류가 되어 세차게 용솟음쳤다. 노동자는 단결권, 단체교섭권, 쟁의권을 획득했다. 보통선거제도 실시되었다. 하지만 아나키즘 진영은 출발점에서 이미 뒤졌을 뿐만 아니라, 그 후에도 자본의 양보로 노동자의 권리와 보통선거권을 갖게 된 새로운 상황을 유리하게 살리지 못했다. 일찍이 관동대진재 후 자본의 양보를 중심으로 하는 새로운 정세에 아나키즘 운동은 허무하게 뒤처진 것처럼 패전 후의 상황에서도 타파에 비해서 거의 아무것도 할 수 없었다. 순식간에 사회운동의 주류에서 크게 뒤처지게 되었다.

그래도 1946년 5월 12일, 전국에서 200여 명이 참가해 도쿄 시바_芝의 일본 적십자사 강당에서 일본아나키스트연맹(전국 위원장 이와사 사쿠타로) 결성대회가 열렸다. 아나키즘 진영도 뒤늦게나마 재건 운동의 봉화를 올린 것이다. 기관지로 《평민신문》이 고토쿠 시대, 오스기 시대에 이어서 세 번째로 발간되었다(1946년 6월 15일 창간, 주간. 후에 월간). 《평민신문》의 표제 옆에는 '자유 없이 평등 없고, 평등 없이 자유 없다.'와 '국가의 이름에 의하건 민중의 이름에 의하건 우리는 모든 강권에 투쟁을 선언한다.'는 두 개의 슬로건이 게재되었다.

그런데 거기에 결집한 사람들 가운데 대다수는 전전에 활동한 경험이 있는 아나키스트들이었다. 전전에 활동한 경험이 없는 청년층도 많이 참가하기는 했지만 그중 직장에 발판을 둔 노동자는 그다지 많지 않았다. 더구나 전후 일본자본주의의 기간산업이 되는 분야에서는 조합으로서의 참가는 없이, 기껏해야 개인적으로 또는 유지로서 참가하는데 그쳤다.

그래도 이듬해 1947년 5월의 연맹 제2회 대회 무렵부터 청년 노동자의 참가가 눈에 띄기 시작했지만, 그런 성장이 그 후에도 순조롭게 이어지지는 않았다. 노동조합과의 연결도 생각대로 진척되지 않았고, 영속적인 운동으로서 하나의 흐름을 형성하기까지 회복하거나 발전하는 것도 아니었다. 오히려 대립과 분열을 되풀이하거나 자기 진영에서 이탈자를 만들기도 하면서 항상적인 소수파로 침전해 갔다.

전후의 대립과 분열은 연맹 창립 직후인 1946년 10월에 이미 시작됐다. "아나키즘에 대한 회의에서 출발해 그리고 아나키즘의 수정을 의도"(《평민신문》10 · 11 합병호, 1946년 12월 25일)하는 일부가, "공산당과의 공동투쟁과 폭력투쟁 방법 포기"를 호소하며 연맹을 탈퇴해 일본자치동맹을 결성한 것이 그 최초였다. 그 후에도 전전 쇼와 기간 중의 자련과 자협, 순정아나키즘파와 아나르코 생디칼리즘파의 대립을 재현이라도 하듯이 1950년 10월 연맹은 두 파로 분열했다.

아나르코 생디칼리즘파는 1951년 6월 아나키스트연맹을 결성(1955년에 일본아나키스트연맹으로 개칭), 아나키즘파는 1951년 7월 아나키스트 클럽을 결성했다. 이것을 계기로 연맹(1968년 11월 해산)과 클럽 모두 재건을 향한 노력에 뛰어들지만 그 기회를 잡지 못하고 일시적인 활기를 제외하고는 후퇴의 길을 달렸다. 더구나 그 후에도 그들은 이합집산을 되풀이했다. 그 외에도 많은 소집단이나 활동이 생겨났다가는 사라지고, 사라졌다가는 다시 생겨났다.

그 후에는 아나키즘이냐 아나르코 생디칼리즘이냐 하는 전통적인 대립 축 외에, 자본주의의 고도화가 진행되는 가운데 아나키즘이 체제 내에서 권력과 권위의 근절을 도모하는 개인주의적인 개의 자립 사상의 길을 선택할지, 그렇지 않으면 그것을 넘어 강력한 반체제 이론의 길을 선택할지, 아니면 그 양쪽을 결부시킨 반역과 반체제의 이론으로 나아갈지, 하는 전후 아나키즘의 중심적인 흐름을 구성한 몇 가지의 시점도 미해결 문제로 그대로 남아 있다.

그러한 전후의 흐름은 마르크시즘의 그것에 비해 극히 극단적인 대조를 보여 준다. 마르크시즘은 전후 착실하게 그 세력을 확대했다. 양자의 차이는 시간과 함께 현저해졌다. 마르크시즘의 발전에 대해 아나키즘은 그 후 노동조합에는 개인적으로 관계하는 것 외에 거의 영향력을 갖지 못하게 되었다. 더구나 영향력과 세력을 잃었을 뿐만 아니라 전전에 아나키즘이 뿌린 개의 자립과 자유연합의 정신조차 어떤 시기에는 노동운동과 사회운동 영역에서 완전히 사라져 버린 듯한 상황이었다.

새로운 동향

하지만 최근 수년간 경제와 사회에서의 의식과 상황의 변화가 사회운동을 둘러싼 상황에도 새로운 흐름을 불러일으키고 있다. 그것은 한편에서 보면 자본주의의 고도화와 체제를 넘어선 인간소외의 확대에서 유래하는 것이라 할 수 있다. 그런 상황 속에서 인간의 존재와 생의 목표, 또는 그 진보와 발전이라는 것을 새삼스럽게 되묻고 있는 것이다. 그 결과 원리적으로는 인간 중시를 일관하는 아나키즘이 일부에서 관심을 불렀다. 그것은 세계적인 상황이기도 하다.

그렇더라도 거기에서 아나키즘이 자주 듣는 말처럼 재생에 성공하고 하나의 흐름을 형성할 정도의 운동체가 될 수 있을지 어떨지는 여전히 금후의 문제다. 그보다는 재생이라는 말을 들은 게 오래되었음에도 그 운동이 크게 약진했다는 말은 여태껏 듣지 못했다. 그 사상과 운동에 유리한 상황이 찾아왔다고 하는데도 그 재부흥을 볼 수 없다는 것은 외적 조건을 운운하기보다는 그 내재적 취약성을 문제 삼아야 할 것으로 생각해야 한다. 즉 외적 조건이 여전히 아나키즘에 불리하다는 시점에서 애매하게 대처하는 것이 아니라, 아나키즘 사상에 대해 전면적으로 되물어볼 필요가 있다는 것이다.

현재의 일본이 과거와는 전혀 상황이 다른 국가독점자본주의 체제하에 있다면, 아나키즘의 재생도 과거의 단순한 반복일 수 없으므로 그 점은 소홀히 할 수 없는 문제다. 아마도 과거에 얽매이지 않고 자기의 이론을 근저에서부터 다시 재검토하지 않고는 아나키즘 내지 아나키즘적 사상은 과거의 유물에서 빠져나올 수 없을 것이다.

물론 그런 방향으로의 노력이 완전히 존재하지 않는다는 것은 아니다. 프랑스에서 또한 일본에서 조금씩이긴 하지만 새로운 상황을 바탕으로 하는 이론과 활동의 노력을 볼 수 있다. 그러나 새로운 상황에 호응하는 이론이나 활동도 아직 시계 내에서 충분히 형성되었다고 할 수 없다.

그렇더라도 아나키즘이 과거에 던진, 그리고 현재에도 던지고 있는 '인간=개'의 존엄과 자립이라는 인간성의 시점은 현재 우리 모두가 받아들여 재검토해 볼 의미가 있는 것은 아닐까.

참고 문헌

1. 통사, 역사연구

○ 야나기자와 요시에, 시바하라 준조, 《근대무정부주의 운동사》, 1926년, 자
  유공론사.

○ 이시카와 산시로, 곤도 켄지, 미즈누마 타쓰오, 후루카와 토키오 외, 《일본
  사회주의 운동사》, 《사회과학》 제4권 1호, 1928년. 1970년《일본무정부주
  의 운동사》 제1편(흑색전선사)으로 복간.

○ 스즈키 야스유키, 《일본무정부주의 운동사》, 1932년, 흑색전선사.

○ 가와모토 칸지河本乾次, 《일본의 자유연합주의 노동운동》, 《광장》 및 《무
  정부연구》, 1957~1961년.

○ 아키야마 키요시, 《일본의 반역사상─아나키즘과 테러의 계보》, 1960년, 현
  대사조사.

○ 오사와 마사미치大沢正道, 《자유와 반항의 발자취─아나키즘 사상사》,
  1962년, 현대사조사.

○ 곤도 켄지, 《내가 본 일본 아나키즘 운동사》, 1969년, 麥社.

○ 하기와라 신타로萩原晋太郎, 《일본 아나키즘 노동운동사》, 1969년, 현대
  사조사.

○ 야마구치 켄스케, 《눈보라를 넘어서—1928년 이후 일본의 아나르코 생디칼리즘》, 1970년, 인우회본부印友會本部.

○ 요코쿠라 타쓰지橫倉辰次, 《미쳐 쓰지 못한 아나키즘 운동사》, 《리베르테르リベルテール》, 1971~1972년.

○ 헨미 키치조, 《묘비 없는 아나키스트 군상》, 《현대의 눈現代の目》, 1971년 5월호~1972년 4월호.

○ 고마쓰 류지, 《일본에서의 아나키즘 운동의 종언》, 《현대와 사상》 제3호, 1971년.

○ 고마쓰 류지, 《전국 노동조합 자유연합회 소사全國勞働組合自由連合小史》, 《미다학회 잡지三田學會雜誌》, 1971년 10월호.

○ 농촌청년사 운동사 간행회, 《자료 농촌청년사 운동사—1930년대에의 일본 아나키즘 혁명운동》, 1972년, 동서간행회.

2. 자서전, 전기, 회고

○ 사회경제 노동연구소 편, 《고토쿠 슈스이 평전》, 1947년, 이토서점伊藤書店.

○ 다나카 소고로田中惣五郎, 《고도쿠 슈스이》, 1955년, 현론사現論社. 1971년 三一書房에서 복각.

○ 니시오 요타로西尾陽太郎《고도쿠 슈스이》, 1957년, 吉川弘文館.

○ 이토야 토시오系屋壽雄, 《고토쿠 슈스이 연구》, 1967년, 靑木書店.

○ 아스카이 마사미치飛鳥井雅道, 《고토쿠 슈스이》, 1969년, 中央公論社.

○가미자키 키요시神崎淸, 《실록 고토쿠 슈스이》, 1071년, 요미우리 신문사.

○ 아키야마 키요시 · 오사와 마사미치, 《고토쿠 · 오스기 · 이시카와》, 1971
  년, 北日本出版社.

○ 이토야 토시오, 《간노 스가管野すが》, 1970년, 岩波書店.

○ 이토야 토시오, 《오이시 세이노스케大石誠之助》, 1971년, 고토부키壽
  서방.

○ 요시오카 카나이치吉岡金市, 《모리치카 운페森近運平》, 1961년, 일본문
  교출판사.

○ 아마쓰카쓰あまつかつ, 《아버님은 분노하셨다-대역사건 · 모리치카 운페
  父上は怒り給いぬ-大逆事件 · 森近運平-》, 1972년, 관서서원.

○ 오사와 마사미치, 《오스기 사카에 연구》, 1968년, 동성사. 1971년 호세이
  法政대학출판국에서 재판.

○ 다다 미치타로多田道太朗, 《오스기 사카에》, 《20세기를 움직인 사람들2》,
  1964년, 수록, 강담사.

○ 이와사키 쿠레오岩崎呉夫, 《불꽃의 여인-이토 노에전炎の女-伊藤野枝傳
  -》, 1963년, 칠요사. 1964년 《오스기의 처 · 이토 노에전-근대일본정신사
  의 한 측면-》으로 개제되어 재판.

○ 가미치카 이치코神近市子, 《자전 · 나의 사랑 나의 투쟁自伝 · 我が愛我が
  鬪い》, 1972년, 강담사.

○ 《다카오 헤이베와 그 유고》, 1924년, 전선동맹.

○ 하기와라 신타로, 《영구혁명에의 기사, 다카오 헤이베》, 1972년, 리베르
  텔회.

○ 후루타 다이지로,《죽음의 참회死の懺悔》, 1926년, 춘추사. 1968년 동사로부터 증보 · 복간.

○ 후루타 다이지로,《사형수의 회상死刑囚の思ひ出》, 1930년, 대삼서방. 1948년 조합서방에서, 이어서 1971년 흑색전선사에서 복각됨.

○ 와다 큐타로,《옥창에서獄窓から》, 1927년, 노동운동사. 1930년 개조사에서, 이어 1971년 환등사 및 흑색전선사에서 복각.

○ 후세 타쓰지 외,《운명의 승리자 박열》, 1946년, 세기서방.

○ 가네코 후미코,《무엇이 나를 이렇게 만들었나》, 1932년, 춘추사.

○ 미야지마 스케오,《편력遍歷》, 1953년, 경우사.

○ 이시카와 산시로,《자서전》상 · 하, 1956년, 이론사.

○ 에구치 칸,《속 나의 문학 반생기》, 1958년, 춘양당. 1968년 청목서점에서 복각.

○ 아라하타 칸손,《칸손 자전寒村自伝》, 1960년, 논쟁사. 1965년 축마서방에서 복각.

○ 이토 신키치伊藤信吉,《역류 속의 노래》, 1963년, 칠요사.

○ 야바시 조키치,《흑기 아래로黒旗の下に》, 1964년, 조합서점.

○ 곤도 켄지,《어느 무정부주의자의 회상》, 1965년, 평범사.

○ 다카무레 이쓰에高群逸枝,《불의 나라 여자의 일기火の国の女の日記》, 1965년, 이론사.

○ 곤도 에이조,《곤도 에이조 자서전》, 1970년, 히에이 서방.

○ 이와사 사쿠타로,《아나키스트의 회상》, 1970년, 다나스트사.

3. 특수문제 · 특수사건

○ 와타나베 준조 편, 《고토구 사건의 전모》, 1947년, 사회서방.

○ 가미자키 키요시 편, 《대역사건 기록 제1권 · 옥중수기》, 1950년, 실업지일
본사.

○ 이토야 토시오, 《대역사건》, 1960년, 삼일서방.

○ 가미자키 키요시, 《혁명전설》 상 · 하, 1960년, 중앙공론사.

○ 가미자키 키요시, 《혁명전설–대역사건의 사람들》 전4권, 1968년, 방하
서점.

○ 고토쿠 슈스이 전집편찬위원회, 《대역사건 앨범–고토쿠 슈스이와 그 주
변–》, 1972년, 명치문헌.

○ 모리토 타쓰오森戸辰男, 《사상의 편력(상)–크로포트킨 사건 전후》, 1972
년, 춘추사.

○ 야마네 타쿠조山根倬三, 《문제의 인물 · 아마카스 마사히코問題の人 · 甘
粕正彦》, 1924년, 소서서점.

○ 무토 토미오武藤富男, 《아마카스 마사히코의 생애–만주국의 단면》, 1956
년, 근대사, 1967년 서북상사회사에서 재판.

○ 야마네 타쿠조 편, 《후쿠다 마사타로 추회록福田雅太郎追懷錄》, 1921년,
동서간행회

○ 후세 타쓰지, 《사형수 11화》, 1930년, 산동사.

○ 〈전국 노동조합 자유연합 제2회대회 제출의안〉, 1927년, 전국자련.

○ 〈전국 노동조합 자유연합 제3회 전국대회–특별자료–〉, 1933년, 협조회노

동과.

○ 아키야마 키요시, 《무정부공산당 사건》, 〈사상의 과학〉 제44호, 1965년.

○ 모리나가 에이자부로森長永栄三郎, 《일본 무정부공산당 사건》, 〈과학 세 미나〉 1970년 1~2월호.

○ 아이자와 히사오《일본 무정부공산당 사건—나의 회상—》, 〈구조構造〉 1970 년 7~8월호.

○ 고마쓰 류지, 《기업별 조합의 생성》, 1971년, 오차노미즈서방.

○ 고마쓰 류지, 《일본노동조합 총연합운동을 둘러싸고—아나 · 볼 논쟁이 의 미하는 것》, 《三田學會雜誌》 1972년 4~5월호.

4. 논설 · 저작 · 전집

○ 《고토쿠 슈스이 전집》 전9권, 별권2, 1968~1972년, 명치문헌.

○ 《오스기 사카에 전집》 전10권, 그중 1권은 《이토 노에 전집》 1925~1926년, 동간행위원회. 1963년, 세계문공에서 복각.

○ 《오스기 사카에 전집》 전14권, 1963~1965년, 현대사조사.

○ 《이토 노에 전집》 전2책, 1970년, 학예서림.

○ 이시카와 산시로, 《농민의 신사회》, 1927년, 평등사.

○ 이시카와 산시로, 《무정부주의와 생디칼리즘》, 1927년, 공학사.

○ 핫타 슈조, 《생디칼리즘의 검토》, 1927년, 사회생리연구소.

○ 핫타 슈조, 《무정부공산주의—유고집》, 1971년, 흑색전선사.

○ 이와사 사쿠타로, 《노동운동과 대중》, 1925년, 미래와 청년사.

○ 이와사 사쿠타로, 《무정부주의자는 이렇게 대답한다》, 1930년, 地底社. 본
   서는 수회에 걸쳐 복각됨.

○ 이와사 사쿠타로, 《혁명 단상》, 1958년, 일본아나키스트 클럽.

○ 소에다 신添田晋, 《농민에게 호소함》, 1931년, 흑색전선사.

○ 마쓰다 미치오松田道雄편, 《아나키즘》, 1963년, 축마서방.

5. 기타

○ 《아나키즘 문헌 출판 연감》, 1928년, 사회평론사.

○ 〈류코쿠龍谷평론〉 제2호, 1968년 5월. 《특집 · 아나키즘》으로 문헌해제 등
   을 수록.

○ 하기와라 신타로, 《아나키즘 운동 연표》, 1970년, 리베르테르회.

○ 《반역자의 옥중수기》, 1928년, 행동자 출판부. 1971년 흑색전선사에서
   복각.

○ 가와이 코조, 《영웅론 – 어느 무기수의 편지》, 1928년, 가와이 유고 간
   행회.

○ 아키야마 키요시, 〈아나키스트 문학〉, 1970년, 맥사.

년. 월. 일	내 용	비 고
1882.04.18	동양사회당 결성	다루이 토키치樽井藤吉 등 70~80명 참가
1897.04.03	사회문제 연구회 설립	다루이 토키치, 가타야마 센片山潜 등 200여 명 참가.
1898.10.18~ 1904	사회주의 연구회 결성	고토쿠 슈스이, 기노시타 나오에, 가타야마센 등 이 참여했으며 1900년에 사회주의협회로 개칭.
1901.05.18	사회민주당 결성	고토쿠 슈스이, 가타야마 센, 아베 이소, 기노시타 나오에, 가와카미 키요시, 니시카와 미쓰지로 등 참가.
1902.02	고토쿠 슈스이의 논문집 《장광설長廣舌》 출판	*신채호는 고토쿠 슈스이의 《장광설》을 읽고 아나키즘에 공감. *같은 해 중국어로 번역되어 출간.
1902.04.28	《근세무정부주의》 발간	게무야마 센타로의 저서로 전편은 《노국허무주의露國虛無主義》, 후편은 《서구 열국에서의 무정부주의》로 이루어졌다.
1903.11.15~ 1905.10.09	평민사平民社 결성	고토쿠 슈스이, 이시카와 산시로, 사카이 토시히코 등이 참여했으며 기관지로 주간지 《평민신문平民新聞》을 발간.
1905.11.14	고토쿠 슈스이 도미渡米	
1906.02~ 1907.02	일본사회당 설립	일본 최초의 합법적 사회주의 정당으로 니시카와 미쓰지로, 사카이 토시히코 등이 참여했으며 기관지로 1907년 일간 《평민신문》을 발간.
1906.06.12	일본 에스페란토협회 창립	오스기 사카에가 참가했으며, 한국의 경우 1920년 초 김억에 의해 결성.

1906.06.23	고토쿠 슈스이가 미국에서 귀국해 〈세계 혁명운동의 조류〉라는 제목의 강연	생디칼리즘에 의한 직접행동의 주장으로 일본 아나키즘의 출발이라 할 수 있다.
1907.01.15	평민사 재건	고토쿠 슈스이의 주도로 이루어졌으며 기관지로 일간 《평민신문》(2차)을 발간.
1907.02.17	일본사회당 제2회 대회에서 의회정책파와 직접행동파의 충돌. 이후 직접행동파가 주도권을 장악	*직접행동파는 일간 《평민신문》, 《오사카 평민신문大阪平民新聞》, 《일본평민신문》, 《구마모토평론熊本評論》을 간행. *의회정책파는 주간 《사회신문社會新聞》, 《도쿄사회신문東京社會新聞》을 간행.
1907.04	아주화친회亞洲和親會 결성	주요 참가자로 중국인 장태염章太炎, 장의손張懿孫, 장계張繼, 유사배劉師培, 유갑숙劉申叔, 하진何震, 소만수蘇曼殊, 진독수陳獨秀이며, 일본인으로는 고토쿠 슈스이, 다케우치 젠사쿠, 야마카와 히토시, 오스기 사카에, 사카이 토시히코 등이었다. 한국에서는 조소앙이 참여했다.
1907.06.01	《오사카평민신문大阪平民新聞》 발간	모리치카 운페이, 미야타케 가이코쓰 등이 참여했으며 특히 1907년 7월의 《오사카 평민신문》에서는 '조선의 독립'을 주장하는 논설을 게재한다. "우리는 조선 인민의 자유, 독립, 자치의 권리를 존중하고 이에 대한 제국주의 정책은 만국 평민계급 공통의 이익에 어긋나는 것으로 인정한다. 그러므로 일본 정부는 조선에 대한 독립 보장의 언책을 완수하는 데 충실하기 바란다."
1907.09.06	금요강연회金曜講演会 개최	고토쿠 슈스이, 사카이, 야마카와 등이 참여했으며 이를 계기로 장계張継, 유광한劉光漢 등 중국인 유학생에 의한 사회주의연구회社会主義研究会가 설립.
1907.11.03	천장절 사건	이와사 사쿠타로 등 재미 사회혁명당의 《암살주의TheTerrorism》에 〈일본 황제 무쓰히토睦仁군에게 보낸다〉를 발표.

1908.06.22	적기사건赤旗事件 발발	직접행동파와 의회정책파의 공동개최로 야마구치 코겐의 출옥 환영회에서 발생. 이 사건으로 오스기 사카에, 아라하타 칸손 등 검거.
1909.01.30	고토쿠 슈스이 크로포트킨의 《빵의 쟁취》를 번역 발간	
1909.10.26	안중근 의사의 이토 히로부미 처단과 기념엽서 발행	1910년 5월 샌프란시스코 평민사의 오카 시게키岡繁樹를 중심으로 안중근 의사의 사진 그림엽서를 발간 배포한다. 또한 고토쿠 슈스이는 이 그림엽서에 다음과 같은 한시로 안의사의 의거를 기렸다. "死生取義 殺身成仁 安君一擧 天地皆震"
1910.05.25	대역사건 발발	미야시타 타키치 등에 대한 검거를 시작으로 진행.
1910.06.02	대역사건으로 고토쿠 슈스이 검거, 이후 26명 기소	
1910.12.31~ 1919.02	매문사売文社 설립	오스기 사카에, 사카이 토시히코, 아라하타 칸손, 야마카와 히토시, 다카바타케 모토유키 등이 참가.
1911.01.18	대역사건 판결 결과 사형 24명, 이 중 12명은 무기로 감형, 유기형 2명	판결 두 달 전인 1910년 11월 22일부터 미국의 아나키스트 엠마 골드 등이 뉴욕에서 항의집회를 통해 항의운동을 벌였으며, 영국과 프랑스 등지에서도 항의운동이 일어나 일본대사관으로 항의 시위대가 몰려왔다.
1911.01.24	대역사건으로 고토쿠 슈스이 사형 집행	
1911.01.25	대역사건으로 간노 스가 사형 집행	
1912.08.12	우애회友愛会 결성	스즈키 분지 등 15명이 중심. 기관지로 11월에 《우애신보友愛新報》를 발간. 그 이후 1919년 대일본노동총동맹우애회大日本労働総同盟友愛会로 1921년 일본노동총동맹日本労働総同盟으로 개칭.

1912.10.01~ 1914.09	《근대사상》 발행	오스기 사카에, 하라하타 칸손 등이 참여.
1914.07.28~ 1918.11.11	제1차 세계대전 발발	
1914.10.15~ 1915.03	《평민신문平民新聞》 발행	노동자 대상의 잡지. 오스기 사카에, 아라하타 칸손 주도. 1915년 3월 6호로 폐간.
1915.10~ 1916.01	《근대사상》 복간	1916년 1월 4호로 종간.
1917.01	러시아 혁명 발발	
1917.04.15	구문 식자공조합 신우회信友会 결성	1899년 활판공조합, 이어 1900년 성우회誠友會 그리고 1907년 구우회의 뒤를 이어 결성.
1917.04	평민미술협회 창설	모치즈키 카쓰라 등이 주도.
1918.01	《문명비판文明批判》 발간	오스기 사카에, 이토 노에 주도.
1918.04	《노동신문》 발행	노동자 대상의 평이한 신문으로 오스기 사카에, 와다 큐타로, 히사이타 우노스케 등이 주도했으나 2·3·4호 모두 발매금지를 당한 후 폐간.
1918.05.17	북풍회의 와타나베 마사타로 사망	1873년 출생.
1918.07.23	쌀소동 발생	
1918.11.11	제1차세계대전 종전	
1919.03	흑요회黑耀會 결성	모치즈키 카쓰라를 중심으로 "만인이 예술가"라는 취지.
1919.06.13	혁진회革進会 결성	신문사 제판공 등이 중심.
1919.10.06	노동운동사를 결성	오스기를 중심으로 이토 노에, 와다 큐타로, 곤도 켄지, 히사이타 우노스케, 무라키 겐지로 등이 참여했으며 기관지로 《노동운동》을 발행.

1919.12.09	정진회正進会 결성	신문 인쇄공 조합으로 1919년 6월13일 결성한 혁진회의 후신.
1920.05.02	일본 최초의 메이데이	우에노上野 공원에서 열렸으며 참가자는 10명.
1920.10.05	오스기 사카에 상해에서 열린 코민테른 사회주의자 대회에 출석	러시아 혁명의 실태를 확인한다.
1920.12.09~ 1921.05.28	일본사회주의동맹 결성	일본의 사회운동, 노동운동, 예술운동, 학생운동에 이르는 모든 활동가가 모여 결성했으며 발기인은 30명, 회원 수는 약 1,000명이었다. 기관지로 《사회평론社会評論》을 발행.
1921.01.29	제2차 《노동운동》 발행	오스기 사카에가 주도한 것으로 '아나·볼'의 합동 잡지.
1921.11.29. ~1922.10	흑도회黑濤会 결성	박열, 김약수, 원종린, 임태룡, 백무 등 20여 명의 재일유학생이 중심이 되어 조직한 아나키즘 사상 운동 단체. 기관지로 《흑도黑濤》를 발간.
1921.12.26	제3차 《노동운동》 발행	'아나'계만의 참여로 이루어진 잡지로 오스기 사카에, 이토 노에, 와다 큐타로, 곤도 켄지 등이 참여.
1922.06	길로딘사 결성	후루타 다이지로, 나카하마 테쓰를 중심으로 구라치 케이지, 가와이 코조, 고니시 지로, 야마다 로쿠로, 오가와 요시오, 우치다 겐타로, 나카 키이치, 오다 사카에, 다나카 유노신, 우에노 카쓰미 등이 참가.
1922.01.21	히사이타 우노스케 사망	
1922.02.05	야하타八幡 제철소 쟁의 발생	'아나' 운동의 절정기를 상징하는 사건.
1922.07.15	일본 공산당 창립	
1922.09.30	전국노동조합총연합결성대회, 일명 일본노동조합연합 日本労働組合連合 개최	'아나·볼' 공동 연합전선 최초의 시도였지만 실패. 이후 노동운동에서의 '아나·볼' 대립이 본격화한다.

1923.01.05	오스기 사카에 아나키스트의 국제적 연맹 결성을 의해 프랑스로 탈출	2월 13일 마르세유 도착.
1923.1	〈조선혁명선언〉	신채호, 이회영, 유자명 등 중국에서 활동하고 있던 아나키스트들에 의한 혁명관을 발표.
1923.01~ 1924.06	《적과 흑赤と黒》 창간	일본 최초의 아방가르드, 아나키즘 시지로 오카모토 준, 가와사키 초타로, 쓰보이 시게지, 하기와라 쿄지로와 함께 후에 오노 토자브로가 참가. 1924년 6월에 호외를 내고 모두 5책으로 종간.
1923.02.25	아나키즘계 노동자 유지에 의한 《조합운동》 창간	《노동운동》이 인텔리 중심이었던 것에 비해 《조합운동》은 순수 노동자만으로 이루어졌다.
1923.4	불령사 설립	
1923.4.25	형평사衡平社	경남 진주에서 조선인 백정들로 구성됐던 천민 조직이다. 불령사에서 깊은 관심.
1923.05.01	오스기 사카에 파리 생드니에서 메이데이 연설	이 연설로 체포되어 일본으로 강제 출국.
1923.06.26	다카오 헤이베 사망	적화방지단 단장인 요네무라 카이치로를 습격하지만 거꾸로 요네무라의 총에 맞아 사망한다.
1923.9.1	관동대진재 발생	
1923.9.3	박열, 가네코 후미코가 요요기 도미가야富ヶ谷의 자택에서 세다가야世田谷경찰서에 검거	
1923.09.16	오스기 사카에와 그의 처 이토 노에, 조카 다치바나 무네카즈橘宗一 군부에 학살	
1923.10.04	길로딘사의 다나카 유노신이 아마카스 대위의 동생을 습격하지만 실패	

1923.10.16	길로딘사에 의한 고사카小坂 사건 발생	
1923.12.26	제4차 《노동운동》 발행 .	
1923.12.27	난바 다이스케의 대역사건 발발	
1924.04.20	전국인쇄공 연합회 결성	
1924.4.20	「재중국조선무정부주의자연맹」 발족	북경에서 신채호, 이회영 등을 중심으로 조직. 기관지로 《정의공보》 발행.
1924.06	《문예전선》 발간	문학에서의 '아나·볼' 공동전선을 의미하는 것으로 마르크스주의가 아나계를 축출하고 프로문학의 주도권을 잡는 《프로예藝》의 성립(1926.11) 시기까지는 문학에서의 주도권은 '아나'계였다고 할 수 있다.
1924.09.01	노동운동사의 와다 큐타로, 무라키 겐지로와 후루타 다이지로 등 세 명이 오스기 학살 당시 계엄사령관이었던 후쿠다 마사타로福田雅太郎를 저격했으나 실패 후 체포	
1924.9.4~ 1937.2월경	조선동흥노동동맹 朝鮮東興勞動同盟 설립	일본 도쿄에 거주하는 재일 한인 노동자들이 설립한 노동단체. 「조선인자유노조와」함께 1920년대 후반부터 30년대 중반까지 아나키즘 계열의 대표적인 노동운동 단체로 활동.
1924.11.09	관서노동조합 자유연합회 결성	
1925.01.20	아나키스트 방랑시인 고토 켄타로 옥중 자살	
1925.01.24	무라키 겐지로 사망	
1925.02.22	재일본조선노동총동맹 결성 대회	도쿄 에서 도쿄조선노동동맹회와 오사카조선노동동맹회를 비롯한 12개 단체대표 63명 등 150여 명이 참석.

일본의 아나키즘 운동사

1925.10.15	후루타 다이지로 사형 집행	야마다 사쿠마쓰, 요코야마 우메타로, 아라키 히데오 등 자연아연맹自然兒聯盟의 동지들이 처형 당일 유체를 인수하러 나서지만 전원 검거된다.
1926.01.16	조선인신신회 朝鮮人新進會결성.	오사카에서 김태엽, 고제균, 윤혁제 등을 중심으로 재일한인들의 주거권 확보와 해고 방지문제, 직업소개 등.
1926.01.31	흑색청년연맹黑色青年連盟, 약칭 《흑련黑連》 결성	관동지방의 17개 아나키스트 단체와 노동조합 유지 참가. 기관지로 《흑색청년》 발간.
1926.03.25	박열, 가네코 후미코 사형 판결	이후 무기로 감형.
1926.03.27	흑색청년연맹 후원하에 「조선문제연구회」 개최	참가자 500여 명. 연사로는 이와사 사쿠타로, 곤 도켄지, 핫타슈조. 타케료지, 모치즈키 카쓰라 등
1926.04.01	관동노동조합 자유연합회 설립	
1926.04.10	《자치농민自治農民》 창간	나카니시 이노스케, 이시카와 산시로, 가토 카즈오 등이 참가.
1926.04.15	길로딘사의 나카하마 테쓰 사형 집행	
1926.05.24	전국노동조합 자유연합회 全國勞働組合自由連合会, 약칭 '전국자련' 결성	참가 조합은 4연합회 23조합에, 홋카이도의 2조합을 합쳐 계 25조합, 15,000여 명의 조합원. 기관지로는 월간 《자유연합》 발간. 편집, 발행인은 오쓰카 테이자부로.
1926.06.10	나고야名古屋, 기후岐阜에서 중부흑색청년연맹 中部黑色青年連盟 결성	국내에서 6·10만세 운동.
1926.07.23	가네코 후미코 도치기 형무소에서 의문의 죽음	
1926.09	문학에서의 '아나·볼' 대립 본격화	아오노 스게요시青野季吉가 《문예전선》 1926년 9월호에 '자연성장과 목적의식自然生長と目的意識'을 발표하면서 문학에서의 '아나·볼' 공동전선은 파멸하고 이후 대립으로 향한다.

1927.01	《문예해방》창간	《문예전선》에서 분리해 온 아나키스트 문인들에 의한 월간지. 그해 12월까지 총 11호를 발간한다.
1927.2~ 1935.11월경	조선자유노동자조합 朝鮮自由勞動者組合 조직	장상중, 오우영 등 흑풍회(흑우회 후신)의 한인아나키스트들이 재일 한인 공산주의자의 '재일본조선노동조합총연맹'(약칭 재일노총)이에 대응할 목적으로 결성.
1927.03	아나키즘 계열의 농민자치회 전국연합 결성	
1927.3	조선에서의 문학의 아나·볼 논쟁 본격화	김화산이 아나키즘 입장에서 발표한 〈계급예술론의 신전개〉(조선문단, 1927.3)를 통해 본격적인 아나·볼 대립이 시작.
1927.07	전국수평사해방연맹 결성	수평사 내의 아나키스트 조직.
1927.11.19	전국자련全國自連 제2대회	오사카 합성노동조합의 제명 문제로 분규 후 유회한다.
1928.01.15	「조선자유예술연맹」조직	기관지로 1930년 2월 10일 예산의 문예광사에서 《문예광文藝狂》을 발간. 이는 한국에서 공산계열에 대항해 아나계 문인들의 첫 번째 모임이자 기관지로 권구현, 이향, 이홍근이 중심.
1928.01.15	흑우연맹 결성.	도쿄에서 신간회 결성에 반발해 원심창, 장상중, 한하연, 이시우, 하경상 등을 중심으로 반공산주의의 기치 아래 결성.
1928.02.20	와다 큐타로 옥중 자살	
1928.03.17~ 03.18	전국자련 제2회 속행대회에서 아나키즘파와 생디칼리즘파로 분열	*아나키즘파: 전국자련, 조선동흥노동동맹, 농촌문제연구소, 아나키즘 연구회, 민중의 해방사, 난카이南海 자유인사 등. *아나르코 생디칼리즘파: 일본 자협, 오시마공동사大島共働社, 제2 북부소비조합, 네리마練馬소비조합, 흑기사, 공학사共學社 등.

1928.04	「동방무정부주의자연맹」을 조직	중국 톈진天津에서 조직. 이후 한국, 중국, 필리핀, 일본, 대만, 안남安南 등 각국의 아나키스트들이 난징에 모여 동방무정부주의자연맹을 결성. 서기국 위원으로 이정규李丁奎, 모일파毛一派, 왕수인汪樹仁 등을 선출. 기관지로 8월에 《동방東方》을 발간했으며 한국어와 중국어 일본어로 기재.
1929.02.18	세계적 경제공황 발발	
1929.02.20	《무정부사상無政府思想》창간	호시노 준지, 무다 세이키 등 참가.
1929.06	일본노동조합자유연합협의회 (약칭 일본자협 日本自協 또는 자협自協) 발족	이를 계기로 일본의 아나계 노동조합은 자련自連과 자협自協으로 분열. 이 분열을 계기로 아나키즘을 바탕으로 하는 '자련'계의 노동조합 비판과 계급투쟁 비판은 거세지고, 아나르코 생디칼리즘을 바탕으로 하는 '자협'과의 관계는 극도로 악화되어 갔다.
1929.11.11	이시카와 산시로 《디나미크》창간	
1929.11.11	조선공산무정부주의자동맹 결성	1929년 평양에서 개최하려다가 실패한 전조선 흑색사회운동자대회全朝鮮黑色社會運動者大會의 후신.
1930.04.20	남화한인청년연맹 南華韓人靑年聯盟 결성	중국 상해에서 조직.재만조선무정부주의자연맹이 상해로 철수하여 전투체제로 개편한 단체. 유자명·유기석, 장도선, 정해리, 정화암, 안공근 등이 중심.
1932.09.10	《흑기 아래로黑旗の下に》 창간	'자협'계의 기관지.
1933.02.16	일본 국제연맹 탈퇴	
1933.06.10	'반나치·파쇼분쇄동맹' 결성	'자련'과 '자협'의 협동.
1933.08	해방문화연맹 解放文化連盟 결성	아나키스트 작가, 시인, 평론가 등에 의한 조직. 기관지로 《문학통신》(1933.08. 우에무라 타이, 아키야마 키요시 편집) 이후 무정부공산당 사건으로 궤멸당하는 1935년 10월 제18호까지 계속.

1933.12	일본무정부공산주의자연맹 조직	일본무정부공산당의 전신으로 후타미 토시오, 아이자와 히사오, 이리에 히로시, 우에무라 타이, 데라오 미노루 등이 참가.
1934.01.30	일본 무정부공산당 결성	일본무정부공산주의자연맹에서 개칭.
1934.03.18	전국노동조합 자유연합회 속칭 '자련'과 일본노동조합자유연합 협의회, 속칭 '자협'의 합동대회	
1935.05.01	제16회 메이데이 행사	일본의 패망 이전 마지막 메이데이 행사로 약 300명이 참가한다.
1935.11~ 1936.05	농촌청년사農村青年社 사건	1935년 11월 이후 1936년 5월까지 3회에 걸쳐 350여 명이 검거.
1935.11.10	무정부공산당 사건 발생	
1935.11.27	아나키스트들에 대한 일제 검거	무정부공산당 사건에 이은 농촌청년사 사건의 결과로 이후 일본의 아나키즘 운동은 일제의 패망 시까지 긴 휴지기에 들어간다.
1936.01	2·26사건	
1937.02.09	이와사 사쿠타로 〈국가론대강國家論大綱〉 발표	이와사의 '전향'의 의혹마저 들게 하는 것으로 강한 비판을 받는다. 나아가 1945년 일제의 패망 직후 이시카와 산시로 역시 천황 옹호를 주장하는 '무정부주의 선언無政府主義宣言'을 발표해 강한 비판을 받는다. 이런 일련의 사건은 일본 아나키스트들이 국가 및 천황제를 완전히 극복하지 못했다는 것을 의미한다.
1937.07.07	노구교 사건·중일 전쟁 발발	
1939.12	제2차 세계대전 발발	
1946.05.05	해방청년동맹결성	
1946.05.12	'일본아나키스트연맹' 결성	일본 전국에서 200여 명이 참가해 도쿄 시바쿠의 일본 적십자사 강당에서 결성대회 개최. 위원장으로는 이와사 사쿠타로. 서기장은 곤도 켄지.

일본의 아나키즘 운동사

1946.06.16	제3차 《평민신문》 발행	일제 패전 이후 일본 아나키스트연맹의 기관지.
1951.06.03	'아나키스트연맹' 결성	'아나르코 생디칼리즘파'를 주축으로 결성 한 것으로 1955년 일본 아나키스트연맹으로 개칭. 이후 1968년 11월 해산.
1951.07	'아나키스트클럽' 결성	'순정아나키즘파'를 주축으로 결성.

일본아나키스트연맹이 '아나르코 생디칼리즘'계의 '아나키스트연맹'과 '순정아나키즘계'의 '아나키스트클럽'으로 분열 이후, '아나키스트연맹'은 아나키즘의 계몽 활동 이외에는 특기할 만한 활동이 없이 1968년을 전후해 해산한다.